KB261343

간디와 비교종교

간디와 비교종교

간디와 비교종교
2005년 3월 초판 | 2006년 8월 재쇄
옮긴이 · 이명권 | 펴낸이 · 이형우
ⓒ 분도출판사

등록 · 1962년 5월 7일 라15호
718-806 경북 칠곡군 왜관읍 왜관리 134의 1
왜관 본사 · 전화 054-970-2400 · 팩스 054-971-0179
서울 지사 · 전화 02-2266-3605 · 팩스 02-2271-3605

www.bundobook.co.kr

ISBN 89-419-0509-5 94210
ISBN 89-419-8651-6(세트)

값 10,000원

종교학 총서 10

간디와 비교종교

세샤기리 라오 지음 | 이명권 옮김

분도출판사

권두언

간디의 종교적 신념과 태도 그리고 영적 생활을 정확하게 서술한 책은 거의 없다. 사실 간디 자신은 그것들을 간헐적이고 우연한 방법으로 기록했을 뿐이다. 그는 결코 조직적인 방법으로 자신의 종교적 신념이나 영적 생활을 다루려 하지 않았다. 그 이유는 명백하다. 끊임없이 영적·종교적 삶을 실천하고자 했던 그의 노력이 그를 실천적 삶의 현장으로 몰아갔던 것이다. 정치 현장에서 위대한 업적을 남겨 놓았던 그의 지칠 줄 모르는 노력과 사회 개혁에 대한 열정과 경제 개혁을 위한 새로운 아이디어의 도입과 참신한 교육 혁명은 그로 하여금 자신의 자서전을 완성시킬 시간조차 없게 했다. 1921년, 그가 집필을 중단하고 만 것은 독자들에게 말 그대로 '비극'이다.

이렇게 집필을 중단한 것은 그 후 37년간 인도 역사에 커다란 도움이 되었지만 성인전聖人傳이나 세계의 신비 문학 연구 분야에 있어서는 커다란 손실이다. 간디처럼 정치적 독립을 위한 투쟁에서부터 화장실 청소에 이르기까지 경건하고 깨어 있는 자세를 유지하며 삶의 모든 현장에서 자신을 투신한 사람은 없었다. 이럴진대 우리가 어떻게 그렇게 바쁘고 행동 지향적인 사람에게서 그 자신의 종교와 영성에 대한 논문을 쓰는 것을 기대할 수 있겠는가? 그가 어떻게 우리에게 자신의 내적 삶의 일부를 제외한 전체 모습을 그려 줄 수 있겠는가? 그러나 그의 주장으로부터 추측할 수 있는 분명한 것이 있다. 그의 삶의 유일한 목표는 "자기 실현"이며 "얼굴과 얼굴을 맞대고 신을 보는 것"이며 "모크샤"moksa, 즉 구원을 획득하는 것이라는 사실이다.

신에 대한 간디의 깊은 신앙과 전반적인 영적 조망이, 그의 소모되지 않는 지적·감성적 에너지의 근원이라는 것과 인간의 본질적 선함에 대한 확신, 그리고 "진리"를 행함에 있어서 두려움 없는 "포기"와 30여 년간 인도의 대중과 지도자들에게 영향을 끼쳤던 카리스마의 근원이라는 사실은 의심할 여지가 없다. 그는 1925년 11월 26일 "오직 나 자신만이 경험한 영적 현장에서의 나의 '실험적 삶'을 말하고 싶고 그리고 그 실험적 정신에서 얻은 힘을 통해서 나는 정치계 — 다른 분야도 포함해서 — 에서 활동할 수 있는 힘을 얻을 수 있었다"고 말했다. 사실 끊임없는 지속적인 영성이 그가 말하고 행동했던 모든 분야에서 그에게 힘의 원천이었다. 영성에 자신을 정박하지 않은 사람은 감히 "영혼의 힘"으로 "칼의 힘"에 맞설 수 없고 비폭력으로 폭력에 대항할 수 없다. 영성은 모든 종교의 근본이며 본질이다. 간디의 말에 의하면 그것은 도덕이며 도덕은 생각과 말과 행동에 있어서의 진실을 뜻한다.

간디의 진리를 향한 추구와 변화 속의 존재의 추구, 그리고 우리가 살고 행동하고 존재하는 현실 세계에 내재하는 "초월적 실재"를 깨닫고자 하는 끊임없는 노력은 동기와 열정에 있어서 그 자체가 종교적이며 목적에 있어서는 대단히 실용적인 것이었다.

간디는 처음부터 신은 진리라는 신앙과 확신을 가지고 있었다. 그에게 "진리의 강력한 빛"은 실제 태양의 빛보다 훨씬 더 빛나는 것이었다. 1925년 초기, 그는 "그동안의 나의 경험으로 확신하건대 진리 이상의 다른 신은 없다"고 말했다. 그 후 그는 "진리가 신이다"라고 천명했다. 간디처럼 매일의 삶 속에서 진리에 대해 그렇게 열정적·헌신적으로 산 사람은 매우 드물 것이다.

그러나 간디는 그의 삶과 행동에서 진리의 실천과 획득이 인생의 유일한 목표라는 것을 말하기를 주저하지 않았다. 그에게 진리 획득의 유일한 방법은 아힘사Ahiṁsā(비폭력), 즉, 사랑이었다. 그는 『자서전』에서 독자들에게 작별 인사를 하며 "진리 실현의 유일한 방법은 아힘사다"라고 말했다.

간디는 "진리에 대한 완벽한 비전은 오직 아힘사의 완벽한 실현을 따라가는 데 있다"는 점을 분명히 했다. 게다가 아힘사 — 비폭력 — 곧, 사랑이란 "아무리 하찮은 존재라 해도 그 자체로 그것을 사랑할 수 있는 능력", 그 이상도 이하도 아니라는 사실이다. 그는 더 나아가 살아 있는 모든 것과의 완벽한 사랑의 일체는 자기 정화, 즉 자기 초월 없이는 불가능하다고 말했다. 생각(意)과 말(口)과 행동(身)에 있어서 전적으로 이기심에서 벗어나 욕망에서 자유로워지는 것 — 세 가지 정화 — 이 자기 초월의 본질이다. 진정한 사랑은 그러한 정화에서부터 자연스럽게 솟아난다.

종교적인 관점에서 간디의 행동과 사상과 삶을 연구하는 것은 대단히 흥미로운 것이다. 이런 연구를 통해 얻을 수 있는 가장 특이한 사항은 어떤 "지고의 힘"Supreme Power의 존재에 대한 그의 지칠 줄 모르고 계속되는 영적 통찰력이다. 신에 대한 종교적 신념을 통해 그가 내린 결론은 진리 자체가 신이며 진리의 획득은 가능하다는 것인데, 그것은 오직 이기심이 배제된 사랑과 봉사와 희생에 의해서만 가능하며 그러한 정신은 오로지 정화와 자기 초월에서 비롯된다는 것이다. 그는 진리를 알고 이해하려는 시도를 멈추지 않았으며, 그 진리를 모두를 위해 정의롭고 공정한 방법으로 세우기 위해 노력했다. 정의롭고 공정한 방법이란 언제나 예외 없이 비폭력이란 방법을 통해서만 가능하다.

이 같은 독특한 방식으로, 간디는 무거운 신학적 언어로서가 아니라, 신실한 삶의 언어로 모든 사람에게 종교적 정신을 절실히 느끼게 한다.

간디는 솔직히 종교적인 힌두교도였다. 그것도 사나타니Sanātani(정통) 힌두교였다. 그러나 그는 수세기 동안 내려온 힌두교의 잘못된 부분에 대해서는 가차없는 비판을 가했다. 그는 동시에 그러한 것을 제거하자는 캠페인을 벌이기도 했다. 견해가 서로 다른 네루Jawaharlal Nehru와 앤드류스C.F. Andrews도 간디의 종교적 삶의 근원이자 뿌리는 바로 힌두교라고 증언한 바 있다. 그러나 간디는 항상 자신이 다른 종교에 대해서 많은 빚을 지고 있음을 인정했다.

다른 종교에 대한 그의 태도는 "고귀한 사상이 사방에서 오도록 하라"고 노래한 고대 『베다』의 현인들Vedic rishis과 비슷하다. 그러나 그는 우리가 창문을 활짝 열어 신선한 사상의 공기가 방 안으로 들어오도록 해야 하지만, 거기에 휩쓸려서도 안 된다고 했다. 그의 태도는 종교 문제에 있어서는 "오직 일치만이 가장 좋은 태도다"(samavāya eva sādhu)라고 천명한 바 있는「아소카 칙령」Asokan Edict과 유사하다. 열린 마음으로 다른 종교를 연구할 때 우리 자신의 종교를 더 잘 이해할 수 있는 것이다.

간디는 종교 문제에 결코 독단적이지 않을뿐더러 다른 사람에게 힌두교가 가장 위대하고 고상한 종교라고 강요하지도 않았다. 그는 다른 종교로부터 좋은 것을 취해서 자신의 종교관을 짜깁기하는 그런 절충주의자는 아니다. 그는 또한 혼합주의나 통합주의도 아니다. 그는 "나는 종교적인 사람이다"라고 말하면서, 덧붙여서 "나는 종교 중의 종교를 믿는다"라고 말한다. 신은 인간에게 이성과 도덕이라는 두 가지 도구를 주었다. 간디는 종교라는 이름으로 행해지는 모든 것은 이 두 도구에 의해 검증을 받아야 한다고 주장했다. 그러나 그는 그것을 검증하는 사람 자신이 먼저 정화되고 모든 이기적인 욕심으로부터 벗어나야 한다고 덧붙였다.

간디의 이러한 태도는 종교다원주의로 묘사될 수 있다. 그러나 여기에는 중요한 단서가 있으니 그것은 각각의 종교에 대해 동등한 존경심이 있어야 한다는 사실이다. 역사적인 종교는 완벽하지 않으며 완벽할 수도 없다. 그러나 각각의 종교에는 그 종교의 추종자들이 구원을 얻기에 충분한 "진리"가 내재되어 있다. 동시에 어떤 종교도 그 종교 추종자들이 자신의 종교적 지식과 영적 훈련을 보충하기 위해 다른 종교를 연구하는 것을 방해해서는 안 된다.

포괄적으로 말해서 간디의 접근 방법은 본질적으로 휴머니스트적이다. 모든 종교는 인간의 영적 필요를 충족시키기 위해서 존재한다. 어떠한 종교도 태생시의 모습 그대로의 원시적인 모습을 유지하고 있는 종교는 없다고 할 수 있다. 사물의 본성상 변화와 발전은 삶의 법칙이다. 종교도 예외일 수 없다. 교류와 접촉이 세계적으로 확산되고 있는 상황에서 다른 종교적 생각을 가지고 있고 서로 다양한 환경 속에 있는 사람들이 다양한 행동을 추구하는 과정에서 서로 섞이는 것은 당연하다. 간디주의는 서로 다른 종교적 신념을 가진 사람들이 서로에게서 유익을 얻기 위해서는 우월감이나 열등감 없이 서로 존중할 것을 요구한다.

간디는 개종에 대해서 강력하게 반대한다. 이는 종교에 대한 그의 꾸준한 신념이다. 본질상 영적이라 할 수 있는 진정한 개종이야 어찌할 수 없겠지만, 단순히 양적인 개종에 관해서는 단호히 반대한다.

간디는 남아프리카에서의 공적 활동 초기부터 그리고 그 후 인도에서의 활동에서도 항상 종교적 신념이 다른 사람들과 접촉했다. 종교적 신념이 다른 사람들을 동료로서 혹은 추종자로서 가질 수 있었던 것은 간디에게 큰 행운이었다. 대표적으로 두드러진 두 가지 예가 신실한 무슬림인 물라나 압둘 칼람 아자드Moulana Abdul Kalam Azad와 그리스도인이자 선교사인 앤드류스 목사와의 관계다. 이러한 관계는 간디의 포용적인 태도와 다른 종교에 대한 그의 이성적이고도 개방적인 태도 때문에 가능한 것이었다. 잘 알려진 대로 그의 아쉬람Ashram 기도 문구들은 여러 종교에서 비롯된 것이며, 이 기도는 그의 아쉬람(완전한 영적 삶을 추구하여 모인 힌두인의 공동체 ― 역자 주)에서 그리고, 그가 가는 모든 곳에서 매일의 생활이 되었다. 이러한 건강한 전통은 비노바 파우나르Vinoba's Paunar 아쉬람과 인도 전역에 걸쳐 있는 다른 간디 아쉬람에서 지금까지 계속되고 있다.

인도에서 간디는 일찍이 1921년 초부터 킬라파트 운동Khilafat cause(무하마드 후계자로 구성된 이슬람 초기 공동체)과 제휴하면서 무슬림들을 친구로 사귀었다. 힌두교도와 무슬림 간의 일치는 이들을 분리시키려는 외세의 간섭에도 불구하고 성사될 수 있을 듯 보였다. 그러나 정치적 입장의 차이로 이러한 희망은 물거품이 되었고, 양국 간의 비극적 분리로 끝나고 말았는데 간디는 이 점을 깊이 통탄했다.

여러 면에서 볼 때 간디의 영적 지평과 종교적 신념과 견해에 대한 본 연구는 시사하는 바가 크고 중요한 가치가 있다. 본서가 다루는 접근 방식은 새로운 지평을 열어 간디의 영적 삶에 대한 보다 심도 깊은 연구의 길을 튼다. 본 연구는 종합적인 고찰뿐만 아니라 비교 연구적인 접근도 시도하고 있다. 이 연구는 종교적인 삶에 헌신한 사람이 어떻게 다른 종교를 바라보고 있으며, 또한 어떤 중요한 차이에도 불구하고 다른 종교적 신념을 가진 사람들과 어떻게 우애와 일치 속에서 일할 수 있었는지 보여 주고 있다. 예를 들어 무슬림은 힌두교도들이 행하는 이미지 숭배와 소 보호에 대해 완고한 거부감을 가지고 있다. 그리스도인들은 개종 문제에 힌두교도들과 다른 견해를 가지고 있다. 저자는 종교의 모든 중요한 면을 다루고 있으며, 특별히 모든 면에서 간디를 이끌어 왔던 "진리"와 "비폭력"에 대해 논하고 있다. 오직 "비폭력에 의한 진리"만이 사실 간디의 전체적인 종교적 신조라 하겠다.

간디와 같은 세계적인 인물과 관련해서 영성과 종교 같은 중요한 주제를 다루기 위해서는 깊고 포괄적인 배경 연구가 필요하다. 비교 연구는 더욱 어려운 과제다. 세샤기리 라오 박사는 오랫동안 종교를 심도 있게 연구해 왔으며, 하버드 대학교의 "세계종교연구센터"에서 비교종교를 깊이 연구해 왔다. 그는 자신의 학문적 업적 외에 종교와 영성에 대해서 나름대로 깊은 통찰력이 있는 학자이기도 하다.

뉴델리 소재의 "간디평화재단"Gandhi Peace Foundation이 출간한 『간디문헌목록』The Gandhi Bibliography에는 간디의 종교와 영성에 대해 536개에 달하는 참고문이 수록되어 있다. 그러나 상세하고도 체계적으로 진술된 책은 단 한 권도 없다.

나는 간디의 종교와 영성에 대한 세 연구 자료를 알고 있다. 나라야나 라오 니캄Narayana Rao A. Nikam 교수의 저서와 라나데R.D. Ranade 박사가 쓴 것과 나의 저서다. 그러나 어느 책도 본서처럼 논리적·포괄적이며 비교 연구 방법으로 다양한 접근을 시도하지는 못했다.

간디가 말하고 행동하고 기록한 모든 것은 "진리"와 "신"과 "영성"에 대한 그의 신념을 증언하고 있다. 본서의 출간으로 인해 종교인·영적 추구자일 뿐만 아니라, 상호 존중 속에 종교 간의 조화를 꾀하는 건설적인 주창자로서의 간디를 보다 잘 이해하려는 오랜 욕구가 충족되리라 기대한다.

1978년 2월 8일, 뉴델리
간디평화재단 회장 디와카르

서 언

내가 간디 연구에 착수하게 된 것은 학문적인 이유에서뿐만 아니라 실존적인 이유에서다. 1960년에서 1962년까지 뉴델리의 "간디평화재단"에서 연구원으로 일할 당시 특별히 나의 시선을 끈 것은 간디의 종교적 사상과 관심이었다. 그것을 대하면서 필자는 거기에 엄청난 연구 가치가 있다는 사실을 깨닫게 되었다. 그 후 필자는 그곳에서 온 시간을 다 할애하면서 주제들을 선택하여 연구를 해 왔다.

나는 초기 작품 『간디와 앤드류스: 힌두교와 그리스도교의 대화 연구』*Mahatma Gandhi and C.F. Andrews: A Study in Hindu-Christian Dialogue*에서 20세기 두 거장 간에 이루어진 위대한 우정 속에 나타난 힌두교와 그리스도교 관계의 문제점과 기대를 서술했다. 그러나 본서에서는 간디 자신의 종교적 발전을 추적하고 주요 종교에 대한 그의 연구와 접근 방법에 초점을 맞추었다. 또한 필자의 다른 저서인 『간디와 칸 압둘 가파르 칸: 힌두교와 이슬람교의 대화 연구』*Mahatma Gandhi and Khan Abdul Gaffar Khan: A Study in Hindu-Islamic Dialogue*를 통해 이에 대한 연구를 이어 가기를 희망한다.

본서를 준비하는 동안 무엇보다 간디의 저서에 이루 형언할 수 없는 빚을 졌다. 존경하는 친구이자 시인이며 저술가인 존 모피트*John Moffitt*에게도 많은 신세를 졌는데, 그가 본서의 원고를 읽고 해 준 격려와 비판은 큰 도움이 되었다. 또한 좋은 권두언을 써 준 "간디평화재단"의 디와카르*R.R. Diwakar* 회장에게 심심한 감사를 표한다.

마지막으로 본서에 언급된 문헌의 저자들에게 감사드리며, 이 책을 진정
하고도 희망찬 마음으로 인도의 종교 간 화합을 위해 바친다.

1978년 8월 15일, 샬럿빌에서
버지니아 대학교 교수
세샤기리 라오

서 론

비교종교 연구는 우리 시대의 가장 중요한 기획 중의 하나다. 한 민족과 그 민족을 둘러싸고 있는 문화적 특징을 설명하는 요소 가운데 종교가 단연 가장 으뜸이다. 종교는 과거에서 현재에 이르기까지 인류 역사에서 가장 중요한 위치를 차지한다. 그것은 개인과 사회적 삶의 원천과 연관되며 인간의 삶과 운명에 관련된 핵심적인 질문을 제기한다. 종교는 인간사에서 아주 흥미로운 면을 지니고 있다. 종교를 무시하는 것은 인간의 삶과 사회와 역사에 대해 무지를 초래하는 우를 범하는 것이다.

간디는 종교 연구가 없는 교육은 완전하지 못하다고 믿었다. 다양한 형태로 나타나고 있는 종교는 합법적인 지적 추구일 뿐만 아니라 인간 문화와 문명에 가장 핵심적인 요소다. 간디는 유년 시절을 회고하면서 당시 학교에 종교를 연구할 수 있는 제도가 매우 부족했음을 통탄했다. 그러나 그는 후에 비교종교 연구에 시간과 열정을 쏟아 부음으로써 유년 시절의 부족함을 메워 나갔다. 이러한 연구가 그의 삶을 형성하는 데 엄청난 영향력을 끼쳤음은 두말할 나위도 없다. 본서의 첫째 장에서 나는 간디의 삶을 형성하는 데 기여한 다양한 종교적 영향력에 대해 논의했다.

간디에게 종교 연구는 단순히 이론적이거나 학문적인 탐구가 아니었다. 간디에게 그것은 실제적이며 본질적으로 요구되는 것이었다. 그러므로 그는 죽은 종교가 아니라 살아 있는 종교에 관심을 두었던 것이다. 그가 영국에 있건 혹은 남아프리카에 있건 아니면 인도에 있건 그는 변함없이 종교 상호 간의 이해를 통해 종교다원성의 질문과 일시 중단되었던 종교 간의 일치 문제에 관여했다. 그는 진리 탐구에 헌신적이었고, 진리를 추구하는 다양한 방법에 끊임없이 매료되었다. "진리를 실험"하는 과정에서 그는 모든 종교를 연구하는 데 건설적이며 진보적인 접근 방법을 개발했다. 본서의 둘째 장에서는 그가 직면해 왔던, 살아 있는 네 종교, 즉 힌두교·불교·그리스도교·이슬람교에 관한 그의 비판적이고도 건설적인 연구 방법을 분석한다.

다른 종교에 대한 이해 부족은 서로 간의 비난을 야기시킬 뿐 아니라 유혈 사태로까지 이어질 수 있다. 사람들은 모든 종교의 인간적인 면을 이해하지 못할 때 종교에 대해 말싸움을 벌인다. 이러한 이유는 종교가들이 세계 종교 안에 내재된 가치와 통찰력에 관심이 없을뿐더러 그러한 기회를 충분히 가지지 못하기 때문이다. 실제로 모든 믿음 세계에는 각각의 창조적 원리가 있다는 사실에 대해 대부분 무지하다. 그러한 현상이 나타나는 이유가 무엇이든 간디는 더 이상 그런 현상이 지속되어서는 안 된다고 느꼈던 것이다. 현대인들은 다른 종교 안에 있는 영적 진리를 깊이 이해함으로써 자신의 종교심을 신장시킬 필요성을 느끼고 있다. 간디는 다른 종교의 핵심 사항을 연구함으로써 사람들을 더 잘 이해할 수 있었으며, 그로 인해 인류사에 있어서 보편적이고 통합적인 종교관을 발전시킬 수 있었다. 이러한 주제는 "창조적 종교의 원리"라는 셋째 장에 다루어져 있다.

비교종교 연구를 통하여 간디는 삶의 더 높은 이상을 실현하는 데 다른 종교 추종자들과 협력할 수 있었다. 비교종교 연구는 모든 종교가 공통의 목적이 있으니, 그것은 곧 사람들을 훈련시켜 궁극적으로 자기 초월과 실현을 획득하게 하는 것이라는 사실을 보여 주었다. 간디는 모든 종교가 진리의 요소를 가지며 어떤 종교도 배타적일 수 없다는 사실을 알았다. 그러므로 그는 모든 위대한 종교를 필요하고도 진정한 것으로 받아들였다. 그는 각각의 종교 전통의 독특성을 가치 있는 것으로 여겼으며, 종교 추종자들은 자기 종교의 독특성을 소중히 여겨야 한다고 생각했다. 그는 종교 연구가 진정한 종교적 차이를 존중해 주는 건강한 종교다원주의에 기여할 수 있다고 믿었다. 이런 맥락에서 그는, "종교 간의 관계"를 다루는 넷째 장에서 설명할 "다르마dharma에 대한 외경"이라는 개념을 만들었다.

간디는 모든 종교가 안고 있는 몇 가지 문제들을 끈질기게 숙고하여 그것들을 다루기 위한 방법과 수단을 제시했다. 이것이 본서의 각장에서 논의되고 있다. 본서의 마지막 장은 간디 연구의 결론을 제시한다.

· | ·

간디의 영적 세계

종교적 신앙의 문제와 관련해 마하트마 간디Mahatma Gandhi처럼 자신과 치열한 씨름을 했던 사상가도 없을 것이다. 그는 일생 동안 끊임없이 "살아 있는 신神"에 대한 신앙의 정박지를 추구했다. 그의 가장 깊은 인격 저변에는 종교가 자리하고 있었던 것이다. 그의 생애가 존경하지 않을 수 없는 하나의 모범이 되고 전 세계의 이목을 집중시키게 했던 것도 바로 종교적인 동기였다. 그에게서 최선의 삶이란 인류에 대한 사심私心 없는 봉사와 선한 행위였다. 비록 그는 자신의 종교 외에 다른 어떤 종교로도 개종하지 않았지만 모든 종교의 내적 진리를 실현하려는 열망으로 여러 종교의 통찰을 자신의 것으로 흡수할 수 있었다. 그리고 신앙과 이성, 영적인 면과 윤리적인 면이 그에게서 잘 조화되고 있었기에 종교에서 더없이 소중한 어떤 가치를 질식시키는 무분별한 미신들을 피할 수 있었다.

게다가 간디는 현대 사조의 막강한 영향력에 마음을 열면서도, 진리의 실현을 향한 평생의 순례에서 종교적 신앙의 뿌리를 결코 포기하지 않았다. 그는 종교적 삶의 필요성에 관심을 집중시켰다. 그의 종교적 의식意識은 신비적이고 예언적이었으며, 사회생활을 그의 연구의 장場으로 삼았다. 그는 모든 생활 영역에서 진리와 비폭력을 강조했다. 그에게 종교와 진리는 서로 같은 것이어서 그의 종교는 진리의 종교라고 불릴 수 있다. 그리고 이 진리의 종교에 이르는 길은 아힘사ahiṁsā, 즉 비폭력이다. 그리하여 진리와 비폭력은 "그의 신앙의 본질, 즉 그의 신앙의 모든 작은 행성들이 그 주변을 돌고 있는 두 태양"을 이루고 있다.[1] 간디가 자서전에 『진리에 대한 나의 실험 이야기』*The Story of My Experiments with Truth*라는 제목을 단 것은 우연이 아니다.

소년 모한다스 간디Mohandas Gandhi가 태어난 환경은 그의 삶과 정신을 형성했던 요소들을 지니고 있다. 그는 당시 사회적으로 존경받던 바이샤vaiśya(인도의 카스트 제도 중 셋째 계급으로서 농업이나 상업에 종사하는 부류) 가문에 속했으며, 신앙적으로는 비쉬누〔힌두교의 대표적인 삼신(三神) 중 하나. 보존의 신〕를 신봉한 바이쉬나바Vaiṣnava(비쉬누 신자)였다. 그의 가족들은 부와 학문보다는 경건하고 정직한 삶을 산 것으로 전해지고 있다. 모한다스의 아버지 카바 간디Kaba Gandhi는 경험한 것 외에는 교육을 받지 못했고[2] 성미가 급한 것[3] 외에는 신실하고 용감하며 관대한 사람이었다. 그는 라즈콧Rajkot과 후에는 카티아와르Kathiawar에 있는 반카네르Vankaner의 재무관이 되었다.

모한다스의 어머니는 매일 사원寺院을 찾는 종교심이 깊은 여성으로서 언제나 기도하고 나서야 식사했으며, 종종 금식을 했는데 그녀는 이런 종교적 행위들을 신실하게 지켜 나갔다. 간디는 언제나 어머니를 깊이 사랑했다. 그녀의 관대한 성격과 깊은 경건심은 일찍부터 간디에게 깊은 영향을 끼쳤다. 간디는 그의 전 생애를 통해 어머니로부터 양육받은 힌두 신앙의 적어도 세 가지 덕목인 비폭력(ahiṁsā, 아힘사), 금욕생활(brahmacharya, 브라마차리야), 무소유(aparigraha, 아파리그라하)를 깊이 생각하고 실천했다. 그의 유년 시절의 성장 배경은 이러한 것이었다. 그의 이 같은 정서적 분위기와 지적 창조성은 『라마야나』*Rāmāyaṇa*, 『마하바라타』*Mahābhārata*, 『바가바드기타』*Bhaga-*

---

[1] Horace Alexander in his introduction to *Mahatma Gandhi's Ideas* by G.F. Andrews, London: Allen and Unwin 1949, 4.

[2] M.K. Gandhi, *An Autobiography*, Boston: Beacon Press 1966, 4.

[3] *Ibid.*, 3.

vadgītā, 『우파니샤드』*Upaniṣads* 그리고 비쉬누 신자들(바이쉬나바, Vaiṣṇava)의 서정시와 같은 힌두교 경전들에 뿌리를 내리고 있다. 앤드류스는 다음과 같이 말한다.

> 간디의 삶과 교훈을 연구하면 할수록 힌두교가 그의 사상과 행동을 형성하는 데 가장 큰 영향을 미쳤다는 사실을 확신하게 된다. 그는 결코 힌두교 경전들에 대해 문자적으로나 근본주의적 입장을 취하지는 않았다. 다른 신앙들에 대한 그의 특별한 관대함과 애정은 그의 인생관에 총체적으로 영향을 주었으며, 때때로 그를 실제보다 더 애매한 입장을 취하는 것으로 비춰지게 만들기도 했다. 그러나 경건하고 신실한 힌두교도인 어머니의 영향이 끊임없이 그의 정신과 의식 속에 되살아나, 그가 상상하기로 고대 힌두교 경전들의 향기가 아름다움과 진리로 인해 세상 그 어떤 것과도 비교할 수 없을 정도로 감미롭게 느껴졌다.[4]

학창 시절에 간디는 부끄러움을 많이 타는 편이어서 그의 친구들과는 다소 소원한 관계를 맺고 있었다. 그는 연극 관람을 좋아했다. 인도의 대서사시 『마하바라타』에 기초한 이야기극인 「하리산드라」*Harishandra*는 그의 유년 시절에 큰 감동을 불러일으켰던 극이다. 「하리산드라」 극의 역경 체험은 그가 진리의 길을 가는 데 큰 영향을 끼쳤다. 그는 스스로에게 반문했다. "왜 모두가 하리산드라처럼 진실하지 못할까?"[5]

간디 가족의 생활에서는 종교가 중요한 역할을 했다. 카티아와르에서는 자이나교*Jainism*가 비쉬누 신앙*Vaiṣṇavism*에 지속적인 영향을 미치고 있었다. 간디의 비폭력, 채식주의 그리고 그의 여러 종교적 특징은 유년 시절에서 비롯된 것이다. 그의 아버지에게는 다른 신앙을 가진 여러 친구가 있었는데 그들은 종종 종교적 토의를 하기 위해 그의 아버지를 찾아왔다. 어린

---

[4] C.F. Andrews, *op. cit.*, 60.

[5] M.K. Gandhi, *op. cit.*, 7.

모한다스는 아버지 곁에서 이들 힌두교, 이슬람교, 파르시교(무슬림의 박해를 피해 8세기경 인도로 도피한 페르시아 계통의 조로아스터교), 자이나교 그리고 다른 종교들을 신봉하는 자들의 토론을 경청했다. 이 무렵 물론 그는 아버지의 서재에서 『라마야나』, 『바가바타』*Bhāgavata*, 『마누스므리티』*Manusmṛti*(마누 법전)를 읽었다. 이 모든 것이 그의 종교적 사고에 관대함을 길러 주었고 따라서 교파에 얽매이지 않게 되었다. 그는 후에 이렇게 기록했다. "그러나 라즈콧에서 나는 일찍이 힌두교에서 파생된 제반 종교에 대해 관대해지는 법을 배웠다. 아버지와 어머니는 쉬바Shiva와 라마Rāma의 사원이 있는 하벨리Haveli를 자주 방문했는데, 친구들과 나를 그곳에 데려가기도 하고 아니면 따로 보내기도 했다. 자이나교 수도승들도 아버지를 자주 찾아와 자이나 신도가 아닌 우리 가족으로부터 음식을 얻어 가곤 했다."[6] 그러나 간디의 그리스도교에 대한 초기 인상은 아주 당혹스러운 것이었다. "그 당시 그리스도교 선교사들은 고등학교 주변 거리의 한 모퉁이에 서서 힌두교와 그 신을 비방하곤 했다."[7] 그리고 또한 그리스도교로 개종한 많은 힌두교도들은 고기와 술을 먹고 마셨다.

한편 간디를 돌보던 늙은 보모 람바Rambha는 라마나마Rāmanāma, 즉 라마Rāma(어원의 뜻은 "휴식을 주는" 또는 "어둠") 이름을 되풀이하여 암송해 줌으로써 밤에 간디에게 엄습해 오는 어린 마음의 두려움을 물리치고 위안을 얻도록 도와주었다. 훗날 간디는 라마의 이름을 되풀이하는 것이 커다란 힘과 위로가 된다는 것을 알았고, 그것이 생활의 일부가 되었다. 실로 그의 영혼이 신神을 간구할 때 불렀던 신은 라마였다.

청소년 시절 간디는 한동안 무신론atheism에 빠지기도 했다. 당시 유명한 종교 서적들도 그의 의문에 적절한 답이 되지 못했다. 이를테면 마누Manu(어원의 뜻은 "사고", "사고하는 존재", "인간") 법전도 고기 먹는 것을 인정했다는 사실을 알게 되었다. 하지만 그때도 그는 만물의 근본으로서의 도덕성과 도

---

[6] *Ibid.*, 33.

[7] *Ibid.*, 33.

덕의 실체인 진리에 관심을 가졌다. "진리가 나의 유일한 목표가 되었고, 그 진리는 매일 엄청나게 자라서, 진리에 대한 나의 정의定義도 계속 확대 되어 갔다"[8]고 그는 기록하고 있다.

법률가가 되기 위해 1888년 영국으로 떠나기 전에 어머니는 그에게 "술 과 여자와 고기를 금하라"[9]는 세 가지 단호한 맹세를 하게 했다. 그는 후에 이것을 깨뜨리고자 하는 수많은 유혹에도 불구하고 종교적으로 이 맹세를 지켰다.

외국 여행으로 인해, 그가 속했던 인도의 세습적 계급인 바이샤 평민들 은 그를 파문시켰다. 나중에 비록 정결 의식을 거행했지만 그는 전통적 편 견에 의해 세습적 평민의 자리에서 쫓겨났다. 간디는 이러한 카스트적 행 위에도 분개하지 않았다. 오히려 그는 이것을 통해 카스트적 장애가 얼마 나 잘못된 것인지를 알게 되었고, 인간의 우정과 연대를 제한하는 잔인성 을 심각하게 깨닫게 되었던 것이다.

간디의 초기 생애를 연구해 보면 나중에 활짝 핀 꽃들의 씨앗을 쉽게 발 견할 수 있다. "그의 타고난 진리에 대한 사랑, 고국의 자유에 대한 열정, 단순한 것들과 단순한 사람들에 대한 사랑, 순수에 대한 갈망, 심지어 금 욕적 생활까지 그리고 훌륭한 용기와 조용한 도덕적 힘 — 이 모든 것이 구 현될 수 있도록 그가 삶의 현장에서 애써 추구했던 것이다."[10]

영국에서, 간디는 신지학자神智學者들이나 그리스도인들, 심지어 무신론자 들까지 각 분야에서 명성을 날리고 있는 몇몇 주요 인물들과 교류하는 데 많은 시간을 보냈다. 그는 영국 채식 협회Vegetarian Society of England에 가입하 여 베이스워터Bayswater라는 지역에서 채식 클럽Vegetarian Club을 시작하고, 그 간사가 되어 채식주의의 열렬한 동조자가 되었다. 그는 신지학자들의 문헌 을 통해 종교 화합을 위한 종교 운동을 배웠다. 붓다의 생애에 관한 에드

---

[8] *Ibid.*, 34.

[9] *Ibid.*, 39.

[10] Rushbrook Williams, *Great Men of India*, Bombay: The Home Library Club, 316.

윈 아널드Edwin Arnold의 저서 『아시아의 빛』The Light of Asia은 그에게 무한한 감동을 주었고, 『바가바드기타』의 영역본인 아널드의 『천상의 노래』The Song Celestial는 너무도 감명 깊은 것으로서 그의 남은 생애 동안 귀중한 지침이 되었다. 그는 또한 신약성서의 가르침 가운데 특히 「산상설교」The Sermon on the Mount에 많은 감동을 받았다. "나는 말합니다. 악한 사람에게 맞서지 마시오. 누가 오른편 뺨을 때리거든 다른편 뺨마저 돌려대시오"(마태 5.39)라는 성서 구절이 특히 그를 감동시켰다. 간디는 훗날 이 체험에 대해 기록하기를, "나의 젊은 마음은 『바가바드기타』, 『아시아의 빛』 그리고 「산상설교」의 가르침을 하나로 통일시켜 보고자 했다. 이런 경전들의 '자기 부인' renunciation 정신은 내게 큰 감동을 준 종교의 최고 형태였다"[11]고 고백하고 있다. 더 나아가 그는 칼라일Carlyle의 『영웅과 영웅 숭배』Heroes and Hero Worship에서 무하마드Muhammad(570~632)의 "위대함과 용기와 그리고 엄격한 삶"[12]을 배웠다고 했다. 그는 또한 워싱턴 어빙Washington Irving의 작품인 『무하마드의 생애와 그 계승자들』Life of Mahomet and His Successors을 읽었다. 이러한 책들은 무하마드에 대한 평가를 높여 준 것이었다. 그는 물론 다양한 종교 전통에 대한 지식을 더욱더 쌓았다. 그런 것들로부터 간디는 그의 삶의 몇 가지 기본적 원리를 습득하게 되었고, 동·서양이 만나는 삶의 장場에로 점차 나아가게 되었다.

남아프리카에서의 간디의 생활은 종교의 좋은 면은 물론 나쁜 점까지 직접 체험하는 계기가 되었다. 1891년 봄 간디가 유색인종 갈등에 연루되었을 때 그는 남아프리카에 발도 들여놓을 수가 없었다. 남아프리카에서 단 한 번의 체험이 그의 삶의 여정을 변화시켰다. 그는 일등석 기차표로 여행을 하고 있었는데 어느 백인 승객에게 자리를 빼앗겨야 했다. 마리츠버그 Maritzburg에서의 쌀쌀한 한밤중에 그는 유색인이라는 이유 때문에 대기실마저 들어갈 수가 없었다. 그런데 결정의 순간이 다가왔다. 인도로 돌아가야

---

[11] M.K. Gandhi, *op. cit.*, 69.

[12] *Ibid.*, 69.

할 것인가, 남아프리카에 남아서 정의를 위한 투쟁의 삶을 시작해야 할 것인가? 그는 도망치지 않고 머물면서 정의를 위해 싸우기로 결심했다. 한번은 그가 크루거Kruger 대통령 관저 근처에서 아무런 경고도 없이 경찰에게 발로 걷어차였을 때 그는 스스로 다짐했다. "내가 지금 겪는 곤경은 피상적인 것이며, 유색인종적 편견에 대한 깊은 질병의 한 징후일 뿐이다. 가능하다면, 나는 고통을 감수하면서 이러한 질병을 근절키 위해 노력할 것이다."[13]

남아프리카에서 간디는 여러 그리스도교 교파 신자들을 만났다. 그중에서 그를 무지에서 구해 주겠다던 퀘이커Quaker교도, 플리머스 형제단Plymouth Brother(1830년경 영국에서 생긴 칼뱅파의 종파) 신자 등을 만났다. 그러나 간디는 현대 그리스도교에서 예수의 「산상설교」 정신을 찾고 있었다.

그는 가난한 자들을 도우려는 열정을 키워 갔다. 그는 이렇게 썼다. "내가 공동체를 위해 전적으로 봉사하는 일에 몰두하게 된다면, 그 이유는 바로 자아 실현을 위한 나의 바람 때문이다. 나는 내가 느낀 바 신神은 오직 봉사를 통해 알 수 있다고 생각하기에 나는 봉사의 종교를 나의 것으로 삼았다. … 나는 카티아와드Kathiawad의 음모에서 벗어나 나의 생업으로서 변호사 업무를 시작하기 위해 남아프리카로 갔다. 그러나 앞서 말한 대로 나는 스스로 신을 찾고 있었고 자아 실현을 위해 몸부림치고 있었다.[14] 나는 점점 더 무한한 보편적 사랑의 가능성을 깨닫게 되었다."[15]

1899년, 네덜란드계 남아프리카 이주민인 보어 사람과 영국 간의 전쟁인 보어 전쟁Boer War(1899~1902) 당시, 간디는 인도 야전 의무대Indian Ambulance Corps를 조직하여 봉사 활동을 했다. 1904년, 요하네스버그Johannesburg에 전염병이 발생하자 간디는 변호사 사무실 문을 닫고 의료봉사 활동에 전념하면서 환자들을 수송하고 간호하기도 했다. 1906년, 남아프리카 동부 나탈

---

[13] *Ibid.*, 163.

[14] *Ibid.*, 158.

[15] *Ibid.*, 160.

Natal에서 줄루Zulu족의 반란이 일어났을 때는 인도 사람들로 들것을 나르는 구조대를 조직하여 정부에 봉사했고 정부는 간디에게 특무상사의 지위를 부여했다.

요하네스버그에서 간디는 활발한 법률 활동을 펼쳤다. 그는 점차 영향력 있는 사람이 되었고, 그의 말은 남아프리카에 살고 있는 많은 인도인들의 주목을 끌었다. 누구나 그만한 업적을 이룬 사람이라면 만족할 것이라고 생각하겠지만 간디는 그렇지 않았다. 간디에게는 세속적인 성공으로 만족할 수 없는 더 깊은 열망이 있었다. 그는 물질적인 수입으로는 영원한 만족을 얻을 수 없다는 사실을 알았다.

존 러스킨J. Ruskin(1819~1900)은 그의 저서 『이 마지막까지』Unto This Last — 이 책에 대해 간디는 후에 구자라트Gujarat어로, 사르보다야Sarvodaya(모두를 높인다)라는 제목으로 요약했다 — 에서 현대 문명을 비평적으로 논평하며 새로운 사회적 가치를 열렬히 주장했다. 그런데 이 책이 간디에게 결정적인 영향을 미쳤다. 폴락Polak은 간디에게 요하네스버그에서 더반Durban으로 가는 여행길에 볼 수 있도록 러스킨의 이 책을 빌려 주었는데, 간디는 이 책을 읽은 후 이렇게 소감을 적고 있다. "나는 이 책을 손에서 놓을 수가 없었다. 책을 읽기 시작하면서부터 이 책은 나를 사로잡았다. 나는 그날 밤 잠을 이룰 수 없었다. 나는 이 책의 이념에 따라 나의 삶을 바꾸기로 결심했다. … 나는 러스킨의 이 위대한 책에 반영된 몇 가지 깊은 확신을 얻을 수 있었다고 생각했다. 바로 그것이 나를 사로잡았을 뿐 아니라 나의 생애를 변화시킨 것이다."[16] 그는 "노동하는 삶, 이를테면 수공업이나 쟁기로 땅을 경작하는 생활은 가치 있는 삶"[17]이라고 깨닫게 되었다. 그것은 그의 삶에서 아주 중요한 사건이었다. 그는 그날 새벽 일찍 일어나 인도의 농부가 되기 위해 성공적인 변호사 업무를 포기하기로 결심했다. 즉, 그는 생활 방식과 직업, 심지어 사생활까지도 바꾸기로 결심했던 것이다.

---

[16] *Ibid.*, 288-9.

[17] *Ibid.*, 299.

간디는 새로운 생활 방식을 실현하기 위해 남아프리카 동부 지역 더반 근처 피닉스 정착촌Phoenix Settlement에 공동체인 아쉬람ashram을 세웠다. 이 공동체는 공공봉사 활동에 즐겁게 참여했던 인도인들과 유럽의 몇몇 친구들 그리고 뜻을 같이하는 동료들로 구성되었다. 간디는 공동체 생활을 해 나가면서 점차 그의 사생활을 혁신시켰다. 단순한 생활과 봉사의 열정이 그를 사로잡았다. 그는 가계비와 지출을 줄이고 그 스스로 머리를 깎고 그릇을 닦았으며, 자녀들을 학교에 보내지 않고 집에서 가르쳤다. 그는 자선병원 단체에서 환자 돌보는 일에 매일 아침 두 시간을 할애했다. 그가 이웃을 사랑하고 봉사하는 일에 전적으로 헌신하기 위하여 일생 동안 브라마차리아brahmacharya, 즉 금욕생활을 결심한 것도 바로 이 시기였다.

아마 이 시기에 그에게 가장 결정적인 영향을 미친 인물들 중의 한 사람이 톨스토이Tolstoy였을 것이다. 처음 일 년간 아프리카의 프레토리아Pretoria에 살고 있을 때 톨스토이의 저서 『하느님의 나라는 너희 가운데 있다』를 읽었다. 전쟁과 강제 징집, 불의와 압제 따위에 대한 깊은 슬픔에 잠겨 있던 그에게 예수의 「산상설교」는 충분한 삶의 길잡이가 될 수 있었고, 그 교훈이 마치 자신을 위해 씌어진 것 같았다. 더반에서는 톨스토이의 몇몇 다른 후기 작품을 읽었다. 『복음서 요약』The Gospels in Brief과 『무엇을 할 것인가』What to do는 매우 인상적이었다. 어떤 미국인의 편지에 답하면서 그는 후에 이러한 사실과 몇몇 다른 영향들에 대해 언급하고 있다. "귀하께서는 나에게 훌륭한 스승 소로Thoreau를 소개해 주셨습니다. 그분의 「시민 불복종의 의무」Duty of Civil Disobedience라는 글을 통해 제가 남아프리카에서 하고 있었던 일에 대해 체계적인 확신을 얻을 수 있었습니다. 영국에서는 러스킨의 『이 마지막까지』라는 작품이 하룻밤 사이에 변호사로서 도시에 거주하던 나를 더반 근처 기차역에서 아주 가까운 5km 정도 떨어진 시골 농장에서 살도록 변화시켰습니다. 러시아에서는 톨스토이가 나에게 비폭력 운동의 이성적 기초를 마련해 준 스승이었습니다. 톨스토이는 남아프리카에서의 나의 운동을 축복해 주었습니다. 그 운동이 놀라운 성공을 거두리라고는 나 자신도 처음엔 전혀 예견치 못했습니다. 내가 이끌고 있는 운동이 지상에서 억눌린 사람들에게 마침내 희망의 메시지를 줄 것이라고 편지에서 예언해 주었던 이도 바로 톨스토이 그분이었던 것입니다."[18]

간디는 대중을 위해 하나의 정치적 수단, 즉 사티야그라하Satyāgraha(진리 파지, 즉 진리를 따르는 운동)를 마련했다. 간디의 지도 아래 남아프리카 인도인들은 트랜스발 주 정부Transvaal Government가 그들에게 강요했던 차별에 대해 비폭력적인 투쟁을 시작했던 것이다. 간디는 스머츠 장군General Jan Christian Smuts (1870~1950)에게 체포되었다. 이것이 간디의 첫 감옥 생활이었다(1908). 남아프리카 거주 인도인의 권리를 위한 장기간의 투쟁 끝에 간디는 첫 승리를 거두었다. 간디의 종교적·도덕적 철학의 근간이 영적이고 실천적인 체험의 빛에서 이루어지게 된 것도 바로 그의 삶에서 이러한 중대한 사건이 일어나고 있던 시기였다.

간디는 인도에 돌아오자마자 피닉스에서 함께 온 그의 몇몇 동료 사역자들과 함께 사바르마티Sabarmati에 또 하나의 사티야그라하 아쉬람Satyāgraha Āshram, 즉 대중을 위한 공동체를 세웠다. 이 아쉬람 — 공동체 — 의 모든 구성원들은 비폭력과 채식주의와 무소유를 선언했다.

간디는 인간에 대한 사랑과 봉사를 통한 진리의 실현을 위해 광범위한 노력을 경주했다. 그는 다음과 같은 많은 운동을 계속해서 하나씩 하나씩 전개해 나갔다. 이를테면 실 잣는 물레 작업, 기초 교육, 인도 민족 언어로서의 힌두스탄어Hindustani 사용 운동 전개, 불가촉不可觸천민들의 지위 향상 운동 그리고 여성들의 마을 봉사 활동을 위한 훈련 등이다. 간디는 불가촉천민 가족을 아쉬람에 초대했고, 그 가족은 공동체 내에서 평등한 대우를 받았다. 이같이 불가촉천민을 아쉬람에 받아들인 행위는 인도에서 간디에 대해 많은 저항을 불러일으켰다. 그러나 간디는 종교적 열망으로 고무되어 있었기 때문에 이 와중에도 용기를 잃은 적이 없었다. 그는 다음과 같이

---

[18] D.G. Tendulkar, *Mahatma Gandhi*, Bombay: Vitthalbhai K. Jhaveri & Tendulkar 1953, vol.6, 177.

기록하고 있다. "내가 얻고자 하는 것은 — 지난 30년간 얻고자 노력하고 갈망해 왔던 것은 — 자아 실현이다. 이것은 곧 신의 얼굴을 마주 바라보는 것이며, 구원 곧 해탈Mokṣa을 얻기 위함이다. 나는 이 목적 달성을 위해 살고 움직이며 내 존재를 바쳐 왔다. 말과 글로써 그리고 정치적 영역에서 내가 시도해 온 모든 것은 바로 이 같은 동일한 목적을 위해서였다."[19]

비록 "소금 사티야그라하"Salt Satyāgraha나 "인도 프로그램 철회"Quit India Programme 같은 무저항 불복종 운동이 성격상 분명히 종교적인 것은 아니었지만, 투쟁을 전개하는 과정에서 간디의 주된 모티프는 종교적인 것이었다. 즉, 신에게 헌신하는 정신으로 모든 것을 행하라는 것이다. 간디는 다음과 같이 기록하고 있다. "인간의 궁극적 목적은 신을 깨닫는 것이다. 그리고 그 모든 사회 종교적 활동들은 신의 비전 가운데 있는 궁극적 목적에 부합되어야 한다. 모든 인간이 당면한 봉사 활동은 신의 자각을 위한 노력의 필수 요소가 된다. 왜냐하면 신을 깨닫는 유일한 길은 단지 신이 창조한 세계 속에서 신을 발견하고 신과 하나가 되는 것이기 때문이다. 이것은 오직 만인의 봉사 활동을 통해서만 실현될 수 있다. 나는 전체의 본질적인 부분이며 나머지 인류와 떨어져서는 신을 발견할 수 없다. 나의 동포는 나의 가장 가까운 이웃이다. 그들은 너무나 무기력하고, 자원도 부족할뿐더러 자력으로는 움직일 수 없게 되어 나는 그들을 돕는 데 혼신의 힘을 기울여야만 했다. 내가 만일 신을 히말라야 동굴에서 찾을 수 있다고 믿을 수 있다면, 나는 즉시 그곳으로 가겠다. 그러나 나는 인간을 떠나서는 신을 발견할 수 없다는 것을 알았다."[20]

간디는 일생을 통해 힌두교도와 무슬림 간의 연합을 도모하기 위해 많은 시간과 정력을 기울였다. 그가 한번은 이 문제를 위해 3주간 단식을 한 적이 있다. 그는 이렇게 말했다. "나의 참회는 가슴이 찢어질 듯 고통스런 기도다. … 이것은 나를 사랑한다고 고백했던 힌두교도와 무슬림에 대한 일

---

[19] M.K. Gandhi, *op. cit.*, xii.

[20] *Harijan*, 1936.8.29.

종의 경고다." 그는 또 이렇게 기록하고 있다. "내가 종교 간 평화를 얼마
나 끊임없이 열망해 왔는지는 내 죽은 후에라도 힌두교도와 무슬림 모두가
증인이 되어 줄 줄 믿는다."[21]

일찍이 간디는 킬라파트 운동에서 무슬림을 지지한 바 있고 알리Ali 형제
의 석방 운동을 벌이기도 했다. 앤드류스는 이렇게 말한다. "비협력징책
운동Non-Cooperation Movement이 진행되던 시기에 간디는 그 어느 때보다 이슬
람과 가까이 접촉했다. 간디는 콘스탄티노플의 칼리프Caliph를 최고 지도자
로 존경하는 독실한 무슬림들인 '신실한 신자 부대'the Command of the Faithful가
전쟁 끝 무렵 치욕스런 굴복기에 당했던 학대와 모욕도 알고 있었다. 왜냐
하면 승자는 칼리프의 세속적 권위를 손상시켰고 그 권위의 중심부를 위협
했기 때문이다." 이어서 말하기를: "이런 점에서, 하나의 국가 인도에서 힌
두교도와 무슬림을 연합시키려는 강한 열망을 지녔던 간디는, 정당한 이유
를 지니고 있다고 생각한 무슬림을 지지할 심리적 기회를 포착했던 것이
다. 간디는 그들이 공경하는 칼리프 편에서 전적으로 헌신할 것을 그들에
게 약속했고 실제로 그들을 위해 전력을 기울였다. 이리하여 이슬람 운동
을 전개했던 칼리프 문제는 당분간 인도에서 우정 어린 화해의 직접적인
수단이 되었다."[22]

간디의 노력에 힘입어 인도는 비폭력적 수단으로 1947년 8월에 정치적
자유를 얻었다. 인도는 동등한 입장에서 영국의 우방 국가가 되었다. 또한
영국 노동당British Labour Party의 정치적 수완에 힘입어 대영제국은 거의 2세
기 동안 지배해 왔던 민족에게 온건하고 평화적으로 지배권을 이양했다.
그러나 간디는 그때 독립 기념 축제에 참여하기 위해 델리Delhi에 있었던 것
이 아니라, 종교적 증오의 희생물이 되었던 자들의 절망을 거두고, 슬픔에
잠긴 자들에게 힘과 희망을 불어넣어 주기 위해 벵골의 노아칼리Noakhali에
있었다.

---

[21] *Ibid.*, 1935.10.12.

[22] C.F. Andrews, *op. cit.*, 55-7.

국가가 분할되자마자 수십만 힌두교도와 무슬림이 펀잡Punjab, 벵골Bengal, 비하르Bihar 지역에서 죽어 갔다. 간디는 두 종교를 화해시키기 위해 혼신의 힘을 기울였다. 그는 폭동에 휩싸인 지역을 순회하면서 평화와 선善의 필요성을 역설했다. 폭도들은 캘커타에서 간디를 공격했다. 성난 무슬림들에게 간디는 힌두의 비타협성의 상징처럼 되었고, 무슬림들을 보호하려는 그의 노력은 고통받는 힌두교도들을 분노케 했다. 간디는 캘커타에서 단식을 감행했고 기적적인 일을 성취했다. 당시 인도 총독이었던 마운트배튼 경Lord Mountbatten은 간디에 대해 이렇게 적고 있다. "펀잡에는 55,000명에 달하는 군 병력이 주둔하고 있지만 대규모 폭동을 감당하기에는 역부족이다. 그러나 벵골의 우리 병력은 단 한 명뿐이지만 거기에는 폭동이 없다."[23]

그 후 간디는 델리로 갔다. 이 수도에 폭력과 살인이 난무하고 있었기 때문이다. 그는 군중을 향해, "힌두교도나 무슬림이나 그리스도인이나 모두가 같은 신의 아들이요 형제"라고 외치며 설득했다. 그리고 생의 마지막 단식이 된 열여덟 번째 단식을 시작했다. 간디는 일흔여덟 살이었다. 그는 힌두교와 이슬람교 지도자들로부터 폭력을 중지시키기 위해 최선을 다하겠다는 분명한 보장을 얻어 냈을 때, 그리고 인도가 미분배 국가 자산 가운데 파키스탄 몫으로 약 4천만 파운드를 지불했을 때만 단식을 중지한 적이 있었다.

1948년 1월 30일 금요일 저녁 5시, 간디가 매일 드리는 기도회에 갔을 때 한 힌두교도가 그에게 세 발의 권총을 쏘았다. 첫발이 복부를 관통했을 때 그는 중얼거렸다. "헤 람Hē Rām(오. 신이여), 헤 람Hē Rām." 복부와 심장에서 피가 쏟아졌다. 집으로 실려 왔을 때는 이미 의식이 없었다.

마하트마Mahatma를 죽인 자는 바로 힌두교도였다. 인도의 무슬림들에게 폭력과 무력을 써서는 안 된다는 간디의 주장을 받아들일 수 없었던 어느

---

[23] Pyarelal, *Mahatma Gandhi – The Last Phase*, Ahmedabad: Navajivan Publishing House 1958, vol.II, 382.

급진적 힌두교도가 간디를 살해한 것이다. 성자는 이렇게 동족의 손에 죽어 갔다.

간디가 문제의 심각성을 몰랐을 리 없다. 그는 종교적 광신주의와 편협성, 미신과 무지, 이기주의와 위선, 심지어 무신론과 종교적 무관심주의에까지 직면해야 했다. 그는 시종일관 '광야에서 외치는 소리'였다. 비폭력적 관용과 다른 사람의 신앙을 존중해 줄 것을 요청하는 그의 호소는 종종 우이독경에 불과했다. 간디가 인도에서 힌두교와 이슬람교 간에 사랑과 존경의 관계를 형성하는 데 얼마나 성공적이었는지는 말하기 어렵다. 아직 성취되어야 할 것이 훨씬 더 많이 남아 있다. 스스로도 말했던 것처럼 그는 비폭력 운동의 시작에 불과했다. 단지 사람들로 하여금 제 길을 가게끔 노력했을 뿐이다.

간디는 단지 힌두교도와 무슬림 사이뿐만 아니라 세상의 모든 종교의 신자들 간에도 조화와 평화가 이루어지기를 원했다. 그는 이렇게 기록한 적이 있다. "힌두-이슬람 연합은 힌두교와 이슬람교의 연합을 의미하는 것일 뿐만 아니라 그들이 어떤 신앙을 지니고 있든 인도를 고향이라고 믿는 모든 사람 사이의 연합을 의미한다."[24] 사실 인도에서 간디가 직면하고 있던 문제는 세계의 문제다. 현대 과학과 기술의 발달로 거리감이 없어짐에 따라 세계는 하나의 단일체가 되었다. 그러므로 종교 간의 만남은 인도에만 국한된 문제가 아니다. 그것은 이제 보편적인 만남의 문제로 확대되었다. 종교 간의 화해 문제는 더 이상 지연되거나 회피할 수 없다. 세계 모든 민족들 사이의 지속적인 평화와 조화에 대한 관심 속에서 이 문제는 성공적으로 해결되어야 한다. 이것은 세상의 각기 다른 종교 신앙을 가지고 있는 모든 신자가 애정을 가지고 연구해야 할 과제다. 이러한 관점에서 간디의 삶과 모범은 이 문제에 대한 몇 가지 신선한 빛을 던져 주며 상호 이해에 기초한 문제 해결의 새롭고 의미 있는 접근을 가능하게 해 준다. 다음 장

---

[24] *Young India*, 1931.4.16.

에서는 비교종교와 종교 간의 관계에 대한 간디의 접근 방법을 상세히 설
명하고 그에 대한 비판적인 고찰을 시도한다.

· Ⅱ ·

간디의 비교종교학적 연구

1. 힌두교

간디는 그가 힌두교도일 뿐 아니라, 무슬림·그리스도인·불자이기도 하다고 주장했다. 이런 입장은 셈족 전통에서는 불합리한 것으로 여겨질 것이다. 그러나 간디는 용어의 전통적 의미에서 무슬림이나 그리스도인이 되기를 주장하고 있지는 않았다. 그의 주장은 단순히, 비록 태생이나 확신에 의해 힌두교도임에도 불구하고, 그가 이슬람교와 그리스도교, 그리고 불교와 그 밖에 그가 귀중하게 생각한 다른 종교들 안에 있는 모든 것을 이해하고 그것에 동화될 수 있음을 말한 것이었다. 그는 모든 전통 안에 있는 최상의 것을 받아들였다. 그는 다른 종교들에서 일치점과 장점을 발견하는 것이 각 종교를 풍성하게 하고, 모든 종교 신자들의 진정한 종교적 태도에 매우 크게 공헌할 것이라고 생각했다. 그는 특히 모든 종교에 있어서 내적 정화의 필요성을 지적했다. 그래서 그는 자신의 종교 전통의 개혁자가 될 수밖에 없었다.

　연구와 관찰을 통해 간디는 실제로 힌두교에 잠입해 들어온 부패와 쇠퇴에 대해 잘 알았다. 힌두교의 요소들이 시대에 뒤떨어지고 현대적 상황에서 그 가치를 잃었음도 알았다. 그러나 그가 소중히 여기는 힌두교는 정화된 힌두교였고, 그의 삶과 사상의 도가니 속에서 정화되고 숭앙되었다. 그는 "오늘날 우리가 보는 것은 순수한 힌두교가 아니라, 종종 서툰 모방에 불과한 것이다"[1]라고 썼다. 그래도 역시 그는 역사의 변천 속에서 오천 년 이상을 성공적으로 살아남았던 힌두교의 영원하고 기본적인 생명력을 알고 있었다. 그는 최상의 질적 요소를 힌두교에서 발견할 수 있었다. "힌두교에는 지금까지 살아남게 해 준 어떤 요인이 있다. 우리는 바빌론, 시리아, 페르시아 그리고 이집트 문명의 멸망을 목격해 왔다. 주위를 둘러보라. 로마나 그리스가 어디에 있는가? 당신은 오늘날 기번Gibbon(1737~1794, 『로마제국쇠망사』를 저술)이 묘사한 이탈리아나 고대 로마를 어디서 찾을 수 있는가? 그러면 인도를 보자. 누군가에게 가장 오래된 기록들을 찾아보게 하고 나서 주위를 둘러보게 한다면, 그는 다음과 같이 말할 수밖에 없을 것이다. '그래요, 나는 고대 인도가 아직도 살아 있음을 봅니다.' 사실, 여기저기 똥무더기도 있다. 그러나 그 속에는 풍부한 보물이 파묻혀 있다. 그리고 그것이 살아남은 이유는 힌두교가 전면에 내세우고 있는 결말이 물질적 경향이 아니라 영적 경향을 따르는 발전이었기 때문이었다."[2]

힌두교는 다양한 종교적 신조와 여러 교파의 신학교들 그리고 고대로부터 인도에서 살아남은 종파적 신앙의 총체다. 힌두교는 신을 향한 인간의 탐구 과정의 모든 단계를 대표한다. 심지어 물활론物活論적 의례도 일원론적 종교와 마찬가지로 일신교와 나란히 번창하고 있다. 예배의 모든 형식이 힌두교도에게 더 높은 형식을 향한 유용한 디딤돌로 간주되고, 게다가 각 형식은 영적 성장의 어떤 단계에 적합한 것으로서 너그러운 시선과 깊은 이해로 관대히 다루어진다. 힌두교는 사상이나 실천의 획일성을 주장하지 않는다. 힌두교는 영적 발달이 각각 다른 단계에 처해 있는 사람들이 사는 세계에서 기인하는 종교적 표현의 상이성을 인정한다. 간디의 관점에서, "힌두교는 하나의 거대한 진화 과정이지 하나의 편협한 신조가 아니다".

---

[1] *Young India*, 1927.11.27.

[2] *Ibid.*

나아가, "힌두교는 성장과 쇠퇴를 책임져야 하고 자연 법칙에 복종하는 살아 있는 유기체다. 그것의 뿌리는 하나이고 분할될 수 없으나, 가지 번성한 큰 나무로 자라 왔다. 계절의 변화가 그것에 영향을 준다. 힌두교에는 나름대로의 봄·여름·가을·겨울이 있다".[3]

막스 뮐러Max Müller는 "힌두교는 거의 모든 종교를 싸안을 공간을 가지고 있을 뿐 아니라 그들 모두를 포용한다"고 했다. 힌두교는 사회적·종교적 진화의 모든 단계들을 포용한다. 힌두교는 이해와 종합의 한 원리를 표방해 왔는데, 그 원리에 의해 각각의 차이점은 공통적인 복합체의 한 부분으로 조정되었다.

힌두교는 한 권의 책이나 한 명의 예언자에게 신앙을 고정시키지 않는다. 힌두교에는 특별한 창시자나 문서가 없다. 왜냐하면 진리를 향한 접근이 늘 확대되는 비전과 신성의 경험 위에 폭넓게 기초하고 있기 때문이다. 신성은 시작도 끝도 없이 존재한다. 전능한 영은 다양한 형식으로 나타난다. 모든 종교가 시대와 풍토를 달리하는 인류의 영적 개발을 돕는 한, 힌두교는 그것들을 진정한 것으로 여긴다. 힌두교는 인간이 신에게 다다를 수 있는 모든 다양한 수단을 그 영역 안에 포용한다. 힌두교는 모든 종교가 인정하는 진리를 주장한다. 바꿔 말하면 신은 모든 사람 모든 사물 안에 있으며, 신 안에서 모든 것이 살아 움직인다. 나아가, 각 개인은 그 자신의 종교적 신념과 경험의 빛에 의해 구원을 추구하도록 권고받는다. 그것은 어떤 특정한 스승과 관련된 공식적인 신조도 가지지 않는다. 간디에 의하면, "힌두교는 성문화된 종교가 아니다. 우리는 힌두교 내에서, 샤스트라Śāstra라는 이름 아래 우리가 이름조차 모르는 수백 수천 가지 책을 가지고 있다".[4] 사르베팔리 라다크리슈난 박사는 다음과 같이 주장한다. "힌두교는 사상의 형식이기보다는 삶의 한 방식이다. 그것은 사상의 세계에서 절대적인 자유를 주는 반면, 엄격한 실천적 규칙을 명한다."[5▶] 이어서, "힌

---

[3] *Young India*, 1926.8.24.

[4] *Ibid.*, 1927.9.29.

두교는 종교적 일치를 주장하는 것이 아니라 삶에 대한 영적 · 윤리적 견해를 주장한다"고 덧붙인다.[6]

의심할 여지 없이, 힌두교는 많은 신조와 이데올로기를 내포한다. 그러나 그것들은 하나의 **실재**에 대한 다양한 해석이며, 동일한 목표에 이르는 다양한 길로서 이해된다. 이러한 신조에 의해 드러나는 다양한 모습은 지역적 필요에 따른 것이며, 시간 · 공간적 환경과 관련되기 때문이다. 사실, 힌두교의 내용적 이질성과 다양성이 관용을 낳는다.

라다크리슈난 박사가 말하듯, "힌두교는 다채로운 직물로 수놓은 무한히 다양한 색깔의 벽걸이 양탄자처럼 발전해 왔다".[7] 또한 "최선을 다한다는 것이 나쁠 게 없다는 원칙에 근거하여, 힌두교는 신앙의 모든 형식들을 받아들여 더 높은 단계로 승화시킨다".[8] 간디의 말을 빌리면 "힌두교는 배타적인 종교가 아니다. 힌두교에는 세계의 모든 예언자를 예배할 공간이 있다. 이는 일반적으로 통용되는 선교 종교 개념이 아니다. 힌두교에는 수많은 종족들이 있다. 그러나 이러한 힌두교의 포용성은 감지하기 어려울 만큼 미세하게 발전된 것이었다. 힌두교는 만인에게 각자의 신앙 혹은 다르마dharma(法)에 의해 신을 섬기라고 말하고 모든 종교와 더불어 평화롭게 살라고 한다".[9]

간디가 생각하는 힌두교는 역사상의 힌두교를 넘어서는 어떤 것이다. 간디는 종종 힌두교라는 용어를 새로운 함축적 개념으로 사용했다. 그는 힌두교가 진리를 발전시키고 진리에 나아가도록 지속적으로 진리와 관련시켜서 설명함으로써 힌두교에 새로운 영靈적 차원을 부여했다. 그는 아름답고 선하고 진실한 것이 발견되기만 하면 그것이 무엇이든 받아들였다. 진리와 영원한 도덕적 율법에 조화되는 모든 것은 그에게 받아들여질 만한 것이었

---

[5] S. Radhakrishnan, *The Hindu View of Life*, New York: Macmillan Publishing Company 1973, 55.

[6] *Ibid.*, 55.　　　　　　　　　　　　[7] *Ibid.*, 17.

[8] *Ibid.*, 89.　　　　　　　　　　　　[9] *Young India*, 1921.10.6.

다. 소위 정통 힌두교도들이 그의 주장을 논박했음에도 불구하고 그는 자신의 개념에 입각하여 자신을 정통 힌두교도라고 주장했다. 분명히, 그의 사나타나sanātana(정통) 힌두교는 기존의 전통적인 것과는 다른 유형이었다. 게다가 간디는 조국 인도에서는 억압받고 학대받는 계급들의 혁명적 투사가 될 수 없었다. 더군다나 그는 붓다·그리스도·무하마드와 연관된 그의 영적 유사 관계를 발전시키지 못했다. 네루는 간디를 "존재의 가장 깊은 부분까지 힌두교인이었으나, 그의 종교 개념은 어떤 교의教義나 관습, 예식과도 연관되지 않은 참으로 종교적 인간"[10]으로 보았다. 힌두교에 대한 간디의 견해는 일반적으로 이해되는 힌두교보다 더욱 깊고 넓다. 그는 자기가 어떤 의미에서 정통 힌두교인이었는가를 분명히 한다. "만일 정통 힌두교가 자신의 최선의 빛에 따라 힌두 정신으로 살고자 끊임없이 노력하는 것이라면, 나는 정통 힌두교인이라고 확실히 주장한다. 『마하바라타』의 저자인 위대한 브야사*가 정통 힌두교인이라면 나 또한 같은 의미에서 정통 힌두교인이다. 브야사는 『마하바라타』에서 다음과 같이 말했다. '저울 한쪽에 진리를 놓고, 다른 쪽에는 라자수야Rājasūya와 아쉬바메다 야즈나Aśvame-dha Yajña(말·희생·제의)를 포함하여 모든 제사들을 다 놓아도, 진리를 담은 저울이 더 무게가 나갈 것이다.' 그리고 만일 『마하바라타』가 다섯째 『베다』Veda로 인정된다면, 내 삶의 매 순간 나는 어떤 대가를 치르고서라도 진리를 따르기를 열망하기 때문에, 나는 정통 힌두교도라고 주장한다."[11] 그 밖에 그는, "나는 스스로를 사나타니 힌두교도라고 부른다. 그 이유로, 1) 나는 『베다』와 『우파니샤드』와 『푸라나』**와 힌두교 문서의 이름으로 된 모든

---

[10] Jawaharlal Nehru, *Autobiography*, New Delhi: Allied Publishers 1962.

* 브야사(Vyāsa)의 원뜻은 '정돈하는 사람'(arranger)이라는 뜻이다. 브야사는 고대 인도의 기념비적 문헌이나 작품을 저술하거나 편찬한 사람에게 주어지는 명칭으로, 푸라나(古傳說)에 의하면 30명의 브야사가 언급되고 있다 — 역자 주.

[11] *Young India*, 1927.12.15.

** 『푸라나』(*Purāna*)는 고대의 민간 전승집으로서 신의 계보나 우주 발생설, 역대 왕이나 현자의 족보, 예배, 신앙, 사회정치적 관습 등의 잡다한 내용을 수록하고 있다 — 역자 주.

것과 게다가 아바타라avatāra(化身)와 환생까지 믿는다. 2) 나는 어떤 점에서 바르나슈라마 다르마Varṇāśrama dharma[의(義)에 기초한 바람직한 사회질서]를 믿는데, 내 의견으로는, 그것이 현재의 대중적이고 조잡한 의미에서가 아니라 엄격한 『베다』적인 것으로서다. 3) 나는 대중의 신념보다 더 큰 의미에서 소 보호를 믿는다. 4) 나는 우상숭배를 하지 않는다"고 했다.[12]

힌두교도들은 신이 무한히 선하다고 믿기 때문에 신이 감탄할 만한 무한한 특성을 가지고 있다고 추측한다. 많은 사람들이 "신"이라는 개념을 인격화된 신, 즉 한 인간의 성격을 지닌 존재를 의미하는 데 사용한다. 예를 들면, 우리는 "신은 사랑한다", "신은 자비롭다", "신의 손길" 등의 표현에 친숙하다. 힌두교에는 그런 것을 염원하는 사람들이 숭배하는 인격신들이 있다. 그러나 만일 우리가 "신"이라는 개념을 "실재"라는 의미로 사용한다면, 그것은 인간의 특성을 초월하는 것이라고 힌두교도들은 생각한다. 인격신들은 모두 "지고의 아트만"Paraātman, 곧 "위대한 영" 또는 브라만Brahman에게 복속된다. 그리고 힌두교도는 인격신들에게 예배할 때조차, 그 신들이 유일한 지고의 브라만Parabrahman의 일부에 불과하다는 것을 결코 잊지 않는다. 어떤 인격신이나 그 형상에 대한 예배의 진정한 기능은 예배자로 하여금 신 자신의 지식에 궁극적으로 향하게 하는 것이다. 간디는 말한다. "나는 내가 신상神像에 대한 예배를 불신하지 않는다고 말해 왔다. 하나의 신상이 내 안에서 어떤 존경의 감정을 일으키는 것은 아니다. 그러나 나는 신상에 대한 예배가 인간 본성의 한 부분이라고 생각한다. 우리는 상징성을 열망한다. 왜 다른 곳보다 성전에서 마음이 더 진정되는가? 신상은 예배에 도움이 된다. 어떤 힌두교도도 신상이 신이라고 생각하지 않는다. 나는 신상 숭배가 죄악이라고는 생각하지 않는다."[13]

간디는 『이샤우파니샤드』Īśopaniṣad의 첫 절이 힌두교 전체의 정수를 담고 있다고 믿는다. 그 내용은 다음과 같다.

---

[12] *Ibid.*, 1921.10.6.

[13] *Ibid.*, 1921.10.6.

이 변화하는 우주 안에 존재하는, 그 모든 것은 주께 속한 것이다. 포기함
으로써 즐기라. 누구의 재물도 탐내지 마라(Īśāvāsyamidam sarvam yatkincha jaga-
tyām jagat, Tena tyaktena bhuñjīthā mā gṛdhaḥ kasya svit dhanam).

간디는 말한다. "이 만트라는 신을 창조자·지배자·주主로 서술한다. 이
만트라의 구절을 본 옛 현자賢者는 신이 어디서든지 발견된다는 장엄한 진
술로 만족할 수 없었다. 그래서 현자는 더 나아가 말했다. '신은 모든 것에
충만하기 때문에, 아무것도 당신에게 속해 있지 않으며, 심지어 당신의 몸
도 그러하다. 신은 당신이 소유한 모든 것의 확실하고 변함없는 주인이
다.' 또한 자신을 힌두교도라고 부르는 어떤 사람이 영적 신생의 과정, 혹
은 그리스도인들이 말하는 새로 남의 과정을 거칠 때, 그는 반드시 무지
속에서 자신의 소유라고 생각했던 모든 것을 봉헌하거나 포기해야만 한다.
그리고 이러한 헌신이나 포기의 행위를 수행할 때, 그는 신의 답례로 필요
한 의식주를 훌륭하게 보상받을 수 있다. 그러므로 생활할 물건들을 즐기
거나 누릴 수 있는 조건인 헌신과 포기는 이 바쁜 세상에서 삶의 중심이
된다는 사실을 잊지 않기 위해서라도 날마다 이루어져야 한다. 그리고 결
국에 가서 현자는, '누구의 재물도 탐내지 마라'고 한다. 이 매우 짧은 만
트라 속에 깊이 새겨진 진리는, 이 세상에 관계하든 저 세상에 관계하든,
모든 인간 존재의 가장 높은 욕구를 만족시키도록 산정되었다. 나는 내가
찾아본 세상의 경전 가운데 이 만트라에 더할 것은 아무것도 없다고 본다.
그리 많지는 않지만, 내가 읽어 본 몇몇 경전을 되돌아볼 때, 그 모든 경전
중 좋다는 것은 모두 이 만트라에서 나온 것이 아닌가 한다. 만일 그것이
보편적 형제 됨 ─ 인류뿐만 아니라 모든 생명체의 ─ 이라면 그것을 나는
이 만트라에서 찾는다. 만일 그것이 주님과 주인에 대한 확고부동한 신앙
이라면 (그리고 당신이 형용할 수 있는 모든 것이라면) 나는 그것을 이 만
트라에서 발견한다. 만일 그것이 신에 대한 완전한 복종을 의미하고 내가
필요한 모든 것을 신이 제공해 줄 것이라는 믿음이라면, 다시 말하거니와,

나는 그것을 이 만트라에서 발견한다. 신이 나와 당신의 전 존재와 기질 속에 두루 영향을 미치고 있기 때문에 나는 그것으로부터 지구상의 모든 피조물의 평등 원칙을 이끌어 낼 것이며, 그 원칙은 모든 철학적 공산주의자들의 갈망을 충족시킬 것이다. 이 만트라는 신에 속한 어떤 것도 내것처럼 붙잡지 못한다는 것을 말해 준다. 그리고 내 삶과 이 만트라를 믿는 모든 사람의 삶이 완전히 헌신적인 삶이어야 한다면, 그것은 우리 이웃에 대한 지속적인 봉사의 삶이어야 한다는 사실이 뒤따른다." 간디는 또, "내가 말하는 이것은 나의 신앙이자 힌두교도라 자처하는 모든 자의 신앙이어야 한다"고 말한다.[14]

간디는 자신이 힌두교도로 남아 있는 이유를 묻는 미국 특파원의 질문에 이렇게 대답한다. "힌두교 가정에서 태어나 선대로부터 물려받은 영향 속에서 내가 믿는 바와 행동하는 바가 같았기 때문에 나는 힌두교도로 남았다. 그것이 내 도덕적 감정이나 나의 영적 성장에 모순되었다면 나는 힌두교도가 되지 않았을 것이다. 실험을 통해, 나는 힌두교가 내가 아는 모든 종교 중에 가장 관대하다는 것을 깨달았다. 교의로부터의 자유는 수도자에게 폭넓은 자기 표현의 길을 열어 준다는 점에서 나를 매료시키기에 충분하다. 힌두교는 배타적인 종교가 아니므로 그 신앙의 추종자들이 모든 다른 종교를 존중하도록 할 뿐만 아니라, 다른 신앙 안에 있는 것도 좋기만 하면 다 존경하고 동화되도록 만든다. 비폭력은 모든 종교에서 상식적인 것이지만, 힌두교에서 최고도로 표현·적용되었다(나는 자이나교나 불교를 힌두교와 분리해서 생각하지 않는다). 힌두교는 단순히 모든 인간의 일치를 믿는 데 그치지 않고, 모든 생명체의 일치를 믿는다. 내 생각으로는, 힌두교의 소 숭배는 인도주의 발전에 대한 독특한 공헌이다. 그것은 일치 신앙을 실질적으로 적용한 것이며, 모든 생명의 신성함을 보여 주는 것이다. 윤회에 대한 독실한 믿음이 그러한 숭배 신앙의 직접적인 결과다."[15]

---

[14] *Harijan*, 1937.1.30.　　　　[15] *Ibid.*, 1937.1.30.

힌두교에 대한 간디의 생각은 불가촉천민untouchability에 대해서도 여지없이 나타난다. 그는 불가촉천민들의 곤경에서 종교의 졸렬한 모습과 힌두교의 오점을 보았다. "나는 불가촉천민 제도에 결코 만족할 수 없었다. 나는 항상 그것을 있어서는 안 될 것으로 여겨 왔다."[16] 그는 억압받는 계층의 지위 향상에 모든 것을 걸었다. 간디의 가르침과 인격적 모범, 그리고 끝없는 열정은 불가촉천민들을 두려움 없고 진취적이고 생기에 찬 인도 국민으로 바꾸었다. 소위 힌두 공동체의 최하층 계급에서 일어난 이러한 변혁의 효과는 인도 사회의 모든 계층에 파급되었다. 그리하여 전 세계의 종교 가운데 가장 강력한 해방 운동의 하나로 자리잡았다. 그는 말했다. "불가촉천민 제도는 이성에 위배되며 자비·연민·사랑의 본성에도 모순된다. 소까지 숭배하는 종교가 인간에 대한 잔인하고 비인간적인 대우를 변호하거나 정당화할 수는 없다. 또한 나는 억압받는 계층의 지위 향상을 위한 노력을 포기하느니 차라리 민족의 분열을 감수할 것이다. 만일 힌두교도가 불가촉천민이라는 오점을 고수함으로써 이 고상한 종교가 더럽혀지는 것을 허용한다면, 그들은 결코 자유를 누릴 자격이 없다. 그리고 나는 삶 자체보다 힌두교를 더 사랑하기 때문에, 그 오점은 내게 참을 수 없는 짐이다. 우리 민족의 다섯째 하층계급인 이들에게서 평등한 지위로 연합할 권리를 박탈함으로써 우리가 신을 부정하는 일이 없도록 하자."[17]

힌두교는 존재의 통일성을 강조한다. 그것은 개인이 무한과 조화를 이루며 존재할 수 있는 삶의 방식을 보여 준다. 모든 존재의 바탕은 브라만이다. 힌두교는 모든 사람과 살아 있는 존재에 대한 각 개인의 중요성을 가르친다. 이것은 각자가 그 자신의 이기적인 관심에서 벗어나 어떤 대가를 치르더라도 타인을 위한 의무를 다하도록 가르치는 것을 의미한다. 각성한 개인은 브라만에 대하여 명상함으로써 그리고 삶의 정화를 통해 작은 자아와 그 허무를 정복함으로써 해방을 얻는다. 모든 생명체에 대한 사랑은 신

---

[16] *Ibid.*　　　　　[17] *Ibid.*

에 대한 사랑으로 나아간다. 『바가바드기타』에 따르면, "도처에서 '나'를 보고 '내' 안에서 만유萬有를 본다면, '내'가 곧 만유요, 만유가 곧 나다".[18]

일치에 대한 이러한 주장은 힌두교의 특성이다. "힌두교의 중요한 가치는 모든 생명(인간뿐 아니라 모든 감각 있는 존재), 즉 하나의 보편적 근원인 알라·하느님·파라메슈바라Parameśvara(지고의 신)에서 나온 모든 생명이 하나라는 실질적인 믿음을 주장하는 데 있다. … 이러한 생명의 일치는 구원을 인간 존재에만 국한시키지 않고 모든 피조물에게 확대·적용시키는 힌두교의 독특한 특성이다. 힌두교는 인간을 피조물의 주인으로 만들지 않는다. 오히려 신의 피조물에 봉사하게 한다. 우리는 형제애를 인간에게만 적용시키고, 다른 모든 생명은 인간의 목적에 이용되기 위해 존재한다고 생각한다. 하지만 힌두교는 모든 착취를 거부한다. 모든 생명과의 일치를 실현하기 위해 치러야 할 희생에는 한계가 없지만, 이상理想을 실현시키고자 하는 욕구에는 한계가 있다."[19] 힌두교는 부와 사치가 인간에게 최상의 것을 가져다주지 못한다고 말한다. 부를 향유하는 힌두교도에게는 갑작스런 포기를 요구하는 셈이다. 이러한 포기가 인류에의 봉사를 위한 포기일 때 그 의미는 특별히 숭고하다. 실로 그러한 포기는 단순성, 진리에의 헌신 그리고 온 세상 사람들의 경의를 불러일으킨 "비폭력"을 통해 간디의 삶에서 잘 드러나고 있다.

모든 위대한 종교는 인간 사랑을 가르친다. 그러나 힌두교는 동물 사랑도 함께 가르친다. 이것이 많은 독실한 힌두교도가 고기를 절대로 먹지 않는 이유다. 그들은 동물을 죽이는 것이 옳지 않다고 느낀다. 동물도 사람만큼이나 살 권리가 있다. 간디에 의하면, 소 보호는 세상에 주는 힌두교의 선물이다. 이것은 세상의 종교적 이념에 독특하게 공헌했다. 소는 간디에게 인간과 친근한 세계 전체를 의미했다. 그것은 "약하고 도움받지 못하는 자들에 대한 보호"[20]를 의미한다. 간디에게 소 보호는 매우 중요했다.

---

[18] *Bhagavadgītā*, VI. 30.

[19] *Harijan*, 1936.12.26.

[20] *Young India*, 1921.6.8.

"나는 동물인 소를 보호하는 것만으로 인간이 해탈을 얻는다고는 믿지 않는다. 왜냐하면 해탈을 얻으려면 애착·증오·분노·질투 등 인간의 저급한 감정들을 완전히 제거해야 하기 때문이다. 그러므로 해탈이라는 관점에서의 소 보호는 생각보다 훨씬 더 넓고 깊은 이해가 수반되어야 한다. 소 보호가 해탈과 연관되려면, 속성상, 감정을 지닌 모든 것의 보호를 내포해야 한다. 그러므로 내 의견으로는, 막말이 누구에게나 상처가 되듯, 가장 약하고 세상에서 가장 하잘것없는 생물에게 아픔을 일으키는, 아힘사(비폭력) 원칙의 아주 사소한 위반도 소 보호 원칙의 위반이며, 정도는 다르지만 적어도 유형은 쇠고기를 먹는 죄악과 같은 것이다. 그리하여 나는, 오늘날에는 소 보호 원칙을 고수할 수 없다는 논리를 허물자고 힘써 주장한다."[21]

간디는 바르나슈라마 varṇāśrama(카스트 제도)의 본래적 의미에는 반대하지 않았다. 그것은 본디 오직 사회 노동의 분화와 경제 제도를 의미했다. 네 개의 사회 집단은 스므리티 smṛti(기억으로 전승되어 온 것을 뜻하며, 경전들이 이에 속한다)에 의하여 제도화되었다. 즉, 순수하고 단순한 삶을 이끄는 학문과 종교적 추구에 헌신하는 사제 계급, 지배 및 군사 계급, 상업 및 부의 생산 계급, 그리고 봉사 계급 — 브라만·크샤트리야·바이샤·수드라 — 이 그것이다. 이러한 사회 집단은 원래 융통성이 있었고 사람들의 소질과 능력에 조화를 이루었다. 그러나 후에 이 체계는 경직되고 남용되어 인간의 자유로운 삶을 규제하는 완벽한 구분을 야기했다. 힌두교 법전 『다르마샤스트라』dharma-sāśtra(法度論) 시대와 그 후대에, 네 계급 가운데 다수를 차지하는 자티 jāti, 즉 하위 카스트 계급이 발전되었다. 오늘날 힌두교 사회에는 수많은 카스트와 하위 카스트 계급들이 존재한다. 실생활에서 이러한 카스트의 경직된 분리는 종종 잔인한 불의와 차별의 씨앗이 된다.

바르나슈라마 다르마를 변질시킨 이 무서운 남용을 절감한 간디는 가차없는 투쟁을 시도했다. 바로 진리와 비폭력을 주장하면서 그는 현 카스트

---

[21] *Ibid.*, 1925.1.29.

제도의 잔인성을 조명하는 데 초점을 맞추었다. 카스트 제도는 사랑이라는 근본 개념에 반대되는 것이었다. 그러므로 그는 힌두교도는 과거의 족쇄로부터 자유로워져야 하고, 선을 유지하되 그 밖의 것들은 결코 인정치 말아야 한다고 강조했다. 그는 힌두교가 인간의 높낮이를 구분하는 더러운 관습을 씻지 않는다면 살아남을 수 없을 것이라고 단언했다. 여기서 바르나슈라마 다르마와 카스트 제도를 구별할 필요가 있다. 간디에게 후자는 전자의 어설픈 모방에 불과했다.

간디는 힌두교도들에게 인도에 상존하는 다양하고 복합적인 종교 전통 속에서의 책임을 상기시켰다. 그는 모든 종교의 근원적 일치와, 일시적인 것 배후의 영원한 것을 찾는 영적 탐구의 중요성을 강조했다. 그는 힌두교도에게 권유했다. "그대들은 그리스도인과 무슬림과 위대한 신앙 공동체들이 공존하는 하나의 세계에서 살아야 한다. 그대들은 그들이 2%든 20%든 그들 가운데서 살아야 한다. 내가 옳게 이해했다면, 힌두교는 다른 모든 신앙에 대해 인내하고 관대해야 한다. 그렇지 않다면 힌두교는 아무것도 아니다. 진보하고 분쟁을 수습하는 일은 거대 다수에 속한 그대들에게 달렸다. 그대들이 힌두교에 만연한 그릇된 카스트 정신을 제거한다면, 그대들은 모든 난국이 사라지는 것을 보게 될 것이다."[22]

2. 불교

인간 본성이 억압적 규칙과 종교의 정형성에 반발할 때, 단순히 외형적 관습을 준수하는 것이 더 이상 만족스럽지 않을 때, 개혁에 대한 요구가 제기되고, 인류를 고양시킬 위대한 스승이 세상이라는 무대에 등장한다. 붓다도 그런 사람이었다. 붓다는 새 종교의 창시자라고 주장하지 않았다. 그는 당대에 유행하던 힌두교를 개혁하고 대혁명을 일으키려 했다. 그의 삶

---

[22] *Ibid.*, 1927.12.15.

과 도덕적 열정은 "가장 가난하고, 가장 낮고, 가장 상실감에 젖어 있는 사람들"을 위한 것이었다. 그의 종교적 삶은 위대한 열매를 맺음으로써 입증되었다. 그는 결코 힌두교를 거부하지 않았지만, "그것에 새로운 생명과 해석을 부여했다".[23] 사실 그는 힌두교도로 태어났고 힌두교의 분위기에서 자랐으며 힌두교의 계율과 가르침을 따랐다. 그는 힌두교의 기본 개념과 실천 속에 젖어들었다. 인간 행위에 따른 영혼의 윤회를 포함하는 카르마 karma(業)와 삼사라saṁsāra(輪廻)의 양대 교리는 오래된 것으로서 새로운 종교의 기초가 되었다. 그러므로 불교는 결코 힌두교로부터 완전히 독립적일 수가 없다.

불경의 종교적 언어와 힌두교 경전과의 관계는 성서와 유대교 경전과의 관계와 같다. 불교 사상의 많은 부분이 힌두교 사상과 일치한다. 붓다는 힌두교의 개혁 운동을 이끌었다. 그는 극단적 의례주의, 동물 희생 제의, 심한 고행 관습 같은 힌두교의 요소가 마음에 들지 않았다. 그는 이 쓸데 없는 것들로부터 등을 돌렸다. 진정한 종교와 도덕은 무의미한 의례, 유치한 미신, 무익한 토론을 버려야 한다. 붓다는 인간의 죄가 무고한 동물들의 희생이나 돈 주고 고용한 전문 기도꾼의 기도로 사해질 수 있다고 믿을 수 없었다. 간디는 말한다. "붓다는 죄 없는 동물을 제물로 바쳐 달랠 수 있는 신은 신이 아니라는 사실을 일깨워 주었다. 붓다는 신을 기쁘게 하려고 동물을 희생시키는 것이 오히려 이중의 죄악이라고 주장했다."[24]

붓다는 어떤 외적 요소도 영혼의 각성을 가져다줄 수는 없다고 생각했다. 그는 인도 바라문교Brāhmanism의 형식주의와 의례주의에 반발했다. 그는 브라만 계급이 진리 탐구보다는 외면적 형식에 얽매여 있는 것을 보았다. 간디는 이렇게 말했다. "붓다는 힌두교에 있는 최상의 사상으로 흠뻑 젖어 있었고, 『베다』에 묻혀 있던, 그리고 온갖 잡초들에 가려져 있던 어떤 가르침에 생기를 불어넣었다. 붓다의 위대한 힌두 정신은 『베다』의 황금 진리

---

[23] *Young India*, 1927.11.24.

[24] *Ibid.*, 1927.12.15.

를 뒤덮고 있는, 무의미한 언어의 숲을 잘라 내고 길을 내었다. 붓다는『베다』에서 동시대인들에게 아주 생소한 몇 가지 개념을 창출했으며, 인도는 그에게 가장 알맞은 토양을 제공했다. 붓다가 어디를 가든지, 비힌두교도들이 아니라『베다』 율법에 젖은 힌두교도들이 그를 따르고 둘러쌌다. 그러나 붓다의 마음과 가르침은 한껏 포용하면서 그의 사후에도 온 세계로 퍼져갔다."[25]

붓다는 배타적이지 않았다. 실제로 인류를 위해 살았다. 그의 메시지는 만인을 위한 것이었다. 그는 권력이나 부를 존중하지 않았다. 그는 카스트 제도의 횡포에 대항한 첫 반란자였다. 불교는 그런 집단적 윤리와는 거리가 멀어서 계급 제도에 관대할 수 없었다. 붓다는 말했다. "대양에서는 모든 거대한 강이 그 이름과 존재를 잃듯이, 나의 교리 안에서는 모든 카스트가 녹아 버린다."[26] 붓다의 가르침은 모든 카스트의 사람들을 포함한다. 그의 메시지는 인간 존엄성과 평등이다. 간디는 이렇게 썼다. "고타마의 둘째 가르침은 오늘날의 카스트가 의미하는 모든 것이, 그의 시대와 마찬가지로 완전히 잘못되었다는 것이다. 말하자면, 붓다는 실로 그의 시대부터 힌두교의 생명력을 갉아먹고 있던 우월한 자와 열등한 자의 모든 구분을 철폐했다."[27]『법구경』*Dharmapada*은 말한다. "사람은 머리에 상투를 틀었다 해서, 혹은 가문이나 혈통을 통해서 바라문brāhmaṇa이 되는 것이 아니다. 그 안에 진리와 의가 존재하는 순수한 자, 그가 바라문이다."[28] 나아가, "어떤 악도 그의 몸(身), 말(口), 의지(意)를 통해 일어나지 않으며, 그는 이러한 신체와 언어와 의지에 얽매이지 않는다. 나는 그를 바라문이라 부른다".[29]

붓다는 가장 높은 보리菩提(bodhi, 영적 깨달음)를 얻었기 때문에 "붓다"(깨달은

---

[25] *Ibid.*, 1927.11.24.

[26] Dhalke, P., *Buddhist Essays*, London: Macmillan and Company 1908, 59.

[27] *Young India*, 1927.12.15.

[28] *Dharmapada*, XXVI: 393.

[29] *Ibid.*, XXVI: 391.

자)라고 불린다. 불교는 고양된 윤리 체계이자 영적 각성의 한 방식이기도 하다. 붓다의 영적 경험은 불교도에게 종교적 영감의 근원이다. 다양한 불교 교리들은 붓다의 원초적 깨달음으로부터 나오고 또 그 경험을 좇는다. 붓다는 풍부한 원초적 깨달음을 사람들과 함께 나누었다. 그는 초월적 실재의 본성에 대해 명상만 한 것이 아니며 형이상학적 토론에도 관심이 없었다. 붓다는 당대의 위대한 『베다』철학자들이 『우파니샤드』의 가르침을 다양하게 해석함으로써 사람들에게 혼란을 초래하는 것을 보았다. 붓다는 그런 난점을 피하고 싶었다.

붓다는 진실로 질병과 삶의 고통에 대한 실제적인 치유책을 마련하는 데 관심을 가졌다. 그러므로 그의 가르침은 단순하고, 직접적이고, 실제적이었다. 그는 도덕적 삶을 통해 평화와 행복을 구하는 것이 중요하다고 강조했다. 개개인은 자신의 노력에 의해 최고의 것을 성취해야 한다. 청정淸淨에 도달한 자는 누구나 열반nirvāṇa을 얻는다. 그것은 모든 인간 존재의 태생적 권리다. 인간은 해탈(자유)을 얻기 위해 영성에 대한 신념을 가지고 내면의 삶을 배양해야 한다. 붓다는 올바른 행위, 성실한 도덕성 그리고 인류 사랑을 주장했다. 개인은 스스로 진리를 추구하는 가운데 훈련된 헌신을 통해 최상의 각성(無上正等正覺)을 얻을 수 있는 잠재력을 가지고 있다.

만일 종교가 어떤 초자연적 창조주나 어떤 교리에 대한 신앙을 의미한다면, 붓다는 확실히 그러한 종교의 창시자가 아니었다. 그러나 원래 단순한 개혁 운동이었던 것이 이후 독특한 종교 전통으로 확립되었다. 그 후 여러 세기 동안 수많은 추종자들은 그를 신격화하고 그의 가르침을 새로운 교리로 환원시켰다. 그리고 교리적 차이점이 생겨남에 따라, 불교는 각자가 자신만이 붓다의 가르침에 헌신한다고 주장하면서 두 파로 분열되었다. 상좌上座(Theravāda)불교가 구원의 개인적 성취에 강조점을 두는 반면, 대승大乘(Mahāyāna)불교는 인류 구원을 위한 자비에 강조점을 두었다.

대승불교에 따르면, 붓다는 그의 삶으로 예증한 진리를 통하여 구원자로 숭배받는다. 나아가, 지상의 붓다는 온 세계에서 스스로를 계시하는 영원하고 신적인 붓다다. 이와 같이, 그의 추종자들은 그를 신적 존재로 드높였다. 마하야나에서 발전된 신성의 본성은 힌두교의 그것과 유사하다. 다르마카야Dharmakāya, 즉 법法(Dharma)의 몸(法身)은 궁극적 제일 원리이며, 만물이 유래하고 귀속될 신성이다. 인간이 열반에 도달하는 것은 단순히 인간적 노력에 의해서가 아니라 붓다의 은총에 의해서다. 이 신념은 마하야나 불교를 무신론이라는 비난에서 벗어나게 했다.

간디는 붓다에 대한 오해를 신랄하게 비판했다. 즉, 붓다가 무신론과 영혼의 비존재를 가르쳤다는 것은 붓다의 견해를 잘못 전한 것이라는 말이다. "나는 그 점에 대해 수없이 다투는 것을 들었고, 책에서도 붓다가 신을 믿지 않았다는 불교의 정신을 보여 주는 주장을 읽었다. 나의 미천한 견해로 그러한 신념은 붓다의 가르침의 핵심을 벗어나는 것이다. 이와 같은 혼란이 초래된 이유는 붓다 시대에 신神의 이름으로 자행된 모든 기본적인 것들을 붓다가 '거부'rejection했기 때문이라고 나는 생각한다. 붓다는 의심할 바 없이, 신으로 지칭되는 하나의 존재가 어떤 악의로 행동한다거나, 신이 자신의 행동을 후회하고 세상의 왕들처럼 좋아하는 것을 가질 수 있다는 생각을 거부한 것이다. 붓다는 신으로 불리는 어떤 존재가 자기 만족을 위해서, 자신이 창조한 동물의 생피를 요구한다는 신념을 강력히 반대했다. 붓다는 신을 정당한 위치에 본래대로 회복시키고 얼마간 그 옥좌를 차지한 듯했던 찬탈자(거짓된 신)를 폐위시켰다. 그는 이 우주의 도덕적 지배의 영원하고 변함없는 실재를 강조했고 재선포했다. 붓다는 법Law이 신이라고 말하기를 주저하지 않았다. 신의 법은 영원하고 바뀔 수 없으며 신과 분리될 수 없다. 그것은 신적 완전성의 필수 조건이다. 그러므로 붓다가 신을 믿지 않았고 단순히 도덕적 법만 믿었다는 것은 커다란 착오다."[30]

열반이 일부 학자들에 의해 잘못 해석되었듯이 무無 또한 전적인 소멸과 거리가 멀다. 열반은 긍정적인 상태다. 그러나 열반이 인간 사고의 통상적

---

[30] *Young India*, 1927.11.24.

범주를 넘어서기 때문에, 그것을 묘사하는 데 종종 부정적인 개념들이 사용되곤 한다. 불교는 실로 삶을 부정하는 가르침이 아니다. 불교의 목표는 두 가지다. 한편으로는 잠재의식적·무의식적으로 자기 중심적이 되는 세력의 손아귀로부터 우리 인격을 해방시키는 것이다. 이것은 소극적 측면으로서, 모든 욕구·원한·탐욕의 소멸을 의미한다. 열반은 또한 적극적 측면을 지닌다. 그것은 무한한 것the Infinite에 대한 사랑, 모든 생명체에 대한 연민에서 가장 충만한 표현을 찾으려는, 그리고 그 생명들과 하나 되고 나아가 궁극적 자유와 구원을 찾으려는 인간의 인격적 요구다. 열반의 개념은 이러한 이중의 측면을 강조한다.

열반은 영혼의 절멸이 아니라 영혼의 유한성의 절멸이며, 그 결과로서 모든 이기주의를 없애 인격을 풍부하게 하는 것이고, 영혼의 궁극적 **실재**와 하나 되는 것이다. 그것은 "삶과 죽음의 순환"으로부터 풀려남이다. 그러므로 열반은 죽음이 아니라 영생이다. 간디에 의하면, "열반이 전적인 절멸이 아니라는 것은 의심할 여지가 없다. 내가 이해하는 한, 붓다의 삶의 핵심은 열반이 우리 안에 근거한 모든 것, 우리 안에 있는 모든 부패한 것과 부패할 만한 것들에 대한 전적인 절멸을 말하고 있다는 것이다. 열반은 암흑 같은 죽음의 평화가 아니라 생생한 평화, 영원의 심장에 자리한 영혼 자체를 의식하는 영혼의 생생한 행복이다".[31] 열반은 자유의 세계에 연관되어 있고, 객체를 능가하는 주체에, 그리고 존재의 중심에 관련되어 있다. 붓다가 우리에게 해방을 위해 분투하기를 요청할 때, 그는 존재의 다른 차원이 실재함을 확신하고 있다. 그는 우리에게 시간의 진행을 극복하는 것과 아슈탕가 마르가aṣṭāṅga mārga(八正道), 즉 성스러운 여덟 가지 길을 따름으로써 깨달음을 얻는 것이 가능하다고 말한다.

성스러운 여덟 가지 길(八正道)이 생의 신비에 대한 치료책으로 권해지기 때문에, 열반은 단순히 아무것도 아닌 것이 될 수 없다. 우리의 도덕적 실

---

[31] *Ibid.*, 1927.11.24.

천은 삶에서 악을 제하고 생을 살 만한 것으로 만들고자 하는 것이다. 만일 우리가 도덕적이 되도록 훈계받는다면, 그것은 인류의 선을 위함이 틀림없으며, 도덕적이 된다는 것은 삶에 긍정적인 내용을 주는 일이다. 도덕성이 삶을 암시하는 한, 삶의 마지막이 부정적이 될 수 없다. 열반이 삶의 마지막 결실이기에, 그것은 아무것도 아닌 것일 수 없다.

이러한 결론은 붓다의 가르침을 신중히 연구하는 자에게 설득력을 지닌다. "탐욕의 파괴, 증오의 파괴, 환상의 파괴 — 이것이 오 나의 친구여, 열반이라 불리는 것이다." 달리 말하면, 열반은 생명의 소멸이 아니라, 욕망이나 병적인 의지·무지·분노·두려움 그리고 삶을 짐으로 만드는 모든 것의 소멸을 의미하는 것이다. 저명한 불교학자 리스 데이비즈Rhys Davids 여사에 의하면, 열반은 정신적 각성, 자아의 제어, 마음의 조절을 내포한다. 『우파니샤드』의 평화와 즐거움이 거기에 있다. 그것은 또한 탄생과 죽음의 순환의 끝을 맺본다. 그러므로 불교의 열반은 다른 강조점과 접근법을 가진 『우파니샤드』적 해탈이다.

영혼 불멸은 모든 유신론적 종교의 기본 원칙이다. 이 문제에 대한 붓다의 가르침은 독특하다. 붓다가 좁은 의미에서의 자아 또는 영혼의 존재를 부정했음은 사실이다. 붓다는 어떤 사람이 다른 사람을 자신처럼 사랑할 수 있기 전에는, 그의 좁은 의미의 자아가 진실한 자아가 아니며, 그것은 극복되고, 억제되며, 영화靈化되어야 한다는 것을 체득했다. 나아가, 붓다는 색色(육체), 수受(느낌), 상想(개념), 행行(성향), 식識(의식)의 오온skandha을 구성하는 우파니샤드적 가르침을 받아들였다. 그러나 붓다는 그것을 유지하기 위한 불생불멸의 지고한 영혼이란 전적으로 틀린 것이라고 부정했다. 왜냐하면 그가 육체와 경험적인 의식에 관해 언급하면서 "na me so atta"(저것은 내 자아가 아니다)라고 말할 때 가끔 이 자아 혹은 영혼을 암시했기 때문이다. 힌두 철학자 상카라Śaṅkara의 주장은 특히 이러한 연관성과 관련된다. 그는 "우리가 실재적이지 않은 어떤 것을 부정할 때마다, 그것은 실재적인 어떤 것과 관계가 있다"고 했다. 나아가, 만일 붓다가 잘 설명한 것처럼 영혼의 윤회에 관한 교리가 어떤 의미를 가졌다면, 거기에는 어떤 통일성이 전제되어야 한다. 붓다가 추종자들에게 훈계한 구절에는, "자아에 피난처를 구하라"는 말이 있다. 리스 데이비즈 여사가 지적한 것처럼, 붓다는 외적 문제에 있어서는 브라만 종교의 비평가였으나, 그 "영적 가치들의 내적 체계"는 당연한 것으로 여겼던 것이다.

붓다의 가르침이 염세적이라는 견해는 부당할 뿐 아니라 전적으로 잘못된 것이다. 정확하게 해석하면 그의 말은 전혀 염세적이 아니다. 그는 모든 것은 고통을 일으킬 수 있다고 말했다. 삶의 모든 단계가 부조화로 귀결될 수 있다. 인간에게 고통은 삶의 조화에서 벗어난 것일 뿐이다. 그는 실제적이고 윤리적인 치료제를 제안하고 있는데, 여기에 붓다의 독창성이 있다. 사실 그는 두 가지만을 가르쳤다. 고통과 고통으로부터의 해방이다. 고통은 갈망의 완전한 중지와 "중도"中道에 입각한 평정의 수련과 함께 소멸된다.

붓다는 주위에서 종교의 이름으로 가장한 잔인성과 폭력을 발견했다. 사랑의 가르침과 잔인한 행위는 서로 맞지 않았다. 붓다는 사람들이 마음을 순결하게 하고 폭력을 그만둘 것을 원했다. 그는 자비와 사랑을 전했으며, 비폭력ahiṁsā 개념을 합리적인 방식으로 혁신시켰다. 그는 동기의 순수성을 전적으로 강조했다. 찰스 엘리엇 경Sir Charles Eliot에 의하면, 오늘날의 힌두교는 동물의 생명이 신성하다는 교리와 동물 희생의 거부를 불교에 빚지고 있다. 붓다는 인간의 본능과 충동을 정화시킬 필요가 있다고 주장했다. 그는 외적 의례에 중요성을 부여한 것이 아니라, 사람들이 탐욕 · 분노 · 자기 영화에서 벗어나기를 원했다. 그는 비폭력 개념을 사랑과 자비의 결과로 여기고 풍부하게 고양시켰다. 그것은 긍정적인 미덕이었지 부정적인 태도가 아니었다.

붓다는 진리에 이르는 길의 다양성을 인식했다. 진리가 얻어질 때 그 길들은 지나가 버린다. 이론과 실천 모두에서, 불교는 가장 넓은 기초에 근거한 종교 중 하나다. 예를 들어 일본에서는, 대부분의 사람들이 불교와 신도神道 예식을 동시에 따른다. 붓다의 접근 방식은 이성적이고 경험주의적이다. 그러므로 불교의 삶의 철학과 행위 규약은 과학에 경도된 현대인들에게 공감대를 형성한다. 그 영적 가치에 대한 역설과 사랑의 윤리는 전 세계인들에게 극히 매력적이다. 붓다는 그의 말이 이론과 실천 모두에 있어서 검증받은 후에만 받아들여질 것이라고 주장했다. 그는 사람들이 어떤 외적 권위에 의존할 것이 아니라 그들 스스로의 힘으로 지탱해 나갈 것을 원했다. 붓다는 권위나 타인에 대한 의존이 — 그것이 고상한 것이라 할지라도 — 영적 발달에 방해가 되는 것이라고 주장했다. 개개인은 자기 운명의 창조자다.

불교라는 종교와 그 문학과 예술은 인류의 큰 부분을 기품 있게 하고 고상하게 만들었다. 불교는 거대한 융통성을 가지고 그 메시지를 받아들이는 다른 나라들의 전통과 문화를 흡수하면서 확장되었다. 토착 문화의 신앙과 의례를 수용하면서, 불교는 그것을 개혁하고 고양하는 데 도움을 주었다. 불교는 한 방울의 피도 흘리지 않고 아시아의 모든 지역에 전파되었다. 빈테르니츠Winternitz 박사는, 불교가 전 아시아에서 인간의 영혼들을 정복한 사례는 전 인류사에서 폭력 없이 수행된 유일한 정복이라고 말했다. 불교는 남아시아와 동아시아 전체에 전파되었고, 불교 단체는 세상의 거대한 세력들 중 하나다. 만일 영적 가치들이 유물론 사상의 압력으로 사라지지 않는 것이라면, 불교는 하나의 강력한 교정矯正책이 될 것이다.

3. 그리스도교

예수 그리스도가 인류 구원을 위해 십자가 위에서 자신을 희생했다는 사실은 시대를 통하여 무한한 영감의 원천이었다. 사랑이라는 그의 중심 메시지에 충실했던 곳에서, 그의 희생에서 기인한 이 종교는 동일한 영감을 끼쳐 왔다. 초기 그리스도교에서는 엄격한 수도원 제도와 전적으로 신에게 귀의하고자 하는 이상理想이 강조되었다. 그러나 그것을 실행에 옮긴 자는 극소수였다. 전체적으로, 근래에 최선의 그리스도교적 열망은 지구상에 하느님 나라를 건설하기 위해 인류를 더 낫게 만들려는 이상에 고무되어 왔다. 이 점이 비그리스도인들 사이에서 그리스도교의 주된 힘이었다. 인도에서는, 「산상설교」와 예수 그리스도의 얼굴이 사람들의 정신과 마음속에 이미 예비되어 따뜻한 반응을 얻게 되었고, 그것들은 인도 문화 유산의 일부가 되었다. 그리스도의 삶은 인도의 정신 깊은 곳에 도달했다. 간디는 종교적 충성심을 바꿀 어떤 이유도 발견치 않았음에도 불구하고 신약성서의 가르침을 흡수했다. 그는 삶의 한 방식으로서의 그리스도의 모범에 감명받았다. 또한 그리스도교의 민중에 대한 동정심, 비천하고 가난한 자에 대한 우선적 관심은 물론, 사회봉사에 대한 주장은 간디에게 깊은 감명을 주었다. 그러나 교의나 신학적 사변은 그런 감흥을 주지 못했다.

간디는 서구 그리스도교가 예수의 참된 정신과 같은 노선이 아닌 듯한 느낌을 받았다. 비록 그리스도교가 온화하고 자기부정적인 신조로 출발했으나, 4세기경에는 비록 교회가 부추긴 것은 아니었을지라도, 전쟁도 불사하는 공격적이고 개종을 강요하는 종교로 바뀌었다. 의심할 바 없이 그리스도교는 수많은 성인들을 낳았다. 그러나 중세 유럽의 그리스도교 교회는 거의 제국주의적인 통치를 보여 주었는데, 그것은 온화하고 신성한 예수의 삶을 입증하는 것이 아니었다. 간디는 수많은 추종자들이 예수의 메시지를 제대로 이해했는지 의문스러웠다. 간디는 교파 간 경쟁과 적대 풍조가 그리스도교로부터 생명력을 빼앗았다고 생각했다. 또 그는 서구 그리스도교의 전통적 전례와 현대적 관습 중 일부는 심각히 재고해야 한다고 생각했다. 간디는 말했다. "그대가 십자가에 일상 회합에서 언급되는 좁은 의미 대신 보편적 의미를 부여한다면, 그때 십자가는 확실히 보편적인 호소력을 지니게 된다. 그러나 그때 그대는 십자가를 응시하는 영적인 눈을 지녀야만 한다."[32]

---

[32] M.K. Gandhi, *My Dear Child*, Ahmedabad: Navajivan Publishing House 1956, 86.

간디는 진리에 찬 영적 삶을 찾는 중에 예수의 단순하고 숭고한 종교를 스스로 재발견했다. 그의 복음서 해석에서, 간디는 예수의 삶의 질에 최고의 존경을 바쳤다. 그는 십자가에서 진정한 그리스도교의 상징과 핵심을 찾았다. 그에게 신약성서는 신학 교과서가 아니었다. 그것은 영원과 영적인 삶의 의미에 대한 계시였다.

간디는 인도의 그리스도인들에게 이렇게 충고했다. "나는 서구 그리스도교가 실제로 그리스도가 원했던 본디 모습이 아니라고 생각한다. 예수가 우리 가운데 육체를 지닌 모습으로 살고 있다면, 현대 그리스도교 조직, 공적 예배, 또는 오늘날의 목회 풍토를 인정하지 않을 것이다. 만일 인도의 그리스도인들이 「산상설교」만이라도 고수한다면, 그 「산상설교」는 그저 평화로운 사도들에게만 설교된 것이 아니라 신음하는 세계에 대해서도 설교된 것이었으므로, 그들은 어떤 종교도 틀린 것이 아니라는 것을 알게 될 것이다. 만일 모두가 그들의 기호에 따라 신을 두려워하며 산다면, 그들은 조직이나 숭배 형식이나 종교 사역에 대하여 걱정하지 않아도 될 것이다. 바리사이들은 그 모든 것을 가지고 있었으나, 예수는 아무것도 가지려 하지 않았다. 왜냐하면 바리사이들은 직책을 위선의 은폐 수단으로 사용하고 있었기 때문이다. 선한 세력과의 협조와 악한 세력에 대한 비협조, 이 두 요소는 우리가 힌두교도든, 무슬림이든, 그리스도교도든, 선하고 순수한 삶을 위해 필요한 것이다." 간디는 덧붙여 말한다. "내가 이해한 예수의 메시지는 총체적으로 「산상설교」에 들어 있다. 그러나 그에 대한 나의 해석은 정통적인 것과 다르다. 내 생각에 서구에서는 「산상설교」의 메시지가 왜곡되어 왔다. 이렇게 말하는 것이 주제넘은 일일 수도 있으나, 진리에의 헌신자로서, 나는 내가 느낀 것을 말하는 데 주저하지 않으련다."[33]

간디는 예수의 대속(代贖) 교의를 받아들일 준비가 되어 있지 않았다. 그는 어떤 사람의 죄악이 다른 누군가의 수난을 통해 속죄될 수 있다는 것을 믿

---

[33] *Young India*, 1926.3.26.

을 수 없었다. 그는 도덕적 책임이 전가될 수 있다는 이론의 근거를 찾을 수 없었다. 대속과 같은 개념은 도덕률에 위배되는 것이었다. 그는 또한 인간의 행동이 무책임해질 수 있는 미묘한 위험을 보았다.

간디는 말했다. "나는 내 죄가 낳은 결과의 대속을 구하지 않는다. 나는 죄 자체의 대속을 구하거나, 아니면 죄에 대한 생각의 대속을 구한다. 그 목표에 도달할 때까지 나는 쉬지 않을 것이다."[34] 예수는 명백하게 니고데 모에게 말하기를(요한 3.3-5 참조), 사람은 오로지 자기 정화나 물(총체적 정화)과 성령(신적 지식)으로 다시 태어나는 중생重生의 방법으로만 구원받을 수 있다고 했다. 간디도 예수처럼 용감하게, 그러나 비폭력적으로 악과 대결하려 했다. 남아프리카에서 말했듯이, 그저 습관적으로 예배하러 간다고 해서 크고 작은 죄에 대한 책임을 면할 수 있는 사람은 없다는 것이 간디의 생각이었다. 게다가 그리스도인들은 "이것이 예수에게는 옳은 것이었지만, 나에게는 옳지 않다"고 말하는데, 이는 사람들에게 그의 모범과 행한 일들을 따르라는 예수의 가르침을 저버리는 것이다.

간디는 인류와 전 피조물을 향한 신의 사랑에 관한 예수의 견해를 공유했다. 모든 것은 하나의 영Spirit에서 나온다. 이것이 예수가 비폭력의 영적 율법을 실행했고, 비폭력의 적용에 있어서 결코 타협하지 않았던 이유다. 간디에 따르면, 예수의 모든 진정한 추종자들은 증오를 억제하는 것만이 아니라 사랑과 선한 의지로 악과 미움을 극복해야 함을 배워야 했다. 예수는 진리를 입증하는 데 십자가 위에서의 죽음이 모든 제국의 정복군보다 더 강력한 무기가 될 것을 믿었다. 진리는 그 자체로 입증되어야 한다. 예수 그리스도는 비무장으로 두려움 없이 모든 상처를 견딜 준비를 하고 악과 맞서기를 택했다. 예수를 따르면서, 종교의 이름으로 자행되는 폭력이나 전쟁을 간디는 결코 이해하거나 받아들일 수 없었다.

그리스도교에서, 교의나 신조에 대한 믿음은 필수적이다. 통상 "믿어라,

---

[34] M.K. Gandhi, *op. cit.*, 104.

구원받을 것이다"라고 호소한다. 케네스 반즈는 이렇게 말한다. "신적 조직임을 주장하는 교회도 인간의 조직이며, 인간의 조직에 존재하는 모순과 역설을 보여 왔다. 교회는 그리스도교 공동체를 훈련시키고 지배하려는 충동과, 신과 친밀함에 도달하려는 욕구, 즉 '신을 사랑하고 네가 좋아하는 것을 하라'는 성 아우구스티누스의 말대로, 인간이 규범을 넘어 도달할 수 있는 경험 사이의 끊이지 않는 긴장 속에서 살아왔다. 그리스도교의 위대한 성인들은 이처럼 정통과 이단 사이의 면도날 위를 걸어왔다." 케네스는 덧붙여 말한다. "예수가 그토록 격분하며 저주했던 율사와 바리사이들의 악행을 교회가 조직 내에서 어쩌면 그렇게 신속하고도 철저하게 받아들였는지 생각하면 슬프다. 교의는 마음대로 해석되었고, 전례와 규범은 신을 조직 속에 감금시키려 했으며, 예수가 '임의로 분다'고 한 성령의 바람은 교회의 교구 내에서만 느낄 수 있었다. 이러한 일들로 인해 오늘날 많은 신자들과 심지어 반쪽 신자들까지 신이 교회 조직 밖에서도 활동한다는 것은 상상할 수 없다. 그들은 실제로, 그들이 이론적으로 용인한 신의 전능성을 심하게 제한한다."[35]

간디는 신의 외아들 예수의 절대적 유일성이나 그리스도교가 오직 유일한 참된 종교이며 성서만이 참된 계시라는 견해에 동의하지 않았다. 그는 그리스도교가 다른 종교와 조화할 필요를 느꼈다. 사실, 그는 세상의 위대한 종교들에서 많은 유사점을 발견했다. 간디에 의하면 가령 포기·초세속성·내적 완전성의 문제에서 그리스도교는 다른 종교들과 다르지 않다. 간디는 그리스도교와 다른 위대한 종교들 간의 대립적인 개념들은 잘못된 것이고 없어져야 한다고 믿었다. 그는 결코 그리스도인들만 선택된 사람들일 수 없으며, 그리스도 교회만 신의 교회일 수도 없다고 주장했다. 그리스도 교회만 유일하다고 말하거나, 그러한 교의를 믿는 것은 신 자체가 만물의 아버지요 구원자임을 부정하는 것이다. 간디는 종종 어떤 종교도 진리나

---

[35] Kenneth C. Barnes, *The Creative Imagination*, London: Friends House 1960, 67-8.

구원의 독점권을 가질 수 없다고 했다. 그는 오히려 사도 바울로와 같은 생각이었다. "하느님의 영에 인도되는 사람은 누구나 하느님의 자녀입니다."[36] 간디는 이렇게 언급했다. "만일 예수가 신과 같았거나 신이었다면, 모든 사람이 신과 같거나 신일 수 있다. 나의 이성은 예수가 그의 죽음과 피로써 세상의 죄악을 대속했다는 것을 액면 그대로 믿을 수 없다. 은유적 진리일 수는 있다. 그리스도교에 의하면, 인간만이 영혼을 가지고 다른 생명체들은 죽음과 동시에 소멸되기 때문에 영혼이 없다고 한다. 나는 그런 믿음에 반대한다. 나는 예수를 순교자, 희생의 구현체, 신적인 교사로서는 받아들일 수 있으나, 사람으로 태어난 자 중 가장 완전한 자로는 받아들일 수 없다. 그의 십자가 죽음은 세상에 대한 위대한 모범이었으나, 거기에 내가 이해하지 못할 신비도 기적도 없다. 경건한 그리스도인들의 삶도 다른 신앙을 가진 이들의 삶이 내게 준 것 이상을 내게 주지는 못했다. 나는 다른 신앙에서도 내가 그리스도인들에게 들었던 것과 똑같은 개혁을 보아왔다. 그리스도교 원리에서 철학적으로 특별한 것은 없다. 희생이라는 측면에서 봐도, 내게는 힌두교도들이 그리스도인들보다 훨씬 우월해 보인다. 내게는 그리스도교를 완벽한 종교 혹은 모든 종교 가운데 가장 위대한 종교로 치는 것이 불가능하다."[37]

간디는 예수가 신의 유일한 아들이라는 교의를 받아들이려 하지 않았다. 그는 말한다. "나는 예수가 신의 외아들이라는 기록을 문자적 진리로 받아들이지 않는다. 신은 배타적 아버지일 수 없으며, 나는 예수에게 배타적 신성을 부여할 수 없다. 그는 크리슈나Krishṇa나 라마, 무하마드나 조로아스터처럼 신성하다. 내가 『성서』의 모든 말을 신의 계시로 여기지 않는 것은, 『베다』Veda나 『코란』Koran의 그것을 신의 계시로 여기지 않는 것과 같다. 이러한 책들은 전체적으로 볼 때는 확실히 영감을 받은 것이다. 그러나 나는 그것들의 많은 부분에서 개별적으로 취해진 영감을 이해할 수 없다. 『성

---

³⁶ 로마 8,14.
³⁷ M.K. Gandhi, *op. cit.*, 170.

서」는 나에게 『바가바드기타』나 『코란』처럼 종교의 한 경전이다.” 간디는
덧붙여 말한다. “나는 또한 그리스도교가 유일한 참된 종교라는 주장에 반
대한다. 그리스도교는 물론 참되고 고결한 종교이며, 다른 종교들과 함께
인류의 도덕적 가치를 높이는 데 공헌해 왔다. 그리고 지금도 크게 기여하
고 있다. 결국, 한 종교의 수명에서 이천 년이란 무엇인가? 바로 지금, 그
리스도교는 오염된 모습으로 인류에게 다가선다. 그리스도교의 이름으로
살육을 지원하는 성직자들을 상상해 보라!”[38]

간디는 많은 그리스도인들이 그리스도교가 모든 종교의 완성이라고 주장
한다는 것을 알고 있었다. 그들은 그리스도교를 다른 종교들의 “왕좌”에
올려놓고 모든 종교의 계급을 매겼다. 모든 종교가 인간의 종교적 근본 욕
구와 열망을 충족시켜 주려고 하지만 그리스도교가 가장 특별하고 최종적
이라는 것이다. 이런 유형의 전체주의적 주장이, 이런저런 의미로 여러 종
교에서 제기되고 있다. 어떤 종교에서 그러한 주장이 만들어졌든, 그것은
자부심과 자기-의義,, 도덕적 무관심 그리고 그 종교의 추종자들에 대한 권
위를 나타내려는 열망을 은근히 드러내는 것이다. 저마다 궁극적 진리 혹
은 교리를 소유하고 있다는 자부심 때문이다. 그러나 간디는 어떤 종교도
다른 종교의 심판자가 될 수 없다고 단언했다. 그는 예언자들의 신성함의
정도를 심판하거나 종교 간의 차별인 비교를 거부했다.

그리스도를 다른 예언자들보다 더 신성한 존재로 생각하지 않느냐는 질
문에 간디는 이렇게 대답했다. “아니다. 우리에게 자료가 없다는 간단한
이유 때문이다. 역사적으로 우리는 어느 누구보다도 무하마드에 대하여 더
많은 자료를 가지고 있는데, 그것은 그가 우리와 가까운 시대에 살았기 때
문이다. 예수에 대한 자료는 더 적고, 붓다·라마·크리슈나에 대한 자료
는 더더욱 적다. 우리가 그들에 대해 아는 것이 매우 적을 때, 그들 중 한
명이 다른 사람보다 더 신성하다고 말하는 것은 터무니없는 짓이다. 설령

---

[38] *Harijan*, 1937.3.6.

상세한 자료가 있다 하더라도, 검토 대상의 신성도 측정이 숭고한 영적 인물에게 요구된다는 이유 하나만으로 모든 증거들을 가려보자고 나서는 재판관은 없을 것이다. 예수가 99%, 무하마드가 50%, 크리슈나가 10% 신성하다고 말하는 것은 인간에게 있지도 않은 기능을 부여하는 것이다."[39]

게다가, 예언자와 현인들이 가르친 진리는 심오한 경험의 문제다. 그것은 내면적이고 질적이다. 그러한 경험은 결코 비교되거나 판단될 수 없다. 붓다나 그리스도나 무하마드를 실감하는 것은 그들의 추종자들에게는 신앙의 문제다. 붓다나 그리스도나 무하마드는 해당 종교의 추종자들에게 동등하게 귀중하다. 따라서, 성격상 질적인 영적 진리들을 위계적으로 측정하거나 배열할 수는 없다. 더욱이, 일반적으로 미성숙 단계에서 활동하는 조직화된 종교들은 완벽을 주장할 수 없다. 그들은 거대 권력을 행사해 왔고, 그들 모두 교만이라는 치명적 죄악으로부터 자유롭지 못한 듯하다. 모든 종교의 목적은 그 자신을 영화롭게 하는 것이 아니라 그 추종자들로 하여금 신을 알고 그와 하나 되도록 도와주는 것임을 기억해야 한다. 이런 관점에서, 모든 종교는 진리의 보편적 추구를 통해 다른 모든 종교에 도움이 될 수 있다. 각 종교는 상호 보완적이다. 물론 한 종교가 다른 종교에 대치된다는 뜻은 아니다. 위대한 종교들은 자신을 충만케 함으로써 서로 도와야 한다. 진정한 종교들 간의 친교가 모든 종교를 넓고, 깊고, 풍요롭게 만든다. 각 종교는 나름대로 독특한 메시지나 특별한 주안점이 있다. 이 때문에, 그리스도교 계시 안에서 모든 종교의 선한 요소가 완성된다는 일부 그리스도교 신학자들의 주장을 지지하기는 어렵다. 그런 주장은 다른 종교의 영적 보물에 대한 무지를 드러낸다. 그것은 다른 모든 종교가 부적절하다거나 심지어 거짓이라는 것과 같다. 그러나 사실 그러한 판단을 위해 보편적으로 용인될 만한 기준은 존재하지 않으며 규정되지도 않았다. 특정한 신앙 밖에 있는 사람이 그 신앙을 진정으로 심판할 수 있을지 의문

---

[39] *Ibid.*, 1937.3.6.

스럽다. 선입관과 무지는 다른 종교에 대한 판단을 흐린다. 호킹이 말한 것처럼, "우리 신앙의 궁극적 합목적성에 대한 유일한 증거가 초자연적 기원에 있고 그 초자연적인 기원에 대한 유일한 증거가 우리의 신앙이라면 그것은 확실히 축하할 일이 아니라 부끄러운 일이다".[40]

실제로, 그리스도인이 다른 종교에 있는 영적 가치들을 무시하는 것은 그리스도교가 다른 종교와 공유하는 어떤 근본 개념도 보지 못하는 셈이다. 윌프레드 캔트웰 스미스 교수는 그리스도교만 유일하게 진정한 종교이며 다른 종교는 틀렸거나 부족하다고 생각하는 것 자체가 바로 비그리스도교적이라면서 이렇게 강조한다. "그리스도교가 진리라면 다른 신앙은 거짓 아니면 적어도 부적절한 것일 수밖에 없다는 무가치한 전통적 개념일랑 제발 버리자. 이런 생각은 부당하고 앞뒤가 안 맞다. … 우선, 그런 입장이 야기하는 비그리스도교적 질곡의 몇몇 방식들을 지적해 보겠다. 가령, 논리적으로 (역逆이 성립되는) 전환 명제의 위험에 빠진다. 만일 (그리스도교 아닌) 다른 신앙이 타당하고 적절한 것으로 판명되면, 그리스도교는 분명 잘못된 것임에 틀림없다 — 많은 것을 자기 신앙, 그리고 아무 신앙에서나 교묘히 추론한 논리의 한 형식. 누군가의 천국 갈 기회 — 요즈음 더욱 받아들일 만한 은유로, 신의 현존에 도달하는 기회 — 가 남들이 거기 도달하지 못함에 달렸다면, 그는 남들의 저주받은 상황 속에서 기득권을 누리는 그리스도인이라는 대단히 용납할 수 없는 입장에 놓이게 된다. 받아들이자니 충격적이다. 그러나 실제로 이런 일이 일어나고 있다. 어떤 관찰자가 아시아의 종교 전통들을 연구하다가 돌아와, 일부 힌두교도·불교도·무슬림은 경건하고 도덕적으로 생활하면서 어떤 기준으로 보더라도 신에 매우 가까이 산다고 (기존 이론과 반대되는) 보고를 할 때, 그리하여 적어도 이런 특별한 경우에는 그들의 신앙이 그리스도교 신앙만큼 '적절'하다고 볼 수 있을 때, 그리스도인은 실제로 그럴까봐 약간 겁이 나긴 하겠지만, 그

---

[40] William Earnest Hocking, *Living Religions And A World Faith*, London: Allen and Unwin 1940.

것이 사실이기를 열렬히 희망하면서 매우 기뻐해야 마땅할 것이다. 그런데 나는 가끔 반대 경우를 목격했다. 그런 소식에 저항감을 느끼는 것이다. 그것이 정말일까 겁내면서도 사실이 아니기를 바라 마지않는다. 상황의 이론적 진위를 떠나서, 이러한 태도는 분명 그리스도교적이 아니며 진실로 관용적이지도 않다. 신 ― 하느님 ― 이 이웃을 구원한다고 내 신앙이 침식당할 리 없으며, 다른 사람들이 생각보다 더 신에게 가까워지지나 않을까 하는 두려움도 당치 않다."[41]

간디에 의하면, 사랑과 봉사는 그리스도교적 삶의 두 가지 특징이다. 누구나 일상 속에서 이러한 이상을 구현하려 애써야 한다. 다른 종교 성인 발치에 앉아 그들에게 배운다고 자기 종교가 망가지는 것은 결코 아니다. 오히려 자신의 종교적 경험을 깊고 풍요롭게 만드는 데 도움이 된다. 간디는 종교 창시자를 위대한 스승이나 영적으로 진보된 위대한 성자로 여겼다. 그들은 모두 시대와 환경의 요구에 따라 신에게로 가는 적절한 길을 보여 주었고 인류에게 혜택을 주었다. 간디는 그들을 구분하지 않았고, 그들 모두를 존경하면서 끌어안았다. 그에게는 너무나도 명백했던 다른 신앙들의 영적 진리와 영감을 인식하고 싶어했다. 그는 다른 종교의 성자·현자들도 신의 부름을 들었다는 것을 인정했다. 간디는 위대한 종교의 추종자들이 서로 협력해야 한다는 것을 뼈저리게 느꼈다. 간디는 모든 종교 경전들이 주장하는 관용, 종교 간 상호 존경, 종교적 자유의 의미를 더욱 명확히 이해해야 한다고 강조했다. 그는 더 깊은 영적 단계에서 공동체의 지속적인 결속을 도모하기 위해 타종교인들과의 교제가 필요하다는 것을 절감했다. 그는 과학주의·기술·물질주의 그리고 핵 위협에 직면하여 모든 영적 세력들의 동참이 중요하다고 보았다.

『성서』는 하느님이 누대에 걸쳐 성서 신앙을 받아들이지 않은 자들에게 꾸준히 말해 왔다는 입장을 지지한다: "진실로 나는 깨달았습니다. 하느님

---

[41] Wilfred Cantwell Smith, *Occasional Papers* (Department of Missionary Studies, London) No.5, April 1960.

은 사람을 차별하시지 않고 모든 민족 가운데서 당신을 경외하며 의로운 일을 행하는 사람은 환대하신다는 사실을 말입니다"(사도 10.34-35); "당신 자신을 증거하여 좋은 일을 하셨으니"(사도 14.17). 하느님 나라와 가까이 있다는 증거를 보여 주는 사람들이 다른 종교에도 있다. 하느님 — 인간의 창조주요 아버지, "사람을 차별하시지 않는" 분, 모든 인간 존재에게 친근한 그가, 팔레스타인 사람들에게 자신을 알리고 일본이나 인도 사람들에게는 알리지 않았다고 어떻게 말할 수 있겠는가? 그리스도교 신앙을 고백하지 않는 대다수 인류는 신과의 소통에서 제외되었다고 주장할 수 있겠는가?

조로아스터·붓다·무하마드와 같은 인물에 대해 더 많이 배우면서, 사려 깊은 그리스도인들은 다른 신앙에 대한 그들의 전통적 태도를 재고하기 시작했다. 예수 그리스도를 통해 드러난 계시의 유일함을 입증하려고 다른 종교들의 중요성과 의미를 깎아내릴 필요는 없다. 모든 종교인이 다른 종교 안에서, 또 그 종교들을 통하여, 신이 무엇을 하고 있는지 이해해야 되지 않겠는가? 신의 활동에 대한 해석은 진리·선·사랑이 작용하는 곳이라면 어디서나 모든 종교의 신을 포용할 만큼 넉넉한 것이어야 하지 않을까?

다른 종교 신봉자들을 진리와 선한 삶을 추구하는 동료 순례자라 여겨 그들과의 진실한 접촉을 시도하려는 그리스도교 공동체가 증가하고 있다는 사실을 간디는 알고 있었다. 간디는 그들 사이에서 점증하는 관용의 정신을 격찬했다. "내가 그리스도인이나 그리스도교 선교사들로부터 고통스러운 경험을 했다면, 내가 소중히 여기는 경험도 있다고 기꺼이 말할 수 있다. 그리스도교 공동체 사이에 관용의 정신이 싹트고 있음은 의심할 여지가 없다. 힌두교와 다른 종교들에 대한 깊이 있는 연구와 다른 위대한 세계 종교들이 잘못된 것이 아니라는 평가도 있다. 사람들은 성장하는 이 자유 정신에 감사하고 있으나, 나는 그 방향으로 해야 할 일들이 아직도 많이 남았다고 확신한다."[42]

---

[42] *Young India*, 1926.3.4.

간디는 모든 종교인이 그리스도에 대해 관심이 깊다고 주장했다. 힌두교도들은 예수가 "나와 아버지는 하나"(요한 10.30)라고 주장한 것에 환호한다. 어떤 불교도들은 그를 '서방의 붓다'로 부른다. 『코란』은 예수를 메시아·예언자·신의 사자(使者)라고 말한다. 이 모든 것이 그리스도교와 다른 위대한 종교들의 쌍방향 의사소통과 영적 친교를 위한 기초를 제공할 것이다.

간디는 예수의 사역을 배타적이 아니라 포괄적인 의미에서 해석했다. 그것이 그리스도에게 보편성과 인간성이 있다고 보는 간디의 방식이었다. 그는 모든 사람이 십자가를 해석할 때 자신의 심오한 통찰력과 내면의 절실한 요구를 적용하기를 원했다. 그리하여, 그리스도는 시대와 장소를 막론하고 사람들에게 의미 있고 보편적이며 영원한 영감(靈感)이 될 것이다. 간디에 의하면, "만일 예수가 이 땅에 다시 온다면, 그는 그리스도교의 이름으로 행해진 많은 것들을 옳지 못한 것이라고 부인할 것이다. '주님, 주님' 하고 말하는 자가 아니라, 주님의 '뜻을 행하는 자'(마태 7.21)가 진정한 그리스도인이다. 그리고 예수 그리스도의 이름을 듣지 못한 사람은 주님의 뜻을 행할 수도 없단 말인가?"[43]

4. 이슬람교

이슬람교의 정수(精髓)는 이렇다: 첫째, 유일신에 대한 열정적 믿음, 둘째, 신을 우주의 창조자요 힘과 자비와 선함으로 충만한 분으로 인정하면서 인간의 의지를 신의 뜻에 전적으로 복종시키는 것. 예언자 신앙은 순전히 부차적인 것이다. 『코란』은 유대교나 그리스도교 같은 타종교의 위대한 예언자들도 받아들이고 존경해야 한다고 말한다. 간디는 "나는 이슬람교를 영감받은 종교 중 하나로, 성스러운 『코란』을 영감받은 경전으로, 무하마드를 예언자 중 하나로 확신한다"[44]라고 말했다. 예언자 무하마드의 엄격한 생활

---

[43] *Harijan*, 1935.5.11. [44] *Harijan*, 1940.7.13.

과 심오한 가르침은 간디에게 지대한 영향을 미쳤다. 앤드류스에 의하면, "간디는 그에게 깊은 영향을 끼친 무하마드를 신앙과 행동의 사람으로서, 또한 무하마드의 사위인 알리Ali를 부드러운 사랑과 수난당하는 자로서 깊이 공경했다. 간디는 초기 칼리프 직의 고상함과 무하마드 초기 추종자들의 뜨거운 믿음에 감명받았다. 꾸밈없이 단순한 생활, 가난한 이에 대한 헌신, 신의 위엄에 대한 열정적 신앙, 이 모든 것이 간디에게 커다란 영향을 주었다".[45] 앤드류스는 덧붙여 말한다. "이슬람 예언자의 모범을 따르면서, 마하트마 간디는 한순간도 정치와 영성을 분리시키지 않았고 그가 직면한 사회악들과의 정면 대결을 게을리하지 않았다. 유일한 창조주이며 우주의 감독자인 신에 대한 강렬한 신앙의 소유자, 개혁적 예언자 무하마드의 숭고하고도 실천적인 천성은, 마하트마 간디의 투쟁에 끊임없이 힘을 북돋우는 원천이 되었다. … 마하트마 간디는 보복 없이 침해를 견디는 위대한 사상을 강화하기 위해 정치적 투쟁 국면에서 돌아설 때마다, 예언자 무하마드의 사위 알리와 하산Hassan과 후세인Hussain의 인품을 모범으로 취했다. 이러한 예언자의 후계자들의 수난 이야기는 … 비애로 점철되어 있다. 그 이야기는 … 간디가 늘 절실히 공감했던 '온유한 자의 강력한 매력'을 그려 보인다. … 간디는 동포들에게 멸시당하고 거부당하고 침묵 중에 모든 형태의 굴욕을 기꺼이 감수해야 했을 때, 저술을 통해 예언자 무하마드의 선교 초창기를 언급하곤 했다. … 이처럼 간디는 자신이 그토록 강조했던 아힘사, 즉 비폭력의 원칙과 온전히 조화되는 이슬람 예언자의 가르침을 제 나름의 방식으로 찾아냈다."[46]

간디는 이슬람교의 발흥이 관용 원칙 위에 이루어진 광신狂信의 승리며 칼로써 전파된 것이라는 이론을 거부했다. 그는 이슬람교의 경이적인 성공이 이슬람교의 혁명적 원칙과, 고대 문명의 부패가 야기한 절망에서 대중

----

[45] C.F. Andrews, *Mahatma Gandhi's Ideas*, 62, vide ante.

[46] *Ibid.*, 62.

을 인도한 능력에 기인한다고 보았다. 사실, 이슬람교는 억압받는 사람들에게 구원자로 환영받았다. 비록 이슬람교가 하나의 군사 종교로 출발했으나, 그 군사성은 십자군 전쟁 이후에 약화되었고, 이 상태는 인도와 중동의 근대에 군사성의 부흥이 이루어질 때까지 계속되었다. 이슬람교는 비교적 평화의 종교로 남아 있다. 간디의 말을 들어 보자. "나는 아주 품성이 고귀한 무슬림과 협력했는데, 그러한 교류를 통해 나는 이슬람교가 칼의 힘으로가 아니라, 이슬람교 성자들과 수도승들의 기도에 충만한 사랑으로 전파된 것이었음을 알게 되었다. 이슬람교가 칼을 빼드는 데는 정당한 이유가 있지만 율법이 매우 엄격하여 아무나 쉽게 수행할 수는 없다. 지하드 Jihad[이슬람교 성전(聖戰)]를 명령할 전능한 '사령관'이 어디에 있는가? 칼을 뽑으려는 바로 그 생각에 결단코 앞서야 할 수난과 사랑과 정화淨化는 어디에 있는가? … 우리는 너무나 불완전하고 불순하고 이기적이어서, 아직 신의 이름으로는 무력에 의존할 수 없다."[47] 이슬람교 광신주의와 군사성은, 발견되는 곳에서마다, 예언자 무하마드의 숭고한 가르침을 공공연히 무시하는 것이었으며, 불행히도 모든 나라에서 그러한 무슬림 정복이 되풀이되었다. 『코란』에는 개종에 무력 사용을 보증하는 대목이 어디에도 없다. 그 성스러운 경전은 분명히 말한다. "종교에서 강요란 없다." 간디에 의하면, "예언자 무하마드는 종교에서 강요를 거부했다. 어떤 무슬림도 내가 종교적 강요를 인정한다고 생각해서는 안 된다. 이슬람교가 힘에 의존해서 전파되었다면 세계 종교가 되지 못했을 것이다. 역사적으로 볼 때도, 강압적 개종 명령은 추종자들에게 받아들여질 수 없었다. 무력으로 개종시키려 들 때마다 책임 있는 무슬림은 그런 식의 개종을 거부했다".[48]

형제애와 동료애에 대한 독특한 정신이 이슬람교의 가르침에 스며 있다. 어원적으로 이슬람은 평화, 즉 신을 알고 신의 유일성에 경의를 표함으로써 신과 이웃과 함께 이 땅에서 누리는 평화를 의미한다. 무하마드는 신과

---

[47] *Young India*, 1924.7.10.

[48] *Ibid.*, 1921.9.29.

의 합일과 인간의 형제애를 가르쳤다. 이슬람교의 두드러진 특징은 이름은 있으되 형태는 없는 유일신을 믿는 것이고, 최상의 것에 이르기 위한 단련은 복종과 헌신의 길이다. 여느 종교와 마찬가지로 이슬람교도 시대의 산물이요 환경의 소산이다.

간디는 주장한다. "나는 그리스도교, 불교, 힌두교와 마찬가지로 이슬람교도 평화의 종교라고 확신한다. 정도의 차이는 있겠지만 이 모든 종교의 목적이 평화임은 의심할 여지가 없다. 나는 『코란』에서 이에 반하는 구절들이 인용될 수 있음을 안다. 그러나 『베다』에서도 이에 반하는 구절을 인용할 수 있지 않은가? … 나는 무슬림이 지나치게 칼을 쉽게 쓴다는 견해를 밝혀 왔다. 그러나 그것은 『코란』의 가르침 때문이 아니다. 내가 보기에 그것은 이슬람교의 태생 환경 때문이다."[49]

『코란』의 율법은 사회 관계들을 변혁시켰다. 물론 이론적으로 이슬람교는 자유화에 영향력을 행사했다. 이슬람교는 예언자 무하마드 이전의 모든 신의 사도들이 지역과 연대에 상관없이 위대하고 성스럽다는 것을 주장했다. 이슬람은 관용·동정심 그리고 다른 사람들의 습관·견해·신앙에 대한 이해를 독려했다. 『코란』은 선언한다. "확실히 우리는 사자使者의 말을 만국에 드높였다: '알라Allah를 섬기고 악마를 멀리하라.'"[50] 나아가, "우리는 그 뜻이 분명하게 전달될 수 있도록 그 나라 말을 할 줄 아는 사자만 보냈다."[51] 그리하여 이슬람교는 세계주의와 영성의 시대를 예고했다. 역사적으로, 이슬람교는 종교적 박해에 대한 저항과 억압받는 자들의 피난처였다. 이슬람교는 경직된 의식·예식·교리 그리고 위선과 싸웠다. 아라비아·페르시아·메소포타미아·시리아·팔레스타인 그리고 이집트에서 종교 생활은 혼란 상태였다. 신은 천사와 성인과 사도의 무리 때문에 사라져 버렸다. 그래서 이슬람교는 새롭게 외쳤다. "오직 하나의 신만 있다." 그것

---

[49] *Ibid.*, 1924.7.10.

[50] Koran, XIV, V. 36.

[51] *Ibid.*, XIV, V. 4.

은 종교와 도덕이 붕괴해 가는 폭풍의 바다에서 하나의 단순한 신앙의 닻
이 되었다.

위대한 선견지명과 통찰력을 지닌 무하마드는 그의 그리스도교 신하들에
게 안전, 무역의 자유, 물건의 소유권, 예배에 기꺼이 관용을 베풀었다. 관
용 원칙은 예언자 무하마드의 직접적인 계승자들뿐 아니라 전 아라비아 지
배 시대를 통틀어 엄격하게 지켜졌다. 예루살렘이 칼리프 오마르Khalif Omar
에게 정복당했을 때 피정복지 거주민들은 사유재산을 소유할 수 있었고 예
배의 자유도 허용받았다. 도시 특정 구역에는 그리스도인 거주지가 성직자
들과 함께 할당되었다.

마하트마 간디는 『코란』에서 진보적 사회 원리와 개인 행동에 대한 존경
할 만한 규칙들을 발견했다. 무하마드는 허황된 형이상학 대신 정결·금
주·단식·기도 규칙으로 백성의 사회적 조건을 개선시키는 데 전념했다.
그는 자선과 자비를 소중히 여겼다. 무하마드는 위대한 비전과 자유 정신
을 가지고, 고결하고 선하기만 하다면 신앙의 형식이 어떻든지 간에 그들
의 구원 가능성을 인정했다. 이슬람교는 배움과 지성의 개발을 장려했다.
고대 그리스 현자들의 업적은 아랍인에 의해 보호·수집·보존되었다. 그
들은 그리스 고전을 번역하여 서방에 전했고, 그리하여 르네상스가 가능할
수 있었다. 이슬람교는 옛 종교의 강력한 요체들을 흡수했다. 이슬람의 중
심지들은 이집트·시리아·유대·페르시아·그리스의 고대 문명이 발흥하
고 쇠락했던 바로 그 지역에 있다. 이 새로운 종교는 아라비아와 페르시아
제국에 급속히 퍼져 나갔다. 그것은 아프리카에서 엄청나게 성행했고, 인
류 역사에서 하나의 위대한 문명 세력으로 인정받았다.

이슬람교의 창시자가 신적이라는 주장이 제기된 적은 없다. 예언자 무하
마드에 대한 신성의 부정은 이슬람교를 가장 순수한 일신론적 종교 중 하
나로 만들었다. 한 예언자에게 신성의 특권이 부여되면, 그는 곧 '지고한
존재' 처럼 행동하게 된다. 나아가, 아랍인들은 처음으로, 세계에서도 특히
그 지역에서 종교들이 공통적으로 기원했다는 장엄한 생각을 품었다. 따라

서 모든 종교에는 삶과 자연의 거대한 신비를 풀어보려는 인간 정신의 노력이 담겨 있다. 『코란』은 선언한다. "말하라. 우리는 알라를 믿으며, 이는 우리에게 계시된 것이고, 아브라함과 이스마엘과 이사악과 야곱과 부족들에게 계시된 것이며, 그들의 주主로부터 모세와 예수와 예언자들에게 허락된 것이라는 것을. 우리는 그들 모두를 동등하게 대하며, 신에게 복종한다."[52] 무하마드는 자신을, 고대 신앙을 정화시키고 고대 신앙에 스며들어 온 무절제한 사치와 방종을 제거한 사람으로 생각했다. 『코란』은 선언한다. "무하마드는 너희를 위하여 우리가 계시를 통해 너희에게 보낸 노아·아브라함·모세·예수에게 명한 것과 똑같은 종교를 창설했으니, 곧 너희는 종교 안에서 흔들리거나 분열을 일으키지 마라."[53] 모든 종교가 인류의 영적 향상을 공통된 과제로 지니고 있으므로, 각자에게 특별한 원리나 교리가 인류의 영적 일치를 실현하는 데 방해가 되어서는 안 될 것이다.

인도의 카비르Kabir·나낙Nanak·투카람Tukaram·차이타냐Chaitanya 등과 같이, 바라문의 통설과 권위주의에 저항한 개혁자들의 봉기는 이슬람교의 사회적 영향으로 크게 증폭되었다. 이슬람교는 힌두교에 일신론적 풍미를 전하는 데 성공했다. 그리고 역으로, 이슬람교의 순수한 일신론은 인도의 상징과 신상들의 영향에서 온전히 자유로울 수 없었다. 따라서 이슬람 성자들의 무덤은 다른 이슬람 국가들보다 인도에서 훨씬 보편화되어 있다. 그러나 이 모든 상호적 영향에도 불구하고, 남아시아에서 힌두교와 이슬람교는 유사성보다는 차이점을 더 의식하는 적대 세력으로 존재하고 있다. 그들을 화해시키려는 간디의 노력은 아직 성취되지 않았다. 두 종교가 모순되거나 적대적이지 않고 상호 보완적임을 모르고 있다. 물론 차이점이야 있다. 차이점은 서로를 인정하면서 호의적으로 이해되어야 한다. 차이점 때문에 균열과 분쟁을 야기시키는 사람은 광신자다. 실제로, 이슬람교의 공헌을 알게 되면 한편으로 힌두교도들의 자만심이 흔들릴 것이며, 다른

---

[52] *Ibid.*, II. 136.

[53] *Ibid.*, XIII. 13.

한편으로는 이슬람 신앙의 진정한 정신과 만남으로써 우리 시대 무슬림의 배타적 광신주의가 치유될 것이다. 간디는 말한다. "나는 힌두교도와 무슬림의 연합을 위해 노력했다. 연합하지 않고는 인도가 자유로울 수 없기 때문이다. 우리가 서로를 타고난 적으로 본다면 우리 모두가 신을 부정하는 셈이기 때문이다."[54]

5. 힌두교와 이슬람교의 일치 문제

간디는 초년에 이미 인도의 큰 문제 중 하나와 직면했다. 힌두교와 이슬람교의 일치 문제였다. 그는 같은 땅 같은 신의 자녀들이 어떻게 서로의 마음을 분리시키는 장애물을 만들었는지 의문이었다. 그는 진리와 사랑 — "비폭력" — 으로 이 장애물을 부수고 자신이 생각하는 생사의 메시지를 남기려 했다. 그의 사례는 신조나 카스트 제도와 쓸데없는 신학 논쟁에서 벗어나기를 희망하는 사람들에게 지속적인 영감을 불어넣어 주었다.

간디는 말했다. "이 모든 일치는 내게 새로운 것이 아니다. 나는 젊은 시절부터 줄곧 그것을 명심했고, 그 생각을 지켜 실행했다. 1889년, 런던에 가던 소년 시절에도 지금처럼 열렬히 그 일치를 믿었다. 1893년, 남아프리카에 갔을 때도 내 삶의 소소한 부분에서까지 일치를 수행했다. 내 속에 깊이 자리한 이 사랑은, 온 세상 어디서도 포기될 수 없다."[55] 간디는 종교적 편견에서 오는 엄청난 에너지 손실을 보았다. 그는 힌두교도와 무슬림 모두가 틀렸고 둘 다 신을 인식하는 데 실패했다고 느꼈다. 이 모든 것이 슬펐다. "우리는 살아 있는 것 같지만, 분열되어 있는 한 죽은 것만 못하다. 힌두교도는 무슬림과 싸우면서 힌두교를 위해서라고 하고, 무슬림은 힌두교도와 싸우면서 이슬람교를 위해서라고 한다. 그러나 그들은 모두 자신의 신앙을 더럽히고 있는 것이다."[56]

---

[54] *Young India*, 1921.11.24. [55] *Ibid.*, 1930.2.20.

[56] *Ibid.*, 1927.1.27.

인도의 힌두교도와 무슬림은 서로가 친척임을 모른다. 그들은 아직도 라마가 힌두교도들을 각별히 어여삐 보는 부족신이고, 알라는 무슬림만 보호하고 나머지 세상 사람들에게는 피와 철퇴밖에 줄 것 없는 부족신이라 상상하기 때문이다. 간디는 이쉬바라Īśvara와 알라가 한 아버지의 다른 이름이라고 했다. 라마는 값비싼 순례를 원하지 않으며, 알라도 모스크에서 흘러나오는 음악에 무심하다. 그러나 정통 힌두교도와 무슬림은 오히려 간디와 그 추종자들이 틀렸다고 했다. 간디는 말한다. "분열된 우리가 분열되면 노예나 다름없다. 연합은 우리에게 맞지 않을 때 포기해도 되는 단순한 정책이 아니다. … 힌두-무슬림 연합은 모든 시대 모든 상황에서 지속되어야 할 우리의 신조다."[57]

간디는 힌두교도와 무슬림이 성전과 모스크에서 함께 노래하고 친교하며 평화롭게 사는 그날을 위하여 일하고 기도했다. 그는 이를 이루기 위해 모든 수단을 다 썼다. 그는 두 공동체 사이의 갈라진 틈을 치유하기 위한 투쟁에 자신을 내던졌다. "나는 두 공동체 사이에서 최상의 이음매가 되기 위해 몸부림치고 있다. 나의 열망은 가능하다면 내 피로 그 둘을 이어 주는 것이다."[58] 사람들이 신의 이름으로 서로를 헐뜯으며 즐거워하는 것을 보기가 고통스러웠다. 그는 그들이 서로를 이해할 동정심을 호소했다. 그는 "이쉬바라, 쿠다Khuda, 알라가 모두 하나"라고 역설했다. 그는 물었다. "인도에서 나고 자라 같은 적과 같은 희망을 가진 힌두교도와 무슬림이 같은 조국 인도의 영원한 친구와 형제가 되는 것보다 더 자연스러운 것이 무엇이냐? 우리가 연합하지 않고 싸우려 하는 것이 놀라운 일이다."[59] 간디에게 힌두교도와 무슬림의 연합은 "같은 목적을 가지고 같은 목표와 같은 슬픔을 나눌 때 이루어진다. 같은 목표에 도달하기 위하여 서로의 슬픔을 나누고 상호 관용할 때 이 연합은 가장 잘 달성된다".[60]

---

[57] *Ibid.*, 1920.12.2.　　　　　[58] *Ibid.*, 1924.9.25.

[59] *Ibid.*, 1924.9.25.

[60] *Ibid.*, 1920.9.25.

두 공동체 사이의 불편한 관계는 무슬림이 인도에 침략자로 왔다는 사실
에 기인된 듯하다. 초기 무슬림 정복자들의 주 목적은 이교도들을 개종시
키거나 "칼로 그들을 지옥으로 보내는 것"[61]이었다. 그리고 이들 침략자에
대한 초기 적대감은 지금까지 이어져 내려오고 있다. 무슬림의 침공이 시
작되기 전까지 인도는 이슬람과 오랫동안 우호적인 관계를 맺고 있었다.
종교로서의 이슬람교가 일부 추종자의 잔인성에 책임져야 할 이유는 없다.
그러나 대체로 종교의 문화적 요소에 대한 서로 간의 몰이해는 힌두교도와
무슬림을 심리적·문화적으로 분리시켰다. 그러나 간디가 설명했듯이, "좋
건 나쁘건, 두 공동체는 인도에 뿌리박고 있다. 그들은 이웃이고 같은 대
지의 아들이며, 같이 태어난 나라 인도에서 죽도록 운명지어져 있다. 그들
이 스스로 연합하지 않는다면, 자연이 평화롭게 살도록 강제할 것이다".[62]

간디는 힌두교와 이슬람교의 정치적 분쟁을 종교가 책임져야 한다는 말
은 옳지 않다고 주장했다. 사실 종교라는 말이 이런 맥락 속에서 많이 쓰
여지긴 했지만, 진정한 의미에서는 어떤 정치적 역할도 하지 않았다. 인도
에서 "자민족 중심주의"communalism(연고주의·집단주의·공동체주의)로 알려진 것이
바로 종교 간의 이런 정치적 갈등 현상이다. 실제로, 인도 민족의 일치를
와해시키는 것은 권력과 특혜를 노리는 특정 집단들이다. 이러한 문제를
해소하고 힌두교도와 무슬림 간의 평화와 조화를 재정립하기 위해 많은 일
들이 시도되었다. 간디는 이 두 공동체 간의 선 의지와 우정을 증진시키는
데 가장 중요한 인물이었지만, 거기에는 심각한 어려움이 있었다. 영국 정
부의 정책 기조는 "분리시켜 통치하라"는 해묵은 마키아벨리적 원리였다.
이 원리는 양자택일을 통해 두 공동체 간의 진정한 화해를 어렵게 만든다.
그래도 지도자들은 때때로 "일치 위원회"를 개최했다. 양 진영의 신실한
사람들이 화해를 시도했다. 간디의 힌두-무슬림 일치를 위한 21일간의 단
식에 힘입어, 고故 모울라나 무하마드 알리Moulana Mahomed Ali는 1924년 델리

---

[61] T.W. Arnold, *The Preaching of Islam*, Sh. Muhammad Asharaf 1961.

[62] *Harijan*, 1938.10.29.

에서 위원회를 소집했다. 간디는 일찍이 킬라파트Khilafat 운동을 벌이는 무슬림을 적극 지원했고, 알리 형제의 석방을 위해 여론을 환기시켰다.

한때 인도에서 상호 조화가 거의 성사된 듯도 했지만 정부의 차별적 선호 정책에 자극된 양측 광신자들의 분쟁은 끊이지 않았다. 간디는 실망하지 않았다. "오늘날 힌두-무슬림 문제가 백성들 가운데 볼썽사나운 모습으로 자리하고 있지만, 폭력 없는 영구 평화에 대한 나의 희망도 바로 여기에 있다. … 1920~1921년, 우리는 힌두-무슬림 일치의 완전한 성취가 잠시 반짝하던 순간을 경험했다. 그 영향이 완전히 사라질 수는 없다. 표면상의 험난한 요소들이 일치 운동에 대한 사람들의 신념을 흔들지라도."[63]

이슬람교와 힌두교의 몇몇 현자와 성인들이 가르치는 바는 모두 같다. 이를테면 신의 유일성, 영혼 불멸, 물질의 덧없음, 영적인 것의 영원성 등이다. 수피Sufi와 인도 신비주의자들은 공통적 원천에서 영감을 받았다. 인간 영혼 안에 있는 신성의 경험이 그것이다. 중세 인도의 종교 시인이자 신비주의 성자였던 카비르는 노래했다.

> 하리Hari는 동쪽이요, 알라Allah는 서쪽이라네. 그러나 그대 마음속의 "그"를 찾으라. 거기서 그대는 카림Karim과 라마 모두를 찾을 것이네. 신이 모스크에만 있다면, 딴 곳은 누구에게 속할까? 라마는 순례지와 "그"의 신상 속에 있다지만, 거기서는 아직 "그"를 찾지 못했네. 누가 『베다』와 『코란』을 거짓이라 했는가? 생각 없는 이들에게나 거짓이지. 모든 육체에는 일자一者만 있을 뿐 둘째는 없는 법. 남자든 여자든, 그들은 오직 "그대"의 형상일 뿐. 카비르는 "알라-라마"의 아이이며 "그"는 카비르의 스승이기도 하다네.[64]

오늘날까지도 많은 힌두교도들은 이슬람교가 신성시하는 것들과 가까운 관계를 가지고 있다. 힌두교도들은 무하람Muharram 같은 이슬람 축제에 많이

---

[63] *Ibid.*, 1936.12.15.

[64] A.R. Wadia, *The Philosophy of Mahatma Gandhi and Other Essays*에서 인용.

참여한다. 그리고 온 나라에 힌두교도와 무슬림이 평화롭게 살면서 함께 일하고 있다. 그러나 잠재적 갈등이 그 밑에 깔려 있으니 불행한 일이다.

사려 깊은 분석가라면 힌두교도와 무슬림 간 갈등의 진짜 원인은 종교가 아니라 정치·경제임을 제시할 것이다. 실제로, 인도의 독립이 가시화되자 각 공동체의 요구는 점점 더 탐욕스러워졌고, 곧 서로 간에 긴장이 고조되었다. 양측 모두 원했던 것은 더 많은 정부 요직과 의석 그리고 더 큰 정치권력이었다. 힌두교도와 무슬림의 간격을 더 벌려 놓은 중요한 요인 중 하나는 영국 정부가 도입한 개별 선거제였다. 민의에 의한 것이었다고는 하나 그 요구는 사실 상부로부터 조작된 것이었다. 이에 따르면 무슬림은 자기들끼리 입후보하여 무슬림 유권자에 의해 당선될 수 있었고, 힌두교도 역시 그러했다. 이것은 수백 년 동안 이 나라에서 조용히 진행되던 단일화와 통합의 과정에 완전히 배치되는 것이었다. 개별 선거제는 유례없는 혼란과 장애를 야기시켰다. 모든 정치·사회 조직이 오염되었고 종교는 정치화되었다.

집단 폭동이 일상화되었다. 모든 사소한 싸움이 크게 번지고, 하찮은 일에 원한을 품고, 심지어 다른 종교 의례들까지도 심각하게 문제 삼았다. 오랫동안, '배크리드Bakrid의 날'에 인도에서 소를 희생시키는 행위는 힌두교도와 무슬림의 불화의 한 원인이었다. 그리고 힌두교와 이슬람교 축제가 한날에 겹칠 때마다 집단 폭동의 위험이 상존했다. 게다가, 모스크에서 흘러나오는 음악은 항상 폭동의 촉매가 되었다.

이런 난제들은 복잡하고 쓰디쓴 것이었으나, 이겨내지 못할 것은 아니었다. 사람들이 좀 덜 감정적이었다면 문제의 심리적 국면들을 풀기가 그리 어려운 것만은 아니었을 것이다. 그 문제는 모든 지각 있는 사람들의 총명과 관용에 대한 도전이었다. 네루에 의하면, "필요한 것은 이러한 분쟁들을 피하려는 선 의지와 상호 협력이다. 양 진영의 작은 조정이 합리적인 화해를 이끌어 낼 수 있었을 터이다. 그러나 종교적 격분은 이성의 소리를 거의 듣지 못했다".[65]▶

경제 사정이 개선되고 수지맞는 일자리가 더 많이 주어지자 공동의 긴장은 확실히 누그러졌다. 무슬림의 두려움과 불만을 완화시키기 위해 인도 공화국 헌법의 소수민 보호 조항들이 헤쳐 나가야 할 길은 멀다. 더욱 중요한 것은 소수 공동체를 위한 선 의지를 보장하는 사회 분위기다. 의견 교환과 상호 봉사 활동은 우호적인 분위기를 더욱 돈독하게 해 줄 것이다. 모든 사람과 공동체는 이기적인 관심사를 넘어서 바라보고, 종교적 전통의 더 높은 이상을 따라야 한다. 경쟁적 관심사들은 공동 목적, 즉 만인의 복지에 귀속되어야 한다. 공동 관심사는 상호 이해를 증진시켜 줄 것이며, 자신의 관심사가 이웃의 관심사와 무관하지 않음을 인식시켜 줄 것이다.

인간이 만인의 선을 통해 자신의 선을 알게 되는 것은 적절한 교육을 통해서다. 그러한 교육이 가능해지면, 상호 간의 긴장은 완화되고 건설적이고 인도주의적 활동을 통한 다른 종교 추종자들 간의 협력은 더욱 쉽고 자연스러워질 것이다. 다른 사람들과 그들 신앙 속의 선하고 가치 있는 요소들은 이해를 통해 인정받는다. 그리고 정치적 문제에 있어서 그러한 이해는 사람들로 하여금 종파나 단체 입장에서가 아니라 국가의 관점에서 전체적으로 생각하도록 이끌어 준다. 종교 지도자와 학자들의 비교종교 연구는 혼란과 편견을 정화하는 데 도움이 될 것이다. 사람들은 사물을 올바른 관점에서 바라보는 것을 배우게 될 것이며, 종교가 의례나 전례에 그치는 것이 아니라, 조화와 선 의지의 내적 정신을 포함한다는 것을 알게 될 것이다. 그들은 광신이나 반쪽 진리에서 벗어날 것이다. 그런 일은 오직 진정한 일치의 분위기에서만 가능하다. "힌두-무슬림 일치의 진정한 아름다움은 각자가 자신의 종교에 충실하면서도 서로를 진실하게 대하는 데 있다. 왜냐하면 우리가 정통 힌두교도와 무슬림일지라도, 지금까지처럼 서로를 당연한 적으로 인식하지 않고 자연스러운 친구로 보아야 하기 때문이다."[66]

---

[65] Jawaharlal Nehru, *Autobiography*, New Delhi: Allied Publishers 1962.

[66] *Young India*, 1920.2.25.

· Ⅲ ·

창조적 종교의 원리

1. 종교 경험

종교는 가장 오래고 지속적이며 가장 심오하고 마음을 빼앗는 인간 행위의 한 형식이다. 그것은 인류사의 보편적인 현상이다. 진정한 종교는 삶에서 나오고 삶과 긴밀한 관계를 맺고 있다. 그것은 인류의 진보에 지속적이고 건설적으로 기여했으며, 인간성에 대한 영원한 암중모색을 거듭한다. 그것은 세계를 보는 한 방법과 인간의 영적 · 감정적 요구들을 만족시켜 주는 삶의 한 방법을 보여 준다.

종교는 인간의 마음과 생각 속에 뿌리내리고 있기 때문에 이런저런 형태로 그 자체를 영속화시키려는 두드러진 경향이 있다. 종교는 내적 · 외적 두 측면을 지닌 하나의 과정이다. 종교는 내적으로는 신앙과 경험의 상태, 즉 영적 믿음을 가리키며, 외적으로는 믿음을 적절한 형태로 표현하는 것이다. 두 측면 모두 종교의 본질에 필수적이며, 영적 성장의 과정에서 상호 작용한다.

종교적 경험의 배후에는 인간이 불완전한 미완의 존재라는 근원적 사실이 도사리고 있다. 그 미완의 불완전성 때문에 인간은 좀 더 높고 충만한 삶을 지속적으로 추구한다. 그것은 무한한 "진리"에 대한 갈망에서 비롯된다. 인간이 종교에서 구하는 것은 다른 어떤 수단이나 활동을 통해서도 얻을 수 없는 내적 본성의 조화와 만족이다.

종교는 내면에서 솟구쳐 오르는 것이다. "인간이 위를 향해 깨달음과 선을 구하고 타인에게 관심을 보일 때마다 종교 정신은 살아 활동한다."[1] 종교의 힘과 성장의 비밀은 외부 세계의 사건에서만 찾을 수 없으며, 오히려 영적 세계의 영역에서 찾을 수 있다. 종교적 믿음은 그러므로 정신의 태도와 상태다. 인간의 또 다른 오랜 욕구, 배고픔·사랑·자기 표현 등은 인간 본성에 깊이 뿌리박혀 있다. 이러한 욕구들은 인간이 만족스러운 삶을 영위하는 데 없어서는 안 될 것들이다. 종교적 욕구도 마찬가지다. 종교는 인간의 절실한 욕구를 반영하며 그것이 종교가 존재하는 이유다. 개인의 가장 깊은 욕구는 종교적인 것이다. 정령 숭배자도 본성의 욕구에 유일신 교도들과 똑같이 반응한다. "사람이 떡으로만 사는 것이 아니요"(신명 8.3)라는 성서 구절은 이러한 진리를 표현한다. "나 비테나 타르파니요 마누스야"na vittena tarpaṇiyo manuṣyaḥ[2]라는 『우파니샤드』의 개념도 이를 표현한 것이다. 그것은 "인간은 세상의 것들에서 영원한 만족을 찾지 못한다"라는 의미다.

불안, 조화의 결핍 그리고 삶의 방향감각 상실로 인해 사람들은 내면이나 초월적인 것에서 힘과 조화의 근원을 찾으려 한다. 종교는 인간과 세상 사이에 영원히 존재하는 관계다. 그것은 문법이나 논리로 설명할 수 없는 미지의 요소들을 포함한다. 톨스토이는, "이성적인 인간은 무한히 작은 삶의 현상들과 관계를 맺어 왔고, 그것은 그들의 행동에 영향을 미쳤다. 그리고 수학에서의 적분처럼 삶에서 가장 가까이 일어나는 현상들과 관계를 형성하면서, 인간은 전 세계와, 나아가 무한한 시간과 공간과 관계를 맺으며 삶을 하나의 전체적인 것으로 포괄한다. 인간이 전체와 맺는 관계 설정은 인간 자신을 전체의 한 부분으로 느끼게 하며, 또한 거기서 자신의 행

---

[1] *The Report of the University Education Commission*, 1948~1949 (Govt. of India), vol.I, 295.

[2] 『카타우파니샤드』(*kathopanishad*), 1: 27.

동 지침을 추론하는데, 이러한 관계 형성을 종교라고 불렀다. 그러므로 종교는 항상 이성적 인간과 인류에게 필수불가결한 것이며 또 반드시 그래야 한다"고 말했다.[3]

데이비드 흄D. Hume 같은 무신론자도 두려움은 종교적 행동의 동기가 된다고 생각했다. 비록 종교에 이러한 요소가 포함된다 하더라도 그것이 종교에 대한 충분한 설명이랄 수는 없다. 오히려 종교에는 두려움보다는 사랑이 더 주도적 역할을 해 왔다. 종교는 신의 분노나 사제의 미신적 두려움에서가 아니라, 인간의 가장 깊은 본능들에서 비롯되는 그 무엇이다. 테일러A.E. Taylor는 종교가 조상 숭배에서 나왔으며, 자연현상을 설명하고자 하는 원초적인 시도라고 생각했다. 뒤르켕Durkheim은 모든 종교와 사회의 모체인 '토테미즘'을 종교적 의례의 진정한 대상으로 삼으려고 시도했다. 프레이저J.G. Frazer ―『황금가지』*The Golden Bough*의 저자 ― 는 마술이 제 효과를 발휘하지 못할 때 삶을 지배하는 하나의 수단으로 종교가 채택되었다고 주장했다. 지그문트 프로이트S. Freud는 종교의 기원을 원시 유목민의 오이디푸스 콤플렉스에서, 그리고 두려움과 소망의 투사에서 찾았다.

루돌프 오토R. Otto는 종교의 기원을 역사적·심리적·사회학적 요인에서 찾지 않았다. 미지의 힘이나 실재를 아는 것, 즉 어떤 성스러운 관념이 종교의 본질이다. "이런 정신 상태는 완전히 '그 자체로 독자적인 것'sui generis 이라, 다른 어떤 상태로도 환원시킬 수 없다."[4] 종교적 지각은 인간성을 넘어서는 어떤 것을 지시한다. 미지의 것에 대한 경외나 예배는 윤리적·심미적 범주들과 혼합되어 있지만 종교의 독특한 본질이다.

현존 세계 종교들의 기원은 단순하다. 예언자와 선지자들은 인간의 영혼에 직접 말했다. 어떤 영적 경험이나 다른 경험들이 모든 종교의 시작이다. 종교는 단순한 지적 호기심이 아니라 영적 경험에서 시작된다. 모든

---

[3] Leo Tolstoy, *Complete Works of Count Leo Tolstoy*, tr. & ed. Leo Wiener, Boston: Estes & Co., vol.XXIV, 82.

[4] Rudolf Otto, *The Idea of the Holy*, tr. J.W. Harvey, London: Oxford University Press 1939.

아바타라avatāra[화신(化身) 혹은 성육신(成肉身)]는 가르치기 위해서가 아니라 깨달음을 주기 위해서 왔다. 그러므로 『우파니샤드』의 현자들이나 그리스도, 붓다, 무하마드의 말씀은 아주 단순하고 직접적이다. 종교 지도자들은 제자들이 신을 깨닫도록 하기 위해, 말뿐 아니라 삶의 환경을 통해서도 신의 존재를 깨닫고 응답하도록 자극했다. 대부분의 종교는 예언자나 화신의 출현으로 생겨났다. 따라서 선지자와 예언자 그리고 화신들이 중요한 위치를 차지한다. 라다크리슈난Radhakrishnan은 "모든 종교의 영감은 예언자 종교 창시자의 개인적 통찰력에 의존해 있다"[5]고 말한다. 이따금 이런저런 종교들이 출현한다. 『바가바드기타』에 의하면 "다르마dharma가 쇠퇴하고 불법不法(adharma)이 횡행할 때마다, 오 바라타Bhārata여, 나는 다르마를 보존하기 위해서 '나 자신'을 계속해서 창조한다".[6] 이런 식으로 화신들은 그들이 가르치는 원리를 구현한다.

예언자들이 종교에 지대한 공헌을 했다 하여 그들 스스로가 종교는 아니다. 아인슈타인A. Einstein이 과학에 지대한 공헌을 했다고 해서 그 자신이 과학은 아닌 것처럼 말이다. 언어가 그렇듯이 종교도 인류와 그 시작을 같이한다. 종교적 인물들이 그 길을 보여 주지만 영적 권위는 궁극적으로 인간 속에 내재하는 신의 영에 있다. 종교는 다른 누군가에 의해서 개인에게 주어지는 외적 요소를 의미하는 것이 아니다. 종교에서 인간이 영적 존재임을 알려 주는 필수 요소는 내적 경험이다. 각 개인은 스스로 종교를 발견해야 한다. 각 개인은 인류의 모든 종교적 유산으로부터 도움을 얻을 수는 있지만 결국 스스로 자기 방식을 찾아야 한다.

종교적 각성은 모든 심리적 요소들이 똑같은 비중으로 나타나지는 않지만 느낌, 의지 그리고 사고를 포함한다. 인생의 총체적 의미는 이러한 기능 — 지식, 사랑, 의지, 진·선·미 중 어느 하나의 가치에 대한 헌신 —

---

[5] S. Radhakrishnan, *An Idealist View of Life*, George Allen and Unwin Ltd. 1951, 89.

[6] *Bhagavadgītā*, IV: 7.

가운데 어느 하나의 활동에서만 발견될 수는 없다. 이런 여러 요소들 중 어느 한 면만 강조됨으로써 다양한 종교 이론과 분파들이 생겨났다. 종교적 각성은 불완전한 형태에서 완전한 형태로 나아간다. 그러나 어떤 단계에서도 그것은 믿음이자 느낌이며 의지의 실천적 활동이다.

종교적인 사람들은 우주 만물이 초월적인 것에서 나왔다는 것을 받아들인다. 그들은 실재에 대한 영적 근거를 믿으며, 세상이 도덕적 기반을 가지고 있고 인간의 선한 삶이 종교 생활의 필수 요소라는 것을 믿는다. 그리고 그들은 믿는 것을 깊이 "느낀다". 그러므로 감정과 신앙은 서로 풀 수 없도록 꽁꽁 묶여 있다. 루돌프 오토에 따르면 거룩한 것에 대한 경외는 모든 사람의 종교적 경험 속에 매우 짙게 나타나 있다. 그러므로 인간적인 따뜻함, 사랑 그리고 헌신은 종교적 경험의 매우 중요한 요소들이다. 그것은 행위를 포함한다. 행위는 무엇을 하는 것과 하지 않는 것 모두를 포함한다. 어떤 행위는 비난받고 어떤 행위는 칭찬받는다. 그것은 종교가 특정 패턴의 행위를 요구한다는 것을 의미한다. 기도와 예배는 모든 종교가 요구하는 행위다. 종교적 삶은 자신의 모든 에너지와 능력을 인간과 신에게 봉사하는 데 최대한 쓸 것을 요구한다.

초월자와의 교제 — 이것만이 영혼의 깊은 욕구를 만족시켜 줄 수 있다 — 를 얻으려는 욕구는 모든 종교에 적용된다. 신앙의 초월적 대상은 궁극적 최고 가치다. 그러나 어떤 사상가들은 진리와 경험의 다른 면을 강조한다. 틀린 것은 아니지만 그들은 때때로 불완전하며 불충분하다.

매튜 아널드에 의하면 종교는 "감정과 결합된 도덕이다".[7] 간디는 말한다. "도덕적 기반을 잃는 순간 우리는 종교적이기를 그만둔다. 도덕을 능가하는 것은 종교밖에 없다. 예를 들면 종교적인 사람은 진실하지 않을 수 없으며 잔인하거나 음란할 수 없다. 그리고 신을 자신의 편으로 끌어들일 수 없다."[8] 신에 대해 말할 수 있고 신이 누구이며 무엇을 하는지 선전할

---

[7] Mathew Arnold, *Literature and Dogma*, New York: The Macmillan Company 1926, 18.

[8] *Young India*, 1921.11.24.

수 있는 것이 종교라는 생각은 피상적이다. 사람들은 신에 대하여 모르면서 안다고 생각한다. 신에 대해서 긴 토론이나 논쟁을 할 수 있을지는 모른다. 그러나 그들의 삶과 행동이 말과 일치하지 않으면 공허할 뿐이다. 간디에게 종교는 인간의 "삶을 지배하고 동기를 부여하는" 힘과 빛의 근원이다. 우리는 종교가 선행과 악행 이상의 것을 다룬다는 것을 잊어서는 안 된다. 독일의 철학자 슐라이어마허Schleiermacher는, 종교의 핵심은 무한한 실재, 즉 신에 대한 절대 의존의 감정에서 발견된다고 했다. 간디에 의하면 "진정한 종교는 좁은 교리가 아니다. 그리고 외적인 규율도 아니다. 그것은 신에 대한 믿음이며 신의 현존 속에서 사는 것"이다.[9] 의심할 바 없이 종교적인 사람은 신적 능력에 의존한다. 그러나 종교는 단순히 의존 감정에 국한될 수 없다. 덴마크의 철학자 해럴드 호프딩에 의하면 "모든 종교의 가장 내면적 성향을 나타내는 것은 가치 보존의 원칙"이다.[10] 간디에게 "종교는 진리를 의미한다. 그리고 비폭력은 진리의 발견을 위해 필수적인 수단이다".[11]

임마누엘 칸트는 "(주관적으로 볼 때) 종교는 모든 의무를 신의 명령으로 조직하는 것이다"라고 했다.[12] 간디는 말한다. "종교의 궁극적 정의는 신의 법에 순종하는 것이다. 신God과 그의 법His Law은 같은 의미다. 신은 변치 않고 살아 있는 법이다. 아무도 신을 실제로 보지 못했다. 그러나 화신avatāra과 예언자들은 고행tapasya을 통하여 신의 뜻이나 도덕법이 우주의 중심에서 모든 사람에게 순종하도록 명령을 내리고 있다"는 것을 보여 주었다.[13] 칸트는 인간과 절대자Supreme being 사이의 자유로운 사랑의 관계를 말

---

[9] *Harijan*, 1938.8.30.

[10] Hoffding Harold, *The Philosophy of Religion*, tr. B.E. Meyer, New York: The Macmillan Company 1906, 215.

[11] *Young India*, 1920.8.25.

[12] Immanuel Kant, *Religion with the Limits of Reason Alone*, tr. Theodore Greene and Hoyt Hudson, Chicago: The Open Court Publishing House 1934.

[13] *Young India*, 1920.8.25.

하는 데는 실패했다. 그는 종교의 본질보다는 도덕적인 것에 더 관심이 있었다. 알프레드 화이트헤드에 따르면 "종교는 개인과 그의 고독 사이에 작용하는 것"이다.[14] 여기서 그는 종교의 개인적 측면을 강조한다. 그러나 종교의 사회적 측면, 즉 사회제도와 전통에서 나타나는 종교적 측면 또한 중요하다.

미국의 철학자 존 듀이는 "종교"라는 명사 대신 "종교적"이라는 형용사를 사용한다. 그는 "개인적인 손해를 무릅쓰고 어떤 가치가 보편적이고 영구적이라는 확신 때문에 그의 이상을 추구하며 갖은 난관에 대항하는 어떤 활동도 질적인 면에서 보면 종교적인 것"이라고 말한다.[15] 덧붙여서, "이상적인 목적이 지향하는 선을 재건하는 것을 '종교적'이라고 한다"고 했다.[16] 화이트헤드에 의하면 "종교는 당면한 사건들이 진행되는 흐름을 초월하여, 그 배후에, 그 안에 있는 뭔가를 보는 것이다 — 실재적이면서도 아직 실현되기를 바라는 그 무엇, 가능성이 희박하지만 현존하는 가장 위대한 그 무엇, 모든 현실에 의미를 주는 그 무엇, 모든 과거사에 의미를 부여하면서도 잘 파악되지 않는 그 무엇, 최종적인 선이지만 도달할 수 없는 그 무엇, 궁극적 이상이면서 어쩔 수 없는 요구".[17] 간디에게 종교란 근본적으로 진리라는 실재를 경외하는 마음가짐으로서, 온몸과 마음에 삶의 의미를 불어넣어 주는 것이며, 각각의 개체를 모든 것과 연결시키고, 모든 것이 살아 움직이는 살아 있는 현실이다. 그것은 진리라고 생각되는 것을 느낌으로 체험하는 것이다.

톨스토이에 의하면 "모든 종교는 인간과 무한자 사이의 관계 형성이며, 인간은 그 관계 안에서 무한자와 연결되어 있다고 스스로 느끼며 그로부터 행동 규범들을 부여받는다. 또한 만일 종교가 인간과 무한자 사이의 관계

---

[14] A.N. Whitehead, *Religion in the Making*, New York: The Macmillan Company 1926, 47.

[15] John Dewey, *A Common Faith*, New Haven: Yale University Press 1934, 27.

[16] *Ibid.*, 27.

[17] A.N. Whitehead, *Science and Modern World*, New York: The Macmillan Company 1926, 191.

형성이라면, 우상숭배나 마술은 종교가 아니라 종교의 타락일 뿐이다. 종교가 인간과 신의 관계 형성이라 할지라도 이성이나 그 시대의 지식과 상충하여 사람들이 이 주장을 믿을 수 없다면, 이는 종교가 아니라 사이비일 뿐이다. 종교가 인간의 삶을 무한자와 이어 주지 못한다면 이 또한 종교가 아니다. 믿음을 요구하면서 인간의 행위 결과에 대한 뚜렷한 방향을 제시하지 못하는 것도 종교가 아니다. 진정한 종교는 무한자와 인간 사이에 관계를 형성해 주고, 이성과 인간의 지식에 부합되면서 삶을 무한자와 연결시켜 그의 행위들을 규제해 주는 것이어야 한다".[18]

종교의 위대한 스승들은 교리나 신조에는 거의 관심을 가지지 않았지만, 종교의 실천적인 면에서 많은 노력을 해 왔다는 것이 중요하다. 이런 영적 통찰력과 원초적 경험의 소유자들은 종교적 표현의 전통적 형식과 내적 신앙을 혼동하지 않는다. 간디는 "풍속은 종교가 아니다. 풍속은 변할 수 있지만 종교는 변치 않고 남을 것"[19]이라고 했다. 각 종교의 신비가들은 공히 교리보다 종교적 체험과 실천에 더 관심을 가졌다. 그들에게 종교는 신조나 이데올로기 이상의 것이며 실천적 삶과 분리해서 이해될 수 없다. 간디가 볼 때 "언어는 진리를 제한하며 진리는 오직 삶을 통해서만 나타날 수 있다".[20] 종교적인 삶은 사랑의 삶이다. 성자와 신비주의자들의 기도에 응답하는 궁극적 실재는 이성적 개념 이상의 것이다. 그들에게 종교의 중요성은 감성적 만족의 영역에 있다. 그들에게 종교는 신 앞에서의 경외와 거룩함이다. 그들은 이성으로 알 수 없는 신이 분명히 존재한다는 것을 깊은 통찰력으로 안다. 종교적 지식은 관념적 지식처럼 추상적이거나 막연하지 않다. 종교적 지식은 존재를 꿰뚫어보는 영적 체험의 지식이다. 이러한 실제적 경험에 근거하여 성인과 신비주의자들은 종교적 진리를 주장한다.

모든 종교는 저마다 그들이 존경하는 창시자의 창조적·영적 경험에서

---

[18] Leo Tolstoy, *op. cit.*, vol.XXIV, 83-4.

[19] *Young India*, 1926.4.8.

[20] *Harijan*, 1936.12.12.

출발한다. 인류의 위대한 스승들 — 조로아스터, 그리스도, 붓다, 『바가바
드기타』의 크리슈나 그리고 무하마드 — 은 모두 신비주의자들이었다. 그
들은 마음에서 우러나오는 사랑과 기쁨으로 신과 교감했다는 놀랄 만한 유
사점을 지닌다. 이는 평화와 환희ānanda의 경험이다. 그것은 전 존재가 지속
적으로 충만한 상태에 이르도록 한다. 그러한 본래적 경험들은 충분히 말
로 표현될 수 없다. 그리하여 상징이나 연상이 말로 표현할 수 없는 영적
경험들을 암시해 준다. 그 배후에 있는 신비는 심오하여 이해할 수 없다.
모든 신비주의자는 강렬한 경험을 통한 차원 높은 깨달음을 자신이 속해
있거나 교육받은 종교의 신학적 언어로 해석하려고 한다.[21] 훗날 이러한 가
르침은 제자들에 의해 교리나 신조로 발전한다. 초기의 신도들은 예배 형
식을 결정하고 새로운 형태로 자신들의 모임을 조직한다. 화이트헤드에 의
하면 "종교의 교리들은 인류의 종교적 경험에서 드러난 진리를 사적인 언
어로 공식화하려는 시도"다.[22]

신비주의자는 초월적 경험을 한 후 자신의 삶과 인격을 그에게 주어진
새로운 빛에 맞추기 시작한다. 그는 자발적으로 자신을 힘들게 단련시킴으
로써 새로운 삶에 맞춰 간다. 그는 마음속의 모든 채널을 끊고 과거도 단
절한다. 심지어 종교의 형식적 절차도 무시한다. 화이트헤드는 "(종교의)
신조는 그 의미에 비하면 부차적인 것이다. 어떤 의미에서 그것은 문자와
같은 기능을 한다. 신조는 중요하지 않으며 심지어는 무시된다. 그러나 그
의미는 세상에서 열매를 맺는다. 그리고 새로운 상황에 적응하기 위해 새
로운 신조를 만들어 낸다. 신조가 잘못된 것은 아니다. 그러나 그것은 사
상 범주 안에 제한되어 있다"고 했다.[23] 『바가바드기타』에 의하면 영적으로
깨어 있는 사람은 경전의 문자를 초월한다.[24] 그들에게 신조와 교리는 어떤

---

[21] S. Radhakrishnan, *op. cit.*, 97.

[22] A.N. Whitehead, *Religion in the Making*, 58.

[23] *Ibid.*, 136.

[24] *Bhagavadgītā*, II, 46.

면에서 무의미한 것이다. "문자는 죽이지만 영은 살립니다"(2고린 3.6). 그들이 추구하는 것이 모든 언어와 사상을 뛰어넘는 실재인데 어떻게 경전의 말이 그들을 만족시킬 수 있겠는가? 라다크리슈난에 따르면 "믿음과 행위, 의례와 의식, 교리와 권위는 신과의 만남이나 의식적인 자기 해방의 기술에 종속된다".[25] 참 종교인은 자신의 존재를 신과 자신 사이의 문제로 느낀다. "편협한 교리를 함부로 사용하여 실제로 문명세계의 많은 유용한 부분에 큰 해를 끼쳤다."[26]

실재와 교감하는 것은 그 실재에 대해 의견을 말하는 것과 다르다. 또 신을 인식하는 것과 신을 믿는 것에도 차이가 있다. 실재의 본성은 하나지만 그에 대한 교리는 많다. 인간의 마음을 통해 중재된 계시 진리에 결코 오류가 있을 수 없다는 주장은, 영적으로 끊임없이 진리를 추구하는 종교와 맞지 않는다. 위대한 영적 지도자들은 무한한 영의 다양한 활동을 고정된 법전이나 제도 안에 가두려 하지 않는다. 그것은 스승의 가르침을 종종 딱딱한 신조로 변질시키는 제자와 사제들이 하는 작업이다. 깨달음이 부족한 사람들의 생각을 통해 여과된 스승의 가르침은 수난을 겪는다. 그러므로 우리의 목적은 사람들 스스로 스승의 삶을 연구하고 그의 말에 귀를 기울여 영적인 것을 깨달아 알도록 하는 데 있다. 그렇지 않으면 우리는 해석과 주석 속에서 자신을 잃게 될지도 모른다. 화이트헤드에 의하면 "종교적 영감靈感을 교리에서 찾으려는 것은 자살 행위다. 종교적 영감은 종교의 역사 속에 있다. 종교적 영감은 종교가 시작될 당시의 가장 탁월한 종교적 삶에 나타난 직관적 통찰에서 찾아야 한다는 뜻이다. 과거에 몇몇 뛰어난 표현들이 있었지만 종교적 믿음에 대한 자료는 늘 증가하고 있다. 이러한 자료들의 기록이 신조는 아니다. 그것들은 교리를 뛰어넘어 직관적 통찰로 진리에 이르도록 도와준다".[27]

---

[25] S. Radhakrishnan, *Occasional Speeches and Writings*, Delhi: Ministry of Information and Broadcasting 1960, 207.

[26] A N. Whitehead, *op. cit.*, 144.　　　　　　　　[27] *Ibid.*, 44.

인간의 마음은 예배를 갈구한다. 추상적인 것을 경배할 수는 없다. 그러므로 상징화되어야 한다. 예배는 상징을 통해 인간의 갈망을 충족시킨다. 조로아스터교의 불, 힌두교의 신상, 그리스도교의 십자가, 이슬람교의 카바Kaaba와 『코란』, 불교의 법륜法輪 등, 상징은 종교적 체험을 구체적인 형태로 표현하는 수단이다. 상징은 범세계적으로 사용된다. 상징은 하나의 통합 요소로서 종교적 친교를 만드는 데 크게 기여한다. 진정한 의미에서 상징은 무한한 진리를 유한한 형태로 표현하는 것이다. 그것은 직접적으로 표현되거나 이해될 수 없는 실재를 깨닫고 이해하는 데 필요한 수단이다. 이러한 관점에서 상징 그 자체보다는 그것이 지시하는 궁극적이고 영원한 존재가 더 중요하다. 화이트헤드에 의하면 "종교는 반드시 신화와 상징을 사용해야 한다. 그것들은 부적당할지라도 필요한 것이다. 왜냐하면 객관적 타당성을 지닌 것이라면 무엇이든 실제적으로는 추상 개념으로 표현될 수 있기 때문이다. 그렇게 함으로써 일관된 교리가 정립되고 그 발생 지역을 넘어 세계를 밝혀야 한다".[28] 간디는 "상징이 우상화되어 다른 종교보다 우월하다는 것을 증명하는 도구로 쓰인다면 차라리 없어져야 한다"고 했다.[29]

불행하게도 상징은 자주 실재와 혼동해 사용된다. 대중의 마음은 실재의 풍성함을 인간이 멋대로 만든 몇몇 상징들로 국한시켜 버린다. 신도들은 영원한 초월자를 정신집중과 예배를 효과적으로 도와주는 상징 형태로 임시로 상상해서 만들고 경배한다. 상징은 진리를 가리키는 수단이지 진리 그 자체는 아니다. 그러므로 화이트헤드는 "교리는 사실이지만 진리의 조각일 뿐이다. 어떤 때는 너무 독선적으로 표현되고 어떤 때는 진리의 본질을 상실하게 한다"고 했다. 따라서 "교리는 변치 않는 진리의 척도지만, 형식에 있어서는 너무 좁고 제한적이며 가변적이다. 교리는 유용하게 사용되는 범주를 넘어서면 사실상 진리가 아니다".[30]

---

²⁸ *Ibid.*, 44.

²⁹ Mahatma Gandhi, *An Autobiography*, vide ante, 480.

³⁰ A.N. Whitehead, *op. cit.*, 145.

종교적 믿음은 마음의 갈망뿐만 아니라 지성의 욕구도 만족시켜야 한다. 영혼의 힘을 개발하기 위해 인간은 이성을 사용하여 문제를 제기하고 최대한 시험해 보아야 한다. 진정한 종교는 정신인 삶의 여러 측면을 하나로 통합시켜 준다. 간디에 따르면 "모든 종교의 신조는 이성의 시대에 이성의 까다로운 테스트를 받아야 하며, 보편적 동의를 얻어야 한다".[31] 종교적 믿음이 합리적으로 증명되지 못한다 해서 비이성적일 수는 없다: "이성과 각성의 지지를 받지 못하는 종교는 공허하게 사라져 버리는 쓸데없는 감정일 뿐이다. 궁극적으로 구원을 주는 것은 지식이다."[32] 그러므로 신앙과 이성은 상호 보완적이며 서로를 포괄한다. 이 둘은 서로를 조건짓는다. "신앙은 마음의 기능이다. 신앙은 이성에 의해서 강화되어야 한다. 이성과 믿음은 일부 사람들의 생각처럼 서로 상반되는 것이 아니다. 믿음이 깊어질수록 이성은 연마된다. 맹목적인 신앙은 죽은 신앙이다."[33] 이성은 신에게 도달하려는 열망, 즉 인간의 심오한 열정과 관련이 있다. 이성과 신앙의 두 날개가 꺾이지 않는다면 이성은 그 기능을 초월하여 창조적이 된다. 간디에 의하면, 이성은 우리의 한계를 발견하는 필요한 도구다. "나는 이성에 호소하지 않고 도덕에 어긋나는 어떤 종교적 교리도 거부한다."[34] 더욱이 "나는 오래된 종교적 권위에 기댄 편견이 팽배한 곳에서는 이성에만 호소하는 것이 해결책이 될 수 없다는 것을 발견했다. 이성은 고난을 통해서 연단되어야 한다. 그러한 고난을 통해 깨달음의 눈이 떠지는 것이다".[35]

간디는 자주 신의 음성을 들었다고 주장했다. 그러한 의미에서 그는 신비주의자였다. 그는 "내적인 음성"이 어떤 행동을 하도록 그를 자극한 이야기를 자주 했다. 예를 들면 그 음성은 위기의 순간에 힌두교와 이슬람교

---

[31] *Young India*, 1925.2.20.

[32] *Ibid*, 1925.5.7.

[33] *Harijan*, 1940.4.6.

[34] *Young India*, 1920.7.21.

[35] *Ibid*., 1928.12.14.

사이의 문제를 푸는 데 길잡이가 되었다. 신의 소리는 세미한 음성인지도 모른다. 그것은 감각으로 아는 것이 아니다. 영적인 목소리는 대개 잔잔하고 작다. 그것은 이성으로 알아지는 것도 아니다. 그것은 보통의 지식과는 매우 다르다. 왜냐하면 직관적 앎이기 때문이다. 또한 모든 도덕규범과 종교적 가치의 기초다. 이러한 "내적 음성"이 오늘날에는 거의 사라졌다. 많은 사람들은 그러한 직관적 앎이 가능하다는 사실조차 믿으려 하지 않는다. 그러나 간디는 이성의 한계를 인식하고 있었다. 그는 단순히 사색하는 것만으로는 참된 지식에 이를 수 없다는 것을 알았다. "이성이 알 수 없는 여러 주제들은 신앙으로 받아들여야 한다. 그때 신앙은 이성과 대립하는 것이 아니라 이성을 초월한다. 신앙은 일종의 육감인데, 어떤 경우 이성의 범위를 넘어서서 활동한다."[36]

간디에게 진정한 종교란 사랑 안에서, 사랑을 위해 자신을 포기하는 것이다. 그러한 자기 부인은 사랑을 통해 자신을 더 크게 만든다. 그것은 우리가 세상을 변혁시키려는 세속적인 생각을 버림으로써 가능하다. 그것은 우리가 더 높은 자아를 발견하고 낮은 자아를 포기함으로써만 이루어진다. 종교적으로 새로 나지 않은 상태에서 사람들은 영을 좇아 살지 않고 '육신'을 좇아 산다. 즉, 신 중심으로 살지 않고 자기 중심으로 사는 것이다. 따라서, 진정으로 영적 존재로 살기 전에 먼저 철저한 변화를 경험해야 한다. 모든 이기적 욕망은 오직 자기를 부인하고 포기하면서 신에게 순종하는 가운데 극복될 수 있다.

스와미 비베카난다에 의하면 "종교의 목적은 인간 본성의 지배를 벗어나는 것이다. 그것이 모든 종교의 목적이다. 각자의 영혼은 잠정적으로 신적이다. 인간의 외적·내적 본성을 통제함으로써 인간 내면에 있는 신성을 밝히는 것이 종교의 목적이다. 행위의 요가karmayoga나 신애信愛의 요가bhakti-yoga나 지혜의 요가jñānayoga 중 한 가지 또는 모두로 이런 종교의 목적을 이

---

[36] *Harijan*, 1937.3.6.

루고 자유로워져야 한다. 이것이 종교의 전부다. 교리, 신조, 의례, 책, 성전, 종교 형식, 모두 부차적인 것밖에 안 된다". 다시 말하면 "나는 과거의 모든 종교를 받아들이고 존경한다. 이를테면 각각의 종교에서 그들이 예배하는 신에게 나도 경배한다. 나는 이슬람교의 모스크로 갈 것이며, 그리스도교의 교회로 들어가서 그리스도의 십자가 앞에 무릎을 꿇을 것이다. 나는 불교의 법당에 들어가서 부처와 그의 법에서 위안을 얻을 것이다. 나는 숲으로 들어가 모든 사람의 마음을 비추는 빛을 발견하려 애쓰는 힌두교인과 함께 명상할 것이다. 『성서』, 『베다』, 『코란』 그리고 그 밖의 수많은 경전이 있으며 무수히 많은 장들이 여전히 펼쳐져 있다. 나는 그 모든 경전에 내 마음을 열어 놓을 것이다".[37]

2. 진리와 비폭력

간디는 세계 종교들이 여러 면에서 다르다 할지라도 세상에서 지속될 수 있는 것은 진리뿐이라고 입을 모아 주장하는 것을 확실히 믿었다. 한번은 이런 질문을 받았다. "만일 모든 종교가 진리라면 서로 상반되는 견해가 있을 때 당신은 어떻게 할 것인가?" 간디는 "진리를 찾아내는 것은 어렵지 않다. 왜냐하면 나는 어떤 근본 좌우명을 따르기 때문이다. 진리는 모든 것 위에 존재하기 때문에, 나는 진리와 상충되는 것을 거부한다. 마찬가지로 비폭력에 반대되는 견해는 거부되어야 한다. 이성으로 추론될 수 있는 문제에 대해 이성을 거스르는 것도 거부되어야 한다"고 대답했다.[38] 더 나아가 간디는 진리와 비폭력 문제를 통해 모든 종교들 사이의 기본적 일치를 발견할 수 있다고 주장했다. "그 만능 열쇠는 진리와 비폭력이다. 내가 이 만능 열쇠로 어떤 종교의 가슴을 열 때 다른 종교와의 유사성을 찾아내

---

[37] Swami Nikhilananda (ed.), *Vivekananda: The Yogas and Other Works*, New York: R.V. Center 1953, 658, 386.

[38] *Harijan*, 1937.3.6.

는 것은 어렵지 않다."[39]

간디에게 진리는 최고로 중요한 것이다. 그는 종종 자신이 좋아하는 산스크리트의 구절을 인용한다. "진리보다 더 고상한 종교는 없다"(satyānnāsti paro dharmaḥ). 그리고 진리에 이르는 길은 비폭력을 통해서다. 그는 이러한 종교적 원리를 실천했다. 그는 인간의 구원이 이러한 원리를 실천하는 데 달려 있다고 믿었다. 진리는 모든 존재의 근거이자 삶의 목적이다. 세계는 그러한 진리가 나타난 현상에 불과하다. 그리고 모든 존재는 거기서 나온 편린이다. 진리는 궁극적 실재며 "지고至高의 영"이다. 유신론자들은 그것을 신이라 부른다. 신을 정의하는 것이 어려울 수 있지만 "진리에 대한 정의는 모든 인간의 마음에 자리하고 있다. 진리는 그대가 이 순간에 참이라고 믿는 것이며 그것이 곧 그대의 신이다. 만일 어떤 사람이 이러한 상대적 진리를 경배한다면, 그는 분명 시간 속에서 절대 진리, 즉 신을 붙잡은 것이다".[40] 간디는 똑같은 "진리"가 인간의 불완전성과 한계 때문에 여러 사람에게 다른 형태로 나타났다는 것을 알았다. 그는 진리가 다른 모든 것보다 가치 있다고 생각하는 사람들에게서 나타나는 특징이 생각과 말과 행동의 일치임을 보았다. 간디는 "진리" 탐구의 열정 속에서 자신의 모든 것을 통일시키고자 노력했다.

간디에게는 정치와 도덕 모두 진리 추구의 연장이었다. 그는 진리가 인간의 모든 행위 속에 침투되어 실현되어야 한다고 생각했다. 미와 예술에 대한 그의 태도가 이를 증명한다.

나는 진리를 통해 미를 발견하고 또 본다. 모든 진리는 진실한 사상일 뿐 아니라, 진실이 가득한 얼굴이며 그림이고 노래여서 매우 아름답다. 진리에서 미를 보기 시작할 때마다 예술이 발생한다. 진리를 떠난 아름다움은 존

---

[39] *Ibid.*, 1940.7.13.

[40] *Diary of Mahadev Desai*, tr. Ramanarayan Chaudhary, Kashi: Akhil Bharat Sarva Seva Sangh 1961, vol.I, 249.

재하지 않는다. … 내 생각에 예수는 최고의 예술가였다. 왜냐하면 그는 진리를 보았고 표현했기 때문이다. 무하마드도 마찬가지다. 그들 모두 진리를 우선적으로 추구했기 때문에, 표현의 우아함이 자연스럽게 따라왔던 것이다. 그러나 예수도 무하마드도 예술에 대해 기록하지 않았다. 그것이 바로 내가 찾는 진리와 미다. 나는 그것을 위해 살고 죽으려 한다.[41]

간디는 진리를 존재sat, 인식cit 그리고 환희ānanda라고 보았다.

사티야satya, 즉 진리라는 단어는 "존재"를 뜻하는 사트sat에서 나왔다. 진리 외에 어떤 실재도 존재하지 않는다. 그것이 사트 혹은 진리가 신의 가장 중요한 이름이 된 이유다. 사실 신이 진리라고 말하는 것보다 진리가 신이라고 말하는 것이 더 옳다. 그러나 우리가 통치자나 장군 없이 살 수 없는 것처럼 "왕 중 왕"이나 "전능자"와 같은 신의 이름들은 남아 있을 것이며 앞으로도 자주 사용될 것이다. 그러나 깊이 생각해 보면 사트나 사티야가 유일하게 옳으며 가장 중요한 신의 이름이라는 것을 깨달을 것이다.

또한 진리가 있는 곳에 지식(인식), 곧 순수한 지식이 있다. 진리가 없는 곳에는 진정한 지식이 있을 수 없다. 그것이 바로 지트cit, 곧 지식이 신의 이름과 관련이 있는 이유다. 참된 지식이 있는 곳에 언제나 환희가 있다. 슬픔은 있을 곳이 없다. 진리가 영원할진대 거기서 오는 환희 또한 영원하다. 그러므로 우리는 신을 존재Sat-인식Cit -환희Ānanda로 안다. 그는 자신 안에 진리와 인식과 환희를 결합시킨다.

이러한 진리에 대한 헌신이 우리가 존재하는 유일한 이유다. 우리의 모든 활동은 진리를 중심으로 이루어져야 한다. 진리는 우리 삶에서 생명의 호흡이어야 한다. 순례자의 여정에서 일단 이 단계에 도달하면, 올바른 삶을 위한 모든 규범들은 별다른 노력 없이도 성취할 수 있을 것이며, 올바른 삶의

---

[41] *Young India*, 1924.11.20.

규칙에 자연스레 순종할 것이다. 그러나 진리가 없다면 삶의 어떤 원리나 규범을 지키는 것도 불가능하다.[42]

모든 영적 문헌은 진리가 완전한 삶이라는 건물의 가장 중요한 모퉁잇돌이라고 찬미한다. 『우파니샤드』에서는 "진리를 통해 진리에 이르는 길에 도달한다"고 말한다. 이러한 태도는 교리를 맹목적으로 받아들이거나 강요하는 것보다는 진리를 찾아가는 것으로, 종교적 경전들이 가르치는 진리를 단순히 비판하기보다는 체험하려는 태도다. 이러한 태도가 간디의 삶을 이끌었다. 이것이 그가 자서전을 『진리에 대한 나의 실험 이야기』*The Story of My Experiments with Truth*라 부른 이유이기도 하다. "진리는 가꾸면 가꿀수록 더 많은 열매를 맺는 거목과 같다. 진리의 광산을 더 깊이 캘수록 묻힌 보석을 더 많이 발견할 수 있으며, 그때 그 보석들은 그 어느 때보다 더 다양하고 유익하게 펼쳐져 있을 것이다."[43]

간디는 결코 자기 말이 유일한 진리라고 독단적으로 주장하지 않았으며 절대적인 의미에서 진리를 안다고 주장하지 않았다. 그는 인간이 진리를 완전히 알 수는 없으므로 진리를 계속 탐구해야 한다는 것을 거듭 상기시켰다. 간디는 그가 알고 있는 진리를 다른 사람들에게 강요하려고 하지 않았다. 아주 겸손히 "나에게는 지금 내가 보는 이것이 진리다"라고 했다. 그는 또한 일관된 마음으로 진리와 부합되게 행동하고자 했다. 간디는 인간이 덧없이 사라질 감각적 대상들에 현혹되지 않을 때만이 진리를 볼 수 있다고 주장했다. 누구나 선입관과 편견에서 자유로워야 한다. 오직 그때만이 인간은 진리를 얻을 수 있다. 이것이 간디에게 아힘사ahiṁsā(비폭력) 서약을 하도록 해 주었다. 그는 "진리를 향한 행진에서는 분노, 이기심, 증오 등이 자연적으로 없어진다. 그렇지 않으면 진리를 얻을 수 없기 때문이다. 정욕에 마음이 흔들리는 사람도 충분히 좋은 의도를 가질 수 있고 말이 진

---

[42] *Young India*, 1931.7.30.

[43] M.K. Gandhi, *An Autobiography*, 268, vide ante.

실할 수도 있지만, 결코 진리를 발견하지는 못할 것이다. 성공적인 진리 탐구는 사랑과 증오 그리고 행복과 불행의 중압에서 완전히 벗어나는 것을 의미한다"고 했다.[44] 그는 또한 진리를 탐구하는 데는 용기가 필요하며, 어떤 것을 두려워하는 것과 진리 탐구는 서로 양립할 수 없다고 생각했다.

네루는 이 시점에서 이와 밀접히 관련된 중요한 진술을 한다.

> 궁극적 실재로서의 진리가 존재한다면 그것은 반드시 영원 불멸 불변해야 한다. 그러나 그 영원하고 무한하며 변하지 않는 진리는 유한한 인간의 생각으로는 완전히 깨달을 수 없다. 진리는 아무리 탐구해도 부분적으로만 이해될 수 있을 뿐이다. 그것은 시간과 공간에 그리고 그 당시 사상의 발전 상태에 제약을 받고, 또한 그 시대에 통용되는 이데올로기의 제약을 받기 때문이다. 생각이 발전하고 넓어지고 사상이 변함에 따라 새로운 상징들이 나타나 진리를 표현하곤 한다. 그러므로 진리의 핵심은 같을지라도 진리의 새로운 면들이 드러난다. 진보하는 인간의 사상 및 삶의 발전과 계속 보조를 맞추기 위해 진리는 이해되도록 가르쳐지고 새로워지고 재형성되고 발전되어야 한다. 오직 그럴 때만 살아 있는 진리가 되어 인간이 갈망하는 욕구들을 채워 주며 현재와 미래의 삶에 지침을 제시한다.[45]

자신만이 진리를 소유하고 있으며 그들의 종교가 신에게 이르는 유일한 길이라고 생각하는 사람들은, 진리의 무한한 측면에서 오직 한 면만 보는 것이다. 간디는 말한다. "우리가 육체를 가지고 있는 동안에는 절대적 진리에 도달할 수 없다. 우리 각자는 진리를 자신의 시각에서 보기 때문에 진리의 단편들만 볼 뿐이다. 일반적으로 신은 각 개인에게 다른 모습으로 나타나지만 신은 여전히 '하나'다. 신인 진리도 이와 마찬가지다. 유한한 존재인 우리 사이에 무한한 진리에 관한 의견 차이가 있음은 당연하다. 왜냐

---

⁴⁴ *Ibid.*, 428.

⁴⁵ Jawaharlal Nehru, *Autobiography*, 486, vide ante.

하면 진리에 대한 개인의 관념이 오류로 인해 오염되기 쉽기 때문이다. 그러므로 우리가 진리라고 믿는 것을 다른 사람들이 받아들이도록 강요하거나 폭력을 행사해서는 안 된다. 다른 한편으로 우리는 다른 사람을 자유롭게 내버려 두어야 하며, 우리 자신만 확신으로 묶어 두어야 한다."[46]

진리와 비폭력은 불가분의 관계다. "비폭력이 나의 신이며 진리가 나의 신이다. 내가 비폭력을 찾을 때 진리는 나에게, '나를 통해서 아힘사를 발견하라'고 말한다. 내가 진리를 찾을 때, 아힘사는 나에게, '나를 통해서 진리를 발견하라'고 말한다."[47] 간디는 악과 거짓으로 점철된 세상에서 진리와 비폭력의 삶을 살았다. 그는 개인적으로나 사회적으로 깨끗하지 못한 사람들의 미움과 중상모략을 참아야 했다. 그러나 그는 그들 모두를 사랑했다. 간디에게 비폭력은 부정적인 것도 수동적인 것도 아니었기 때문이다. 그것은 역동적인 개념이었다. 진실로 그것은 사랑을 방해하는 모든 것 ― 욕심, 부, 특권, 힘, 잔인함, 부패 그리고 위선 ― 을 반드시 근절시키는 능력이 있었다. 비록 비폭력 사상이 불교와 자이나교만큼이나 오래되었지만 인류 역사에서 그만큼 비폭력 사상을 진리 수호의 큰 힘으로 만든 사람은 없었다. 미물에게조차 손상을 입히는 것은 신에 대한 범죄이며 보편적 도덕법을 어기는 것이라고 간디는 굳게 믿었다.

간디는 실천적 이상주의자였다. 그는 인간이 폭력이라는 커다란 불길 속에 갇혀 있다는 것을 알았다.

> 생명은 생명을 먹고 산다는 속담은 깊은 의미를 담고 있다. 사람은 한순간도 의식적이든 무의식적이든 생명을 파괴하는 힘사himsa, 곧 폭력 없이는 살 수 없다. 사람이 먹고, 마시고, 움직이는 데는 필연적으로 약간의 폭력이 따른다. 그러나 그것을 아주 최소화해야 한다. 만일 그의 모든 행동이 연민에서 비롯되어 최대한 미물들을 죽이지 않고 구해 주며 폭력의 소용돌이에

---

[46] M.K. Gandhi, *op. cit.*, 6.

[47] *Young India*, 1925.6.4.

서 해방되도록 끊임없이 노력한다면, 그의 비폭력적 생명 경외 신앙은 진실한 것이다. 그런 사람은 앞으로도 자신을 더 절제하고 동정심이 더 많은 사람이 될 것이다. 그렇다고 폭력에서 완전히 벗어나지는 못할 것이다.[48]

위대한 종교의 모든 예언자들은 하나같이 비폭력, 곧 사랑을 최고로 생각했으며, 인간은 오직 아힘사의 기초 위에서만 살아갈 수 있고 발전할 수 있다고 보았다. 만일 신이 만물 안에 깃들어 있다면 모든 생명체는 구원되어야 하며 어떤 생명체도 손상을 입어서는 안 된다. 고통에서 구원하는 것은 행복하게 해 주는 의무만큼 중요하다. 만일 신이 진리라면 비폭력은 신을 깨닫는 방법이다. 간디에 의하면 "예언자와 화신化身들은 비폭력을 가르쳤다. 그들 중 누구도 폭력을 가르치지 않았다. 폭력은 가르칠 필요가 없다. 동물로서의 인간은 폭력적이지만 영적 존재로서의 인간은 비폭력적이다. 인간은 비폭력으로 가든지 파멸로 가든지 둘 중 하나다. 그런 이유 때문에 예언자와 화신들은 진리·조화·형제애·정의 등 비폭력의 모든 덕목을 가르친 것이다".[49]

최고의 영적 목표인 완전함은 오직 비폭력을 통해서만 성취될 수 있다. 그러므로 완전함이란, 모든 만물에 내재한 영을 깨닫고, 폭력은 이러한 진리를 위반하는 것이며 완전에 도달하는 길은 오직 비폭력을 통해서만이 가능하다는 것을 깨닫는 데 있다. 비폭력은 진리를 표현하는 방식이다. 세계의 종교 지도자들은 이러한 덕을 실천할 것을 강조했다. 『베다』에서는 "어떤 존재도 해치지 마라"고 했다. 붓다는 "사랑으로 분노를 이기고, 선으로 악을 이기고, 너그러움으로 탐욕을 이기고, 진리로 거짓을 이기라"고 가르쳤다. 예수는 "원수를 사랑하시오. 미워하는 사람에게 잘해주고 저주하는 사람을 축복하며 헐뜯는 사람을 위해 기도하시오"(루가 6.27-28)라고 선포했다. 초대교회 교부는 "폭력은 하느님에게서 나온 것이 아니다"라고 말했

---

[48] M. K. Gandhi, *An Autobiography*, 348, vide ante.

[49] *Harijin*, 1940.8.11.

다. 이슬람교의 예언자는 "형제를 위해 함정을 파는 자는 스스로 거기에
빠진다"고 했다. 간디는 말한다. "비폭력과 진리는 섞여 있어서 서로 구분
하는 것은 불가능하다. 그것은 동전의 양면과 같고 문양 없이 매끈한 금속
원반과 같다. 누가 앞뒷면을 구분할 수 있겠는가? 그렇지만 비폭력은 수단
이고 진리는 목적이다. 수단이 수단이 되기 위해서는 반드시 우리가 할 수
있는 것이어야 한다. 그래서 비폭력은 우리의 최고 의무다. 만일 우리가
수단에 충실하면 곧 목적에 도달하게 될 것이다."[50]

비폭력은 연민이며 자기 희생이다. 그것은 확실히 두려워하지 않는 것이
다. 물론 어떤 허세를 부리라는 것은 아니다. 그것은 잘 훈련된 의로운 정
신을 표현하라는 의미다. 간디는 "살상을 경멸하고 진리를 위해 기꺼이 죽
을 수 있는 강자의 비폭력"을 옹호했다. 그는 덧붙여서 "비폭력이 강한 힘
을 가지려면 정신과 더불어 출발해야 한다. 정신의 협조 없는 육체만의 비
폭력은 약자나 겁쟁이의 비폭력이다. 그러므로 힘이 없다. 우리가 가슴속
에 살의와 미움을 품고 겉으로는 그렇지 않은 체한다면 반드시 우리에게
되돌아와 우리를 파멸시킬 것이다"라고 했다.[51]

인간은 본질적으로 영적이며 육신은 영성을 표현하는 데만 사용해야 한
다. 인간을 잔인하게 만드는 모든 행위가 악이다. 사실 인간의 구원은 진
리와 비폭력을 행할 때 가능한 것이다. 간디는 인간이 살아 있는 정치적·
사회적 무기로 사용될 수 있다는 것을 보여 주었다. 신이 만물의 창조자라
면, 세상 종교가 가르치는 대로 "원수를 사랑하라"(마태 5.44)는 말은 당연한
결론이다. 이웃에 대한 의무를 소홀히 하고 사람을 섬기지 않는다면 우리
의 기도와 예배는 헛된 것이다. "비폭력의 종교는 단순히 현인rishis과 성자
들만을 위한 것이 아니다. 그것은 보통 사람들에게 똑같이 적용된다. 폭력
이 물리적인 힘밖에 모르는 야만인의 법인 것처럼 비폭력은 우리의 법이
다. 인간 존엄성은 더 높은 법, 영의 힘에 순종할 것을 요구한다. … 역동

---

[50] M.K. Gandhi, *From Yervada Mandir*, tr. V.G. Desai, Ahmedabad: Navajivan 1965, 13.

[51] *Young India*, 1931.4.2.

적 상태의 비폭력은 의식적 고통을 의미한다. 그것은 악행자의 의지에 순순히 굴복하는 것이 아니라 모든 정신력을 동원하여 폭군의 의지에 대항하는 것이다. 이러한 법 아래서 활동할 때 단독자로서 부정한 왕국의 모든 힘에 도전하여 그의 명예를 회복하고 종교를 되찾고 부정한 왕국의 멸망과 새 왕국의 탄생을 위한 기초를 놓는 것이 가능하다."[52]

간디가 폭력을 반대한 이유는 그것이 진리를 파괴하기 때문이다. "폭력을 사용하여 선을 행하는 것은 일시적이며 그 악은 영원히 존재한다."[53] 비폭력, 곧 사랑은 진실한 행동과 사회정의를 가늠하는 유일한 표준이다.

> 진정한 종교적 가르침의 본질은 모든 사람에게 봉사하며 도와야 한다는 것이다. 나는 이것을 어머니 무릎에서 배웠다. 그대는 나를 힌두교 신자라고 부르려 하지 않을지도 모른다. 나는 이크발Iqbal의 유명한 노래 한 구절을 인용하여 나를 변호하고자 한다. 'Majhab nahînsikhātā āpas men bair rakhnā'('종교는 우리 각자에게 악의를 품으라고 가르치지 않는다'). 친구들에게 친절하기는 쉽다. 그러나 자신을 적으로 생각하는 사람에게 잘하는 것이 참된 종교의 진수다. 그 외의 것은 그저 연극일 뿐이다.[54]

간디는 사람이 생각과 말과 행동으로 폭력을 행하지 않으면 스스로 진리를 얻을 뿐 아니라, 그 진리를 다른 사람에게 전하게 된다고 생각했다. 왜냐하면 비폭력은 진리에 도달하는 수단이자 진리의 일부이기 때문이다.

3. 신의 개념과 실재

임마누엘 칸트는 종교가 다루는 세 가지 근본 주제는 신, 의지의 자유, 영혼 불멸이라고 주장한다. 이 중 가장 중요한 주제는 신이다. 칸트는 『실천

---

[52] *Ibid.*, 1920.8.11.

[53] *Ibid.*, 1925.5.25.

[54] *Harijan*, 1947.5.11.

이성비판』*Kritik der praktischen Vernunft*에서 신 존재를 도덕적 근거로 받아들이지만, 『순수이성비판』*Kritik der reinen Vernunft*에서는 신 존재에 대한 합리적 증명을 거부한다. 사실 신 존재에 관한 문제는 지적·합리적 성찰로만 해명될 수 있는 사안이 아니다. 그것은 실천적인 물음이다. 여러 세속 환경에 압박받는 영혼은 신앙으로 자유롭기를 바란다. 그리고 신앙을 통해 영혼이 추구하는 신을 만난다.

간디는 신에 대한 믿음에 관한 어느 특파원의 질문에 이렇게 대답한다. "자명하고 확실한 것도 있지만 전혀 증명될 수 없는 것들이 있다. 신의 존재는 기하학적 공리와 같다. 그것은 우리의 마음으로 알 수 있는 이상의 것이다. 합리적 설명으로는 살아 있는 신에 대한 믿음을 그대에게 줄 수 없기에 지적 시도는 대체로 실패한다. 왜냐하면 그것은 이성의 범위를 넘어서는 것이기 때문이다. 그것은 이성을 초월한다. 신의 존재를 추론할 수 있는 현상들은 많다. 그러나 나는 그대에게 이성적인 설명을 제공함으로써 그대의 지성을 모욕하고 싶지는 않다. 오히려 하느님에 대한 어린아이처럼 단순한 믿음으로 시작할 것이다. 내가 존재한다면 하느님도 존재한다. 많은 사람들과 마찬가지로 내게도 신의 존재는 필수적이다. 그들은 신의 존재에 대해서 말할 수 없을지 모르지만, 신이 그들 삶의 일부라는 것을 그대는 그들의 삶을 통해 알 수 있다. 나는 그대가 마음속에 잠재된 믿음을 회복하기를 바랄 뿐이다. 그러려면 이성을 현혹시키는 많은 책일랑 잊어야 한다. 그리고 자신을 버려야 한다. 우리는 아무것도 아니며 이 세상에서 원자보다 더 작은 존재라는 것을 겸손히 인정하는 믿음으로 시작하자. 우리는 원자보다 못한 존재다. 왜냐하면 원자는 자연법칙에 순응하지만 인간은 무지한 오만으로 자연법칙을 어긴다. 그러나 내겐 믿음 없는 자들을 설득할 만한 논증이 준비되어 있지 않다."[55]

라다크리슈난에 의하면 "체험한 사람들은 신의 존재를 느끼지 그것에 대

---

[55] *Young India*, 1931.9.24.

해 논쟁하지 않는다. 미약하고 연약한 존재지만 홍수처럼 밀려오는 큰 기쁨에 잠길 뿐이다".[56]

'신'이라는 단어로 사람들은 대개, 초자연적이고 거룩하며 아주 강한 힘을 가진 영적 존재, 사람의 운명을 다스리는 분을 의미한다. 그들은 신을 창조주, 도덕법을 주는 분, 재판관으로 여기며 무소부재無所不在하시고 인간 안에 내재하는 존재로 믿는다. 신에 대한 믿음에 강한 반감을 표시하는 사람들은 특별한 신 관념을 가지고 있는데, 그들은 어려서부터 자연스럽게 배워 형성된 신 개념에 반대한다. 예를 들면 다윈이 진화론을 발표했을 때 많은 신학자들은 놀랐다. 그들은 다윈이 창조주를 살해했다고 소리쳤다. 신이 몸소 지은 세상을 버린 것처럼 보인다면 그것은 신에 대해 잘못된 생각을 가지고 있거나 잘못된 입장에서 신을 찾았기 때문이다. 그는 우리 안에 거하시며 우리와 함께하신다. 그러나 우리는 그를 지나쳐 버린다.

간디는 이렇게 말한다. "나는 신이 매일 모든 인간에게 자신의 모습을 드러내신다는 것을 확실하게 믿는다. 그러나 우리는 신의 '낮은 목소리'에 귀기울이지 않는다. 우리 앞에 있는 신의 '불기둥'을 보지 못한다. 나는 신의 무소부재하심을 깨닫는다."[57]

우리의 통상적 종교 교리들이 붕괴되는 와중에 우리에게 맞는 새로운 신 개념이 필요하다. 그는 우리 안에 거하시며 우리 밖에도 거하신다. 그는 우리 안에서 가장 잘 이해될 수 있다. 유명 종교들은 신을 높여서 범접할 수 없고 이해할 수 없는 분으로 만든다. 여러 가지 신 개념들이 있다. 어떤 신자들은 신이 형상과 속성을 모두 가지고 있다고 생각한다. 다른 사람들은 신이 형상은 없고 속성만 가지고 있다고 말한다. 또 다른 신자들은 신을 하나의 인격적 현상으로 주목하면서도 비인격성을 강조하며 전자를 후자의 현현으로 여긴다. 그러나 대개는 그들의 신앙을 지탱해 주는 특정한 형상이나 현상을 통해 신에게 기도하고 예배드린다. 사실 신의 이름이 중

---

[56] *Religious Digest*, January-March, 1961.

[57] *Young India*, 1921.5.25.

요한 것은 아니다. 신이 세상을 다스리는 의로운(ṛta, 리타) 영으로 생각되면
그것으로 충분하다. 모든 민족에 있어서, 우주의 질서를 다스리는 신은 인
간의 도덕 의식이 각성되면서 도덕성의 징표를 드러내기 시작한다. 바로
신비 체험의 동일성이 이 진리를 증명한다. 그리스도인은 그리스도를 예배
함으로써 신에게 도달하고, 비쉬누 신자Vaiṣṇava들은 비쉬누를 예배함으로
써, 무슬림은 알라를 예배함으로써 신에 이른다. 그러나 여러 이름으로 불
려질지라도 궁극적 대상은 하나다.

간디는 말한다. "신에 대한 수많은 정의들이 있는 건 신이 무한히 많은
현상들로 나타나기 때문이다. 그것들은 나를 놀라움과 경이로 압도하여 순
간, 정신이 아득해질 때가 있다. 그러나 나는 신을 오직 진리로 예배한다.
…"[58] 또 말하기를:

> 나에게 신은 진리요 사랑이다. 도덕이고 윤리다. 신은 용기다. 신은 빛과
> 생명의 본질이다. 그러면서 이 모든 것을 초월한다. 신은 양심이다. 신은
> 심지어 무신론자의 무신론에도 존재한다. 그분은 무한한 사랑으로 무신론자
> 에게도 삶을 허락하기 때문이다. 그는 마음을 감찰하는 분이다. 그는 언어
> 와 이성을 초월한다. 그는 우리 마음을 우리 자신보다 더 잘 안다. 신은 우
> 리의 말로 우리를 대하지 않는다. 왜냐하면 의식적으로든 무의식적으로든
> 우리가 한 말의 의미를 때로는 우리 스스로도 벗어난다는 것을 그가 알기
> 때문이다. 인격적 존재를 필요로 하는 사람들에게 그는 인격신이다. 신은
> 그와의 접촉을 필요로 하는 사람들에게 나타난다. 그는 가장 순수한 본질이
> 다. 믿는 사람들에게 그는 존재한다. 그는 모든 사람에게 모든 것이다. 신
> 은 우리 안에 있으면서 우리 위에 있고 우리를 초월해 있다. … 그는 우리
> 가 우리 이웃들 ― 사람과 짐승 ― 을 재는 자로 똑같이 우리를 잰다. 그에
> 게 무지는 허용되지 않는다. 그는 항상 우리에게 회개할 기회를 주면서 우

---

[58] M.K. Gandhi, *An Autobiography*, 4, vide ante.

리를 끝까지 용서한다. 그는 세상이 아는 가장 위대한 민주주의자다. "자유롭게" 선과 악을 판단할 기회를 우리에게 주기 때문이다. 그는 역사상 가장 위대한 전제군주다. 그는 종종 우리 입술에서 잔을 빼앗고 자유의지를 구실로 우리에게 여지를 허락하지만 이 여지는 너무도 부족해서, 우리를 제물 삼아 자신의 즐거움으로 삼을 뿐이다. 그러므로 힌두교에서는 그와 같은 신의 행위를 유희līla 혹은 환상Māyā이라 부른다. 우리와 달리, 그는 홀로 존재한다. 우리가 존재하려면 영원히 그를 찬양해야 하며 그의 뜻을 받들어 행해야 한다. 그의 피리bansi에 맞추어 춤을 추자. 그러면 모든 일이 잘될 것이다.[59]

시대를 통틀어 신비주의자들은 신을 생명과 사랑과 무한으로 느끼고 체험해 왔다. 그들에게 신은 남들이 외부 세계를 지각하는 만큼이나 실제적이다. 신 혹은 진리의 직접적 체험은 모든 종교의 근본이다. 그것은, 루돌프 오토가 "두렵고 매혹적인 신비"mysterium tremendum et fascinans라고 설득력 있게 말했듯이, 성스러움을 인식하는 것이다. 그것은 끌어당김과 밀어냄, 추어올림과 끌어내림, 환희와 두려움을 역설적으로 체험하게 하는 더 높은 실재의 가시적 현존이다. 이러한 성스러움의 인식은 모든 종교에 공통된 영적 기반이다. 신은 신비하며 미지의 힘이고 두려우면서 친밀하고, 자연의 생산력과 삶과 죽음을 통해 자신을 드러낸다. "신은 세상을 만들고 우리를 만들었다. 그는 의와 정의를 요구한다. 그러나 궁극적으로 그는 인간을 향해 있고 그들의 기도에 친절히 응답한다."[60]

간디는 신을 단순히 추상적인 관념으로 보지 않았다. 신은 간디에게 살아 있는 존재일 뿐 아니라 내적인 음성이었다. 신이 세상의 모든 위대한 성인과 신비주의자, 종교 창시자들에게 나타났던 것처럼, 신의 위엄과 신비는 예나 지금이나 변함없다. "만물에는 정의할 수 없는 신비한 힘이 존

---

[59] *Young India*, 1925.3.5.

[60] G.T.W. Patrick, *Introduction to Philosophy*, Boston: Houghton Mifflin Co. 1924, 171.

재한다. 나는 그것을 보지는 못하지만 느낀다. 느껴지되 모든 증명을 무시
하는 것이 이런 보이지 않는 힘이다. 그 힘은 나의 감각으로 지각할 수 있
는 것과는 매우 다르기 때문이다."[61]

분리되지 않고 분리할 수도 없는 하나의 영이 있는데 그는 위에도 있고
아래에도 있으며, 내재하면서 밖에도 있고, 시작도 없으며 끝도 없다. 이
생각은 모든 종교의 근본이다. 신은 법이며 법을 내리는 자다. 테라바다
불교Theravāda Buddhism(상좌불교)에서 다르마, 즉 법 자체는 지고하다. 종교의
진정한 신은 감각 경험을 초월하며 신에 대한 인간의 모든 인식을 먼지 속
으로 던져 버린다. 간디는 말했다. "나는 내 주위에 있는 모든 것이 변하고
죽고 하는 동안에, 그 모든 변화 뒤에 변하지 않는, 살아 있는 힘을 희미하
게 인식한다. 그 힘은 하나로 묶어 주고 창조하고 해체시키고 재창조한다.
그러한 힘, 혹은 영이 바로 신이다. 내가 감각을 통해 보는 모든 것은 영원
하지 않으며 오직 신만이 영원하다."[62]

인간의 도덕성 함양에 힘써 왔던 위대한 예언자들은 신이 가장 동정심이
많고 인자하며 자비로운 분이라는 것을 알려 주었다. 신은 인간이나 동물
의 희생제사를 요구하지 않는다. 그가 요구하는 것은 사람들이 의롭게 사
는 것이며 그가 받아들이는 유일한 제사는 순수하게 참회하는 심령이다.
이것이 모든 예언자들의 가장 값진 가르침이다.

신으로서의 궁극적 진리를 인격화하는 데는 기도와 예배가 필수적이다.
신이 최고 인격이라는 생각은 대부분의 유신론 전통의 핵심이다. 인간의
사고로는 추상 관념을 이해하기 어렵기 때문에 신의 인격화가 필요하다.
그러므로 많은 종교가 어떤 인격적 신성에 몰두하는 경향이 있다. 인격신
을 믿는 사람들에 의하면 사랑은 "생명"의 법이다. 신은 모든 존재의 "창조
자"이며 스스로 사랑의 속성을 지닌다. 신도들은 저마다 각기 다른 목적을
위해서 자기가 좋아하는 형태의 신Iṣṭadevatā을 자유롭게 선택한다. 그러나 그

---

[61] *Young India*, 1928.10.11.

[62] *Ibid.*, 1928.10.11.

것은 신 관념의 다양성이 잘못된 것이라는 뜻이 아니다. 저마다 자신의 신에 확신을 가지고 영적으로 성장하는 것은 바람직한 일이다. 형태가 있는 신도 형태가 없는 신만큼 진실하다. "나는 기도할 때 성상聖像을 금하지 않는다"고 간디는 말한다. "나는 형식 없는 예배를 더 선호하지만 이 태도가 부적절할지도 모른다. 누구에게는 이것이 어울리고, 다른 사람에게는 저것이 어울릴 수 있다. 둘 사이에 공정한 비교가 이루어지기는 어렵다."[63]

비록 신이 인간적 속성의 여러 한계를 지니지는 않았지만 신이 하나의 인간이라는 진술은 일반적으로 신이 이성과 의지를 지닌 자로 이해된다는 것을 의미한다. 사실 신을 창조자라고 말하는 것은, 그가 우주의 영원한 근원이며 우주와 인간의 존재를 궁극적으로 설명해 준다는 사실을 긍정하는 것이다. 우리가 보아 왔듯이 간디는 최고 존재를 진리라고 정의했고, 진리를 모든 존재의 근거이자 삶의 목적이라고 생각했다. "나는 신을 인간이라고 생각하지 않는다. 나에게는 진리가 신이다. 그리고 지상의 왕과 그의 법은 일치하지 않지만 신의 법과 신은 일치한다. 신은 법 그 자체다. 그러므로 신이 법을 파괴한다고 생각하는 것은 불가능하다."[64]

신의 영광은 모든 풀잎과 살아 있는 영혼에 존재한다. 신을 예배하는 것은 내적 자아를 발견하고 그 의미를 찾는 것이다. 간디는 말했다. "우리가 신은 아닐지라도 작은 물방울이 대양의 일부를 이루듯 우리도 신에게 속한다. 물방울이 대양에서 튕겨져 나와 수백만 마일 밖으로 흘러가는 것을 상상해 보라. 그 세력은 약화되어 대양의 힘과 위엄을 느낄 수 없다. 그러나 누군가 그 물방울이 대양에서 온 것이라는 것을 일러 준다면, 믿음이 되살아나 기뻐 춤출 것이며 대양의 힘과 위엄이 물방울 안에 드러날 것이다."[65]

인간의 신 관념은 끝이 없고 끝이 있을 수도 없다. 그것은 계속 발전하고 변화한다. 존재의 의미와 가치는 신 안에 뿌리박고 있어서 어느 특정

---

[63] *Diary of Mahadeva Desai*, Ahmedabad: Navajivan Publishing House 1953, vol.I, 168.

[64] *Harijan*, 1939.12.2.

[65] *Ibid.*, 1939.6.3.

집단이 만든 의미 형식을 넘어선다. 신은 어떤 개인이나 집단의 관념에 갇혀 있을 수 없다. 신앙은 신을 가리킬 수 있지만 신을 반드시 포함하는 것은 아닌 듯하다. 간디에 의하면 신에게 수천의 이름이 있어도, 신은 하나이며 모두에게 똑같다. "이슬람교의 알라는 그리스도인의 하느님과 힌두교도의 이쉬바라와 똑같다. 힌두교에 수많은 신 이름이 있는 것처럼 이슬람에도 수많은 신 이름이 있다. 그 이름들은 개성이 아니라 속성을 가리킨다. 보잘것없는 인간은 전능한 신에게 특성을 부여함으로써 묘사할 수도 측량할 수도 없는 신의 모습을 표현하려고 했다. 이러한 신을 믿으며 산다는 것은 인류가 한 동포라는 것을 받아들인다는 의미다. 그것은 또한 모든 종교를 같은 존경심으로 대한다는 것을 의미한다."[66]

간디는 또 이렇게 썼다. "신은 확실히 한 분이다. 그에게 둘째 신은 없다. 그는 심오하고 알 수 없으며 인간에게 알려져 있지 않다. 그는 어디나 존재한다. 눈이 없어도 보고 귀가 없어도 듣는다. 형태가 없어서 나눌 수도 없다. 그는 창조되지 않았으며 부모자식도 없다. 그는 가축도 돌도 아니면서 자신을 가축과 돌로 경배하도록 허락한다. 그는 가장 알기 어려운 존재다. 그는 우리가 몰라도 가장 우리 가까이 있다. 그러나 우리가 그의 무소부재함을 알려고 하지 않으면 우리에게서 가장 멀리 떨어져 있다."[67]

신 관념은 모든 민족들에게 같지 않으며 시간과 장소에 따라 다르다. 신 관념 자체는 인간의 정서적·지적·영적 삶이 발전함에 따라 진보한다. 지식의 발전과 함께 신 관념은, 지금은 잠재적이지만 궁극적으로는 실현될 삶의 창조성과 보람을 의미하게 될 것이다. 그러므로 그것은 인류가 공동으로 소유하며 또 그래야 한다. 간디는 이렇게 설명한다. "무슬림은 오직 알라뿐이라고 말한다. 그리스도인들도 똑같이 말한다. 힌두교도들도 마찬가지다. 심지어 불교도들도 표현은 다르지만 똑같은 말을 한다. 우리는 이 조그마한 지구뿐 아니라, 그와 같은 수백, 수억의 우주를 포괄하는 '신'에

---

[66] *Ibid.*, 1938.8.12.

[67] *Young India*, 1925.9.25.

대해 제각각의 해석을 내리고 있는지 모른다. 우리처럼 보잘것없는 피조물 — 신이 우리를 그렇게 만들었다 — 이 그의 위대함, 무한한 사랑, 무한한 자비를 어떻게 측량할 수 있겠는가? 신은 인간이 그를 오만하게 부인하도록 허락하며 그에 대해서 논쟁하고 동료들을 죽이는 것까지도 내버려 둔다. 우리가 어떻게 '그토록 관대하고 신성한' 신의 위대함을 측량하겠는가? 이렇듯 우리가 같은 말을 할지라도 모든 사람에게 같은 의미를 가지는 것은 아니다."[68]

4. 보편 윤리

간디가 이해한 도덕법은 인생과 우주 만물을 다스리는 영원불변의 법이다. 그는 도덕법을 믿는 모든 사람을 하나의 형제로 대했다. 종교religion(라틴어 religio — 역자 주)라는 단어의 원래 의미는 "묶어 주는 것"이다. 같은 뜻을 지닌 산스크리트어 다르마dharma의 근본 의미는 "붙들어 주는 것"이다. 인도 사상에서 다르마는 종교와 도덕 모두를 의미한다. 다르마는 사회와 개인을 지탱해 준다. 도덕이 살아 있는 사람에게 체현되면 그것이 종교가 된다. 간디는 한때 도덕을 종교적 삶의 가장 중요한 특징으로 생각하곤 했다. 그러나 나중에 그는 도덕을 종교의 핵심으로 생각하기 시작했다. 체험을 통해 그는 도덕적 가치를 인식하는 것이야말로 신에 대한 믿음보다 더 보편적이고 명확한 것이라는 것을 깨달았다. 역사적으로 종교는 신 관념이 도덕적 삶의 근거로 작용했던 여러 방식들을 보여 준다. 종교는 신 관념을 인간의 일상적 삶과 연관시킨다. 선한 삶은 인류에게 다른 어떤 것보다 더 절실하다. 그것이 종교가 인간에게 중요한 이유다. 간디가 인도 안팎에서 만난 사람들은 형식적으로 신을 믿지는 않았지만 도덕적 가치를 숭상하고 있었다. 그래서 그는 실천적 종교 정신이 도덕이라고 여겼다. "만인이 같

---

[68] *Ibid.*, 1927.12.8.

은 도덕법 아래 있다는 것을 생각하면, 인류는 하나다. 신의 눈으로 볼 때 모든 사람은 동등하다."[69]

간디는 "도덕은 만사의 기본이며 진리는 도덕의 실체다"라고 자서전에 썼다.[70] 도덕이 실천 종교의 근본 요소로 인식되자, 기본적으로 같은 도덕 원리를 공유하는 모든 종교가 근본적으로는 자연히 하나다. 간디에 의하면 종교의 임무는 도덕법이 인간과 국가를 지배한다고 선언하는 것이다. 화이트헤드는 "개인의 가치와 인격은 종교에서 나온다"고 했다.[71]

간디는 사람들이 개성과 창조성을 더 깊이 표현하기 위해 도덕적·영적 노력을 더 기울여야 한다고 생각했다. 그는 종교 교리와 도덕적 명령 사이에 갈등이 있다면, 과거에 형성된 종교 교리는 인간의 도덕적 진리를 포용하기 위해 반드시 수정·보완되어야 한다고 보았다. "도덕이 누군가에게 아무 상관이 없다면 그가 특별한 방식으로 교회·모스크·사찰에서 드리는 예배 형식은 빈 껍데기일 뿐이다. 심지어 그것은 개인의 성장과 사회 발전에 방해가 될 수도 있다. 특정 형식의 강조나 신조를 암송하는 것은 유혈 논쟁의 잠재적 원인이 될 수도 있고 종교, 즉 신 자체에 대한 철저한 불신으로 귀결된다."[72] 어떤 사람의 종교는 지적인 믿음에 의해서가 아니라, 그 사람의 성격이나 기질에 의해 판단된다. 믿음이 아니라 그 열매로 우리는 그를 안다.

간디는 인간이 본질적으로 영적 존재라고 말했다. 이러한 자질들이 인간에게 천부적으로 부여되지 않는다면, 아무도 도덕적·영적이 될 수 없다. 자기의 천성을 깨닫는 것은 각자에게 달려 있다. 그래서 사드하나sādhanā(영적 훈련)는 필수적이다. 도덕적·영적인 것은 의미 있는 삶의 필수 요소다. 도덕적으로 행동하려고 노력하는 모든 사람은 반드시 신앙에 따라 행동해야

---

[69] M.K. Gandhi, *Ethical Religion*. tr. Rama Iyer, Madras: A. Ganeshan & Co. 1921, 47.

[70] M.K. Gandhi, *An Autobiography*, 37, vide ante.

[71] A.N. Whitehead, *Religion in the Making*, 17, vide ante.

[72] *Harijan*, 1937.1.30.

한다. 모든 행위가 신의 법에 따라 행해져야 한다는 인식이 있어도 어떤 행동이 건설적일지 파괴적일지 확실하게 알 길은 없다.

위대한 예언자들은 신이 도덕과 관계없는 존재나 맹목적 에너지가 아니라 살아 있는 영, 즉 도덕적 의지라고 가르쳤다. 신은 의롭고 신의 자녀들이 선하기를 요구한다. 종교는 대개 영신 수련 혹은 윤리적 수양과 관련이 있다. 부처는 순수한 도덕성을 열반Nirvāṇa의 수단으로 강조했다. 예수 그리스도는 "복되도다, 마음이 깨끗한 사람들! 하느님을 뵙게 되리니"(마태 5,8)라고 했다. 간디는 사람들이 모범적인 삶을 살기를 원했다. 그는 각 종교의 도덕 법전들이 아주 유사하여 모두 일정한 형태의 도덕을 강조한다는 것을 보여 주었다. 이것이 "윤리적 종교"라는 그의 이념의 시초였다. 그는 1912년 『네티 다르마』Neeti Dharma라는 소책자에 이러한 사상을 발표했다. 그는 신의 뜻을 아는 데 윤리적 삶의 기초에 대한 이해 없이는 정확한 윤리가 있을 수 없다고 주장했다. 종교사에서 각각의 도덕적 단계들은 신의 개념을 더 깊이 알도록 했다. 그리고 매 단계마다 삶의 도덕적 기초들을 더욱 공고히 했다. 간디는 『윤리적 종교』Ethical Religion에 이렇게 썼다.

> 종교는 도덕과 다르다는 것이 일반적인 생각이다. 그러나 이 책에서 그런 차이점은 없다. 나는 도덕이 대체로 종교 없이도 성립할 수 있는 것처럼, 종교도 도덕의 한 요소가 아니라고 생각하는 사람들에게 비난받을지도 모르겠다. 그럼에도 나는 도덕과 종교의 생생한 관계를 강조했다. … 일반적으로, 종교는 대개 도덕법과 독립되어 있는 것처럼 보인다. 우리는 가장 비도덕적인 행동을 하면서 자신의 종교성을 자랑하는 많은 악인들을 만났다. 반면에 작고한 브래들로Mr. Bradlaugh 같은 사람들은 아주 덕이 있고 도덕적인 사람이지만 무신론자로 불리는 것을 자랑스러워한다. 그러나 이런 두 가지 관점들은 모두 틀렸다.[73]

---

[73] M.K. Gandhi, *Ethical Religion*, 47, vide ante.

도덕적 갈등은 인간 발달의 본성에 뿌리박고 있다. 모든 종교는 선을 깨닫는 과정에서 사람의 마음에 자리하는 도덕적 분투를 강조한다. 그것은 쉬운 것도 헛된 것도 아니다. 정직하게 살다가도 단 한 번의 탈선으로 인간적 혼돈과 비참을 맛볼 수 있다. 더욱이 특정 상황에서 무엇이 선이고 악인지 결정하기란 쉽지 않다. 그러므로 모든 도덕적 문제를 해결할 책임은 각자에게 있다. 간디에게 삶은 마음속에 있는 모든 부정을 씻어 내는 자기 정화의 과정이다. 그는 이렇게 말했다. "모든 인간은 내면을 성찰하고 자신을 있는 그대로 보고 몸과 마음과 영혼을 성장시키기 위해 아낌없이 노력할 의무가 있다. 사람은 불의·악·허무가 만들어낸 불행을 깨달아야 하며 최선을 다해 그것들과 싸워야 한다."[74]

"먼저 그분 나라와 그분 의로움을 찾으시오"(마태 6.33)라는 것은 그리스도교를 비롯한 위대한 종교들의 외침이다. 그분의 나라와 그분의 의로움은 함께 가는 것이다. 간디는 말한다. "우리는 위대한 세계 종교들의 행위와 도덕법들이 실제적으로 똑같다는 것을 발견했다. 모든 위대한 종교 지도자들은 종교가 도덕에 기초하고 있다고 주장했다. 기초가 흔들리면 건물이 무너지듯 모든 종교들은 도덕적 기반이 흔들리면 먼지 속으로 사라진다."[75] 간디는 "영혼과 관련된 나의 모든 실험은 도덕적인 문제였다. 종교는 도덕이다. 영혼의 관점에서 보면 도덕은 종교다"라고 자서전에 썼다.[76]

여러 종교의 신도들은 종교적 대가들의 도덕관념이나 영성보다는 신조·예식·정교한 신학적 관점들에 더 매력을 느끼곤 했다. 종교적 가르침의 핵심을 너무 쉽게 잊어버린 것이다. 간디에 의하면 "우리 세대는 위선과 불성실의 시대다. 어떤 종교에 속해 있든, 사람들은 종교의 외적인 면에만 신경 쓰고 근본적인 가르침은 소홀히 한다. 축재욕으로 그들은 남들에게 손해를 끼치지만 그렇게 하고 싶어한다는 사실마저 잊고 있다".[77]

---

[74] *Ibid.*, 35.　　　　　　　　　[75] *Ibid.*, 48-9.

[76] *An Autobiography*, 4, vide ante.

[77] M.K. Gandhi, *Ethical Religion*, 61, vide ante.

종교적이라고 불리는 도덕적 삶은 신과 영혼 불멸에 대한 믿음을 내포한다. 칸트는 이러한 믿음이 도덕적 삶의 선결 조건이라고 생각했다. 왜냐하면 그것이 도덕적 활동을 추구하도록 하기 때문이다. 간디의 관점은 이렇다. "선행이 우리에게 이로움을 주어서가 아니라 영원불변의 자연 법칙이기 때문에 우리는 선행을 베풀어야 한다. 선행은 우리에게 음식이나 의복 이상의 것이다. 우리는 배고플 때 음식을 주는 사람보다 선행을 베풀 기회를 주는 사람에게 더 고마워해야 한다."[78] 그러한 도덕적 노력은 필수적이며 혹자의 생각처럼 헛된 것이 아니다. 만일 신이, 최고의 가치를 획득하고 유지시켜 주는 "능력"을 뜻한다면, 그러한 "능력"에 대한 믿음은 우리의 노력에 힘이 될 것이다. 종교는 신의 뜻에 인간이 최대한으로 반응하도록 계도하고 힘을 실어 준다. 증오와 이기심에서 자유로운 사람만이 순수한 삶을 산다. 이웃에게 이타적으로 봉사하는 사람만이 진정한 의미에서 종교적·도덕적이라 할 수 있다. 간디에 따르면 "누구든지 자신이 고백하는 신조가 무엇이든지, 위기에 처한 경우를 제외하고는 도덕법을 어겨서는 안 된다".[79]

도덕적 삶은 전적으로 이웃과의 관계와 관련된다. 가령 "네 이웃을 너 자신처럼 사랑하라"(마태 22,38)는 계명은 인류가 하나임과 사회적 책임의 의미를 함의한다. 간디에 의하면 "도덕률은 사회 복지의 조건에 대한 진술이고 최고 도덕법은 인류의 선을 위해 끊임없이 봉사하라는 것이다". 지고한 자에 대한 충성은 이웃을 사랑하라는 계명도 포함한다. 하느님 사랑과 이웃 사랑은 진정한 종교적 삶의 내적·외적 양면이다. 그러므로 선한 사람은 올바르게 **살 수 있는** 사람이 아니고 올바르게 **사는** 사람이다. 덕은 자신의 이익에 상관없이 선을 끝까지 굽히지 않고 추구하는 데 있다. 사실 도덕적 책임 없는 영성은 겉치레가 될 소지가 있다. 이웃을 사랑하고 이웃에 봉사하는 힘겨운 도덕적 요구를 회피할 때, 결국 우리에게 아무것도 요

---

[78] *Ibid.*, 35.

[79] *Ibid.*, 31.

구하지 않는 개인적 위로나 안락하고 피상적인 경건으로 퇴보하기 쉽다. 타인의 삶을 어루만져 주지 않고 자신의 영성만 추구하는 예배는 최상의 예배가 아니다. 진정한 종교의 핵심은 만인에 대한 선행을 최고 목표로 삼는 데 있다. 그러한 의미에서 도덕적 삶은 궁극적으로 종교적 확신에 기초해야 한다. 이것이 간디의 의도다. "어떤 종교도 도덕 없이는 존재할 수 없다. 도덕을 행하는 사람은 실제로 종교적인 사람이다."[80]

넓은 의미에서 도덕적 선은 완전한 선을 깨닫고자 하는 노력에서 나온다. 영적 삶은 어떤 특별한 도덕적 행동을 강조한다. 그것은 특정 사회가 요구하는 행위 법칙을 단순히 따르는 전통적·습관적 형태의 도덕이 아니다. 영적 차원에서의 도덕적 행동은 개인이 절대적·도덕적 가치를 인정하는 데서 비롯된다. 그것은 개인의 동의 없이 그가 속한 집단이나 사회에 의해서 부과되는 것이 아니다. 그러나 종종 제도 종교는 신도들 스스로 행할 바를 깨닫게 하기보다는, 그들이 행할 바를 명령한다. 제도 종교의 그러한 명령은 영적 수준에 맞는 도덕적 통찰력에서 오는 것이 아니라 사회적 욕구에서 비롯된다. 사회적 전통에 대한 단순한 순응은 엄밀한 의미에서 도덕이 아니다. 간디에 의하면 "진정한 도덕은 이미 있는 길을 따라 가는 것이 아니라, 우리 스스로 진정한 길을 찾아 두려움 없이 그 길을 가는 것이다".[81] 더 나아가 "진정한 영웅들은 사회적 관습에 대항하여 세상에 선을 행한 선례를 남겼던 사람들이다".[82] 이러한 형태의 도덕은 개인적 양심에서 비롯되어 점차 없어서는 안 될 필요한 규범으로 발전한다.

양심의 문제로서 도덕적 성장은 대개 이기적 충동과 이타적 충동의 상호작용의 결과다. 간디에 의하면 "의무로 갈등을 일으킬 때, 내면의 작은 목소리가 항상 최종 결정자가 되어야 한다".[83] 그것은 양심의 무조건적 도덕률 ─ 지상명령 ─ 에 대한 순종을 요구하거나, 최종적으로 유효하다고 여겨지는 가치들에 대한 헌신을 요구한다. 이러한 종류의 도덕은 영적 활동

---

[80] *Ibid.*, 16.　　　　　　　　　　[81] *Ibid.*, 17.

[82] *Ibid.*, 18.　　　　　　　　　　[83] *Young India*, 1920.8.4.

의 중요한 형태다. 왜냐하면 그것은 절대적·도덕적 선에 대한 무욕의 충성심을 내포하며, 본질적으로 도덕법에 대한 종교적 태도를 포함하기 때문이다. 종교 지도자들은 급격한 사회 변화의 주창자들이었다. 그들은 의를 설교한 정의의 사자들이었다. 소크라테스·붓다·노자·예수·무하마드 그리고 간디가 전부 그러했다. 그들은 자기 방식으로 선을 추구했으며 자신의 도덕적 통찰을 따랐고 자유의 횃불로 윤리의 밀림을 밝혀 나갔다. 그들에게 "영적 의무는 사회적 전통보다 중요했다".[84]

칸트를 경이로 가득 채운 것이 둘 있다. "별이 총총한 밤하늘과 내면의 도덕법"이 그것이다. 칸트에 따르면 사람이 도덕법에 대해 가지는 올바른 태도는 "존경"의 태도다. 이러한 태도의 사람들은 대개 종교적 믿음을 지녔다고 봐도 무방하다. 그들에게 도덕은 종교적 삶의 일부다. 윤리적 사상이 깊어지려면 초월적 동기가 있어야 한다. 모든 인간은 근본적으로 하나의 영이다. 그래서 인간 존재 깊은 곳에는 삶에 의미를 주는 절대·불변의 무엇이 존재한다. 간디에 의하면 "도덕법은 인간의 영혼에 자리하고 있다. 진리는 우리 내면에 있다. 우리 내면에는 가장 깊은 곳이 있는데 그곳에 '진리'가 충만히 거한다".[85] 더 나아가 그는, "자신의 의견을 만들어 표현하기를 두려워하거나, 양심의 명령에 단호하게 순종하지 않는 사람은 덕스럽다 할 수 없다. 양심의 음성이 신의 음성이며, 그것이 모든 행동과 사상에 있어서 옳고 그름의 최종 기준이 된다는 것을 모르는 한, 사람은 덕스러워질 수 없다"고 주장한다.[86]

종교적인 사람들에게 능력은 선에 비해 그다지 중요하지 않다. 선은 인간 욕구에 대해 결정적인 승리를 거두어 왔다. 윌리엄 제임스William James는 신의 능력보다 신의 도덕성을 강조한다. 밀J.S. Mill은 유능하지만 불의한 신에게 무릎 꿇느니 차라리 지옥에 가겠다고 선언했다. 신 스스로 의롭지 않

---

[84] S. Radhakrishnan, *An Idealist View of Life*, 197, vide ante.

[85] M.K. Gandhi, *Ethical Religion*, 44, vide ante.

[86] *Ibid.*, 38.

다면, 단순히 초월적 능력 때문에 그의 법을 도덕적이라고 할 수는 없다.

간디가 도덕법을 삶의 최고 원리로 강조한 것은 진정한 종교의 부활을 기약한다. 그것은 종교를 의식과 교리와 신조로부터 해방시키며 영의 창조성을 개방하는 것이다. 간디의 눈에 "가장 숭고한 목적은 신을 예배하는 것이다. 그리고 예배의 가장 고차원적인 형태는 도덕법을 순종하고 인간에 대한 이타적 봉사로 신의 일을 하는 것이다".[87] 인간은 선에 대한 갈망 때문에 신을 만난다.

5. 기도

인간은 신에 대한 의존 감정과 진·선·미에 대한 열망을 기도로 표현한다. 기도는 인간으로 하여금 자신보다 더 위대하여 이해도 측량도 할 수 없는 세계에 모종의 능력이 있다는 것을 깨닫게 한다. 모든 세대와 종교의 영적 열망자와 헌신자는 깊은 내면의 열망과 감정을 자발적으로 찬양과 기도로 표현했다. 그들은 충만한 마음으로 찬양하고 기도했다. 그들은 이기적 욕구 충족을 위해서가 아니라 의의 승리를 위해, 삶에서 신의 뜻을 알기 위해 기도했다. 기도는 묵상이며 경배다. 그것은 인간의 필요에서 비롯되기도 한다. 인간은 한계와 무력함을 깨달음으로써 전능자에게 위안과 구원을 청한다.

간디에 의하면 "기도는 구하는 것이 아니다. 그것은 영혼의 갈망이다. 자신의 나약함을 매일 인정하는 것이다. 가장 위대한 기도는 생로병사에 직면하여 자신이 아무것도 아니라는 것을 끊임없이 상기하는 것이다. 우리는 죽음 가운데 살고 있다. 우리의 뜻에 가치 있는 일이 무엇인가? 그러나 '신과 그의 뜻을 위해서 일한다'[88]고 진심으로 말할 수 있다면, 우리는 바위처럼 강해짐을 느끼게 될 것이다."

---

[87] *Ibid.*, 60

[88] *Young India*, 1926.9.21.

기도는 신실한 영혼이 신과 대화하는 것이다. 기도는 신의 뜻과 인간의 뜻을 만나게 한다. 삶이 산산조각 나고 막다른 골목에 이르는 위기의 순간에 사람은 본능적으로 아버지·어머니·주님·친구로 여겨지는 더 높은 능력자에게 손을 내민다. 예배와 기도는 우리가 하찮은 일상 존재로 전락하는 것을 막아 준다. 그것은 궁극적 실재와의 교제를 통해서 인간에게 생동감을 주며 인간이 어떻게 홀로 서기를 할 것인지를 가르쳐 준다. 또 인간이 사실은 혼자가 아니라는 것을 가르쳐 준다. 모든 종교는 기도가 영적 향상의 한 방법이라는 것을 가르쳐 준다. 기도는 자기중심주의의 종말을 의미하며 정의와 평화 속에서 이루어지는 신적인 삶의 시작을 뜻한다.

간디에게도 기도하는 삶은 위로의 원천이었다. 그는 이렇게 썼다.

> 기도는 나의 삶을 구원해 왔다. 기도가 없었다면 나는 오래 전에 미쳐 버렸을 것이다. 나의 자서전은 내가 사적·공적으로 쓰디쓴 체험들을 했다는 것을 여러분에게 말해 줄 것이다. 그것들은 한때 나를 좌절에 빠뜨렸지만, 나는 기도 덕분에 곤경에서 벗어날 수 있었다. 사실, 기도는 진리가 그랬던 것만큼 내 삶의 일부가 되지 못했다는 것을 이제는 여러분에게 말해도 될지 모르겠다. 기도는 나 자신이 곤궁에 처했을 때, 그것 없이 행복을 느끼지 못할 때, 나의 절실한 필요에서 나왔다. 신에 대한 나의 믿음이 깊어질수록, 기도에 대한 갈망은 주체할 수 없을 정도로 커졌다. 기도 없는 삶은 의미 없고 공허해지는 것 같았다. … 육체에 음식이 없으면 안 되듯, 영혼에는 기도가 없으면 안 된다는 것을 나는 그때 깨달았다. 사실 영혼에 기도가 필요한 만큼 육체에 음식이 필요한 것은 아니다. … 기도에 과식이란 있을 수 없다. 세상에서 가장 위대한 스승인 붓다·예수·무하마드는 기도를 통해서 깨달음을 얻었고, 기도 없이는 살 수 없다는 것을 확실하게 증거해 주었다.[89]

---

[89] *Ibid.*, 1931.9.24.

기도의 진정한 가치는 유한한 인간의 삶이 무한한 의식과 만나는 것이다. 종교에는 기도를 통해 인간의 영혼에 불을 붙여 신과 만나게 하는 초월적 기능이 있다. 이러한 신과의 의식적 관계는 위대한 능력이며, 그것은 늘 충만한 영적 성장과 깨달음을 가져다준다. 기도는 인간이 모든 능력의 근원자와 교제하도록 활발하게 돕는 행위다. 그것은 힌두교·유대교·그리스도교·이슬람교 그리고 심지어 오스트레일리아의 원시종교들과 아프리카의 반투스Bantus교에서도 행해진다. 기도는 영혼의 자발적인 외침이다. 기도는 사람을 긴박한 상황에서 건져 내 삶을 전체적으로 생각하게 하며, 자기 존재에 대해 새삼 성찰하도록 한다. 기도는 영적 죽음으로 위협하는 일상의 진부한 삶에서 구원한다. 기도는 잠재능력을 드러내 주고, 행복하고 평화롭고 조화롭고 균형 잡힌 삶으로 인도해 준다. 기도의 형식은 영혼이나 의지, 그리고 그 배후의 열망만큼 중요하지는 않다. 기도하는 시간과 기간에 대해 간디는 다음과 같이 말한다.

> 기도 시간에 대해 정해진 규칙은 없다. 그것은 개인적 기질에 따라 다르다. 기도 시간은 일상의 삶에서 가장 값진 순간이다. 기도는 정신을 맑게 하며 우리를 겸손하게 하고 신의 뜻 없이는 아무것도 일어나지 않는다는 것을 일깨워 준다. 그리고 우리가 다만 '토기장이의 손에 있는 진흙일 뿐'이라는 것을 깨닫게 해 준다. 기도하는 순간은 자신의 가까운 과거를 회상하게 하며, 인간의 나약함을 고백하게 하고, 용서와 더 잘되기 위한 힘을 구하게 한다. 어떤 사람에게는 일 분도 충분하지만, 다른 사람에게는 스물네 시간도 짧을지 모른다. 삶에서 신의 현존을 충만히 느끼는 사람들에게 노동은 기도다. 그 삶은 지속적인 기도이자 예배 행위다. 죄짓고 향락에 빠지고 자신을 위해 사는 사람에게 시간은 많아도 많은 것이 아니다. 인내와 믿음과 순수에의 의지가 있다면 그들은 내면에서 정화하는 신의 임재를 온전히 느낄 때까지 기도할 것이다. 우리 같은 보통 사람들이 극단에 치우치지 않고 걸어가야 할 중도中道의 길이 있다. … 모든 종교는 대개 경건을 위한 기도

의 시간을 마련하고 있다. 불행히도 오늘날 이러한 것은 기계적이고 형식적
이다. 그렇다고 그들이 위선적이라는 뜻은 아니다. 필요한 것은 이러한 경
건에 대한 올바른 태도다. … 삶의 모든 부분에서 충실하게 살도록 신에게
구하는 것보다 더 중요한 것은 없다.[90]

기도가 마음을 정화시키며 그 정화력을 키워 준다는 진술은 옳다. 기도는
생각을 더 높은 것에 집중할 수 있도록 도와준다. 그럼으로써 기도는 세상
을 밝히고 영혼을 고양시키도록 우리를 돕는다. 신실한 기도는 마음을 정
화시키고, 우리를 더 좋은 사람으로 만든다. 간디는 말한다. "기도 · 예
배 · 탄원은 미신이 아니다. 그것은 먹고 마시고 앉고 걷는 행위보다 더 실
재적이다. 그것만이 실재적이고 다른 것들은 비실재적이라 해도 과언이 아
니다. 그러한 예배와 기도는 웅변도, 입에 발린 경건도 아니다. 그것은 마
음에서 우러나오는 것이다. 그러므로 사랑을 제외한 모든 것을 마음에서
비울 때, 우리 마음은 정화될 수 있다. 기도에는 말이 필요없다. 기도 자체
는 어떤 감각적인 노력과도 무관하다. 나는 기도가 정욕을 끊임없이 씻어
준다는 것을 믿어 의심치 않는다. 그러나 그것은 지극한 겸손으로 이루어
져야 한다."[91]

　기도와 예배는 영적 삶에서 확연한 위치를 점한다. 그것들은 신앙인에게
꼭 필요한 것이다. 선한 힘은 기도에 의해서 강화된다. 간디에 의하면 "인
간의 마음은 어둠과 빛의 능력 사이에서 끊임없이 투쟁한다. 의지할 기도
의 닻이 없는 사람은 어둠의 세력에게 희생될 것이다. 기도하는 사람은 자
신과 전 세계와 더불어 평화를 누릴 것이다. 기도하는 마음 없이 세상 일
을 하는 사람들은 비참해질 것이며, 세상을 비참하게 만들 것이다. 그러므
로 인간의 사후를 고려할 때, 기도는 세상살이에 무한한 가치를 가진다.
기도는 일상 행위에 질서와 평안과 휴식을 가져다주는 유일한 수단이다".[92]

---

[90] *Ibid.*, 1926.6.10.　　　[91] M.K. Gandhi, *An Autobiography*, 96, vide ante.

[92] *Young India*, 1926.6.10.

● 침묵기도

위기의 순간에 간디는 잠시 은둔하여 신과 이야기하곤 했다. 그는 침묵기도를 했다. 그는 일주일에 하루를 완벽한 침묵으로 지냈다. 사람들과의 대화로는 얻을 수 없는 강한 신앙을 침묵기도를 통해 얻는다. 고독은 기도를 한 차원 더 높인다. 그래서 영혼은 두 날개로 날아오른다. 신의 영광은 인간의 언어와 생각을 초월한다. 신은 종종 침묵으로 표현한다. 모든 종교가 이런 기도를 가지고 있다. 『성서』는 그것을 "세미한 음성"이라 부른다. 『코란』은 알라가 침묵중에 일하는 "능력"이라고 말한다. 침묵기도는 풍요롭고 자유로운 체험이며, 거기서 많은 다른 숭고한 행위가 비롯된다. 그것은 감사·자기 성찰·회개·봉사로 표현된다. 사실 기도의 가치는, 인간이 자신의 초라함을 알고 신의 사랑과 무한한 능력을 완전히 깨달을 때 생기는 것으로, 완전한 헌신과 진실로 신 앞에 설 때만 발견된다. 그것은 오직 침묵기도에서만 가능하다. 모든 종교는 그 중요성과 효과를 알고 있다.

● 회중기도

각 종교에서 회중기도는 여러 형태로 행해진다. 거기에는 경건한 영혼들의 공동체가 개입된다. 종교는 고상한 목적에 충실할 때마다, 자신을 집단적·사회적 형태로 표현하려는 경향이 있다. 그것은 관계를 형성하는 종교의 비범한 기능이다. 종교의 생명력은 사람들이 자신뿐 아니라 타인의 가치도 발견하도록 도와준다. 그것은 이기주의와 자기중심적 삶을 점검하고 사람 사이의 장벽을 허문다. 어떤 사람도 전부가 될 수 없다. 그의 이웃들이 나머지를 차지한다. 두 사람 이상이 신의 이름으로 모인 곳에 신은 함께한다. 간디는 이러한 주제로 어느 학생에게 조언했다. "회중기도는 힘이 있다. 우리가 종종 혼자 하지 않는 것을 우리는 함께한다. … 무의식적 효과는 방해받을 수 없다. 처음에는 회중기도를 비웃었지만 나중에 기도의 효험을 체험하면서 믿음이 강해지는 사람들이 있지 않던가? 그것은 믿음이 강하지 못해 회중기도에서 위안을 찾는 사람들의 공통된 체험이다. 교회나 사찰이나 모스크를 찾는 모든 신자가 조소꾼이나 협잡꾼은 아니다. 그들은 대체로 정직한 사람들이다. 그들에게 회중기도는 매일 목욕하는 것처럼 필수적이다. 이러한 예배 장소들은 단박에 없어지는 무익한 미신이 아니다. 그것들은 지금까지의 모든 공격에서 살아남았으며 마지막까지 살아남을 것 같다."[93]

더 나아가 회중기도는 관심의 수준을 개인적 소망과 욕구에서 이웃에 대한 배려로 높여 준다. 그것은 만인에게 공통된 요구들을 총괄하며 사회정의·형제애·세계 평화에 대한 갈망을 표현한다. 그것은 우정을 촉진시키며, 무정한 기질과 저열한 욕망을 치유한다. 모든 종교에서 가장 차원 높은 기도 형식은 복수형을 쓰며 전 인류의 선을 위한 희망을 표현한다.

「주님의 기도」는 다음과 같다.

> 하늘에 계신 우리 아버지,
> 아버지 이름을 거룩히 드러내소서.
> 아버지 나라가 오게 하소서.
> 아버지 뜻이 하늘에서와 같이
> 땅에서도 이루어지게 하소서.
> 오늘 우리에게 일용할 빵을 주소서.
> 우리도 빚진 이들을 용서했듯이
> 우리 빚을 용서하소서.
> 우리를 유혹에 빠지지 않게 하시고
> 악에서 구하소서.[94]

알 파티하Al Fatiha(『코란』의 개장(開章))에 자주 반복되는 구절은 다음과 같다.

---

[93] *Ibid.*, 1926.9.23.

[94] 마태 6,9-13.

가장 은혜롭고 가장 자비한 신의 이름으로 신에게 찬양을 돌립니다.

세상을 품으시고 지탱하시는 분이시며,

가장 은혜롭고 가장 자비로우신 분이시며,

심판의 날에 재판관이신

당신만을 우리는 예배합니다.

그리고 당신의 것만을 우리는 구합니다.

우리에게 정직한 길을 보여 주소서,

당신은 분노하는 사람들에게도 아니고

나쁜 길로 가는 사람들에게도 아닌

정직한 길을 가는 사람에게 은혜를 베푸셨습니다.[95]

힌두교도들은 지고한 존재에게 매일 이렇게 예배한다.

우리로 하여금 그분의 눈부신 광채를 묵상하게 하소서!

당신은 예배받으시기에 합당하시며 모든 세상을 창조하셨습니다.

그분께서 우리의 이성의 빛을 조명하시어

선한 길로 향하게 하소서![96]

● 종교 간의 기도

간디에 의하면 종교 간의 기도를 수련하는 것은 보다 높은 문화적·영적인 차원의 삶을 사는 데 본질적 요소로 권할 만하다. 모든 사람이 자신의 종교를 자신에게 좋은 것으로 자유롭게 따르지만, 자기 종교가 아닌 종교들을 존중하는 것은 문화적 삶에 필수적이며, 도덕적 사회에서 조화롭게 일하는 데 근본적으로 필요한 일이다. 함께 모여 종교 간의 기도를 드리는

---

[95] *Koran.*

[96] *Ṛgveda*, III. 62. 10.

것도 일체감과 사랑과 존경심을 불러일으키기 위해 때로는 필요하다. 다양한 종교의 신도들이 함께 신을 예배함으로써 마음으로 더 깊은 일치감을 느낄 수 있을 것이다. 공동체 생활은 아침·저녁 집회를 통해 공동기도를 드리고 타종교의 가르침도 존경심을 가지고 들을 것을 요구한다.

지고한 존재를 공동으로 예배할 때는 타종교 신도들의 손을 잡고 마음을 함께해야 한다. 신의 보편적 측면을 강조해야 한다. 그것은 진실한 신앙을 가진 타종교 사람들을 하나로 묶어 주며, 온 누리가 한 형제라는 마음가짐으로 공동선을 위해 서로 협력하도록 그들을 고무한다. 남아프리카와 인도의 간디 아쉬람ashram 기도자들은 타종교 경전의 암송구들을 함께 낭송했다. 그의 아쉬람은 작은 세계였다. 다양한 종교의 신도들은 자신의 종교에서 최상의 것들이 간디에게서 재현되는 것을 보았고 간디가 주장하고 실천하는 기도에 동참했다.

"공동기도 모임"에서는 심오한 체험을 표현한 찬송과 다른 종교 지도자들의 비전이 사용되었다. 가령, 라빈드라나트 타고르Rabindranath Tagore의 종교시들이 여기 속한다. 타고르는 종파의 이름과 형식 대신 인류의 보편적인 언어를 사용했다. 그는 신을 아버지·친구·주님·시인·왕이라 불렀다. 그의 시들은 마음속 영적 갈망을 노래한다. 호레이스 알렉산더는 이렇게 말했다. "다양한 신앙인들과의 공동 예배에서 경험하는 친교만큼 풍요로운 체험은 내게 없었다. 이러한 공동 예배의 친교 체험을 인도 이외 세계 다른 지역에서 발견하기란 그리 쉽지 않다. 위대한 신앙들이 어떻게 조화를 이룰 수 있는지 보여 줌으로써, 인도는 인류 평화에 크게 기여할 수 있다. 간디의 유산에 관심 있는 모든 사람으로 하여금 경외와 우정에 바탕을 둔 진실한 인내를 개발하도록 노력하게 하라."[97] 공동기도에서 우리는 자신을 생각하지 않는다. 우리의 생각과 마음은 신을 향하고 우리는 그의 음성에 주의를 기울인다. 이것이 교제를 풍요롭게 한다. 성실과 겸손은 모

---

[97] Horace Alexander, in F.F.T. Quarterly.

든 것을 풍요롭게 한다. 간디는 종종, 진실한 기도가 우리로 하여금 행동하게 하고, 이타적 사회봉사와 타인과의 관계에서 정의를 추구하도록 이끈다고 강조했다. 공동기도만큼 올바른 행동을 하는 데 강력한 능력을 주는 것은 없다.

● 아쉬람 기도

간디는 정해진 시간에 아침기도와 저녁기도를 드렸다. 그의 기도는 매우 규칙적이었다. 그는 기도를 통해 신과 생생하게 소통했으며 신의 도움을 확신했다. 신은 하나지만 종교인들은 다른 이름과 형식과 방법들로 자신의 취향과 기질에 맞는 예배를 드린다. 남아프리카든 인도든 어디든, 간디의 아쉬람에서는 자신의 종교를 따르는 원칙이 고수되었다. 그러나 모든 구성원들은 서로의 종교에 대해 경의를 표했다. 모든 사람이 자신의 취향에 맞는 음식을 먹듯이, 기도할 때도 모든 사람이 자신의 요구와 믿음에 맞는 영적 음식을 먹는 것이 간디의 소망이었다. 간디의 기도 모임에서는 무슨 책을 읽든 무슨 노래를 부르든 어떤 의미에서도 종파적이거나 편협하지 않았다. 간디는 읽을거리와 암송문을 다른 종교의 경전에서 취하는 것을 무엇보다 기뻐했다. 그러나 선택은 자발적이었고 아쉬람에서의 삶과 종교적 경향을 반영했다. 간디는 이렇게 썼다. "남아프리카의 피닉스에서 우리는 매일 기도했다. … 무슬림·그리스도인·힌두교도들이 함께했다. 이미 고인이 된 셰트 루스톰지와 그의 자녀들도 그 기도모임에 자주 참석했는데, 셰트는 「구자라티 바잔」Gujarati Bhajan*의 「마네 발룸」Mane Valum에 나오는 다음 구절을 매우 좋아했다. '라마라는 이름은 내게 소중하도다.' 내 기억이 맞다면, 마간랄과 카쉬가 이 찬송을 인도할 때, 셰트는 '(노래 가사 속에) 라마 대신 호르마즈드Hormazd(조로아스터교의 신 — 역자 주)의 이름을 불러라'고 기쁘게 외쳤던 것 같다. 그의 제안은 기꺼이 받아들여졌으며, 그 후 셰트가

---

* Gujarati Bhajan은 구자라트어로 된 경건한 기도의 노래를 뜻하며 Mane Valum은 그러한 찬송시 중의 하나다 — 역자 주.

있든 없든 우리는 라마 대신 호르마즈드라는 이름을 불렀다. 다우드 셰트
의 아들 후세인은 가끔 피닉스 아쉬람에 와서 우리의 기도에 열심히 동참
했다. 오르간 반주에 맞춰 그는 부드러운 목소리로 「하이 바하레 바그」*Hai*
*Bahāre Bāg*라는 노래를 부르곤 했다. '이 세상 정원에는 한순간에 피었다 지
는 꽃들이 있네.' 그는 우리에게 이 노래를 가르쳐 주었고 우리는 기도 시
간에 그 노래를 불렀다. 우리는 기도책 『바자나발리』*Bhajanavali*에 이 노래를
수록하여 진리를 사랑하는 후세인을 추억했다. 나는 후세인만큼 진리를 헌
신적으로 실천하는 젊은이를 보지 못했다. 조셉 로이픈도 종종 피닉스에
왔다. 그는 그리스도인이었고 그가 좋아하는 찬송은 「바이쉬나바 자나토」
*Vaiṣṇava Janato*였다. '고난에 처한 이를 돕는 이, 바이쉬나바*Vaiṣṇava*(주님의 종)라
네.' 그도 음악을 사랑했는데, 한번은 '바이쉬나바' 대신 '크리스쳔'이라고
가사를 바꾸어 이 노래를 불렀다. 사람들은 그런 찬송을 기꺼이 받아들였
으며 나는 조셉의 마음이 기쁨으로 충만해지는 것을 보았다."[98] 간디가 와
르드하*Wardha*에 살 무렵 한 일본 승려는 불교의 만트라*mantra*(불교에서 의식을 고양
시키는 성스러운 소리나 단어 또는 구절)를 반복하여 되뇌곤 했다. 전쟁 발발 무렵 그
는 당국에 체포되었다. 간디는 독실한 그 승려를 추억하는 뜻에서 그의 만
트라를 아쉬람 기도문에 첨가했다. 아바스 티야브지의 딸 레나 티야브지가
간디 아쉬람에 며칠 머물기 위해 와르드하에 왔다. 그녀는 아쉬람 구성원
들에게 『코란』의 알 파티하와 이흘라스*Surat-E-Ikhlas*('순수한 헌신'이라는 뜻)를 가르
쳤다. 『코란』의 이 구절들도 간디의 아쉬람 기도문에 첨가되었다. 1942년
간디가 아가 칸*Aga Khan* 궁에 구금되어 있을 때, 길더 박사도 함께 갇혀 있
었다. 간디는 이 기회를 이용하여 그를 기도에 초대했으며, 그에게 조로아
스터교의 암송문들을 낭독할 수 있도록 도와 달라고 했다. 그리하여 조로
아스터교 시편도 아쉬람 기도문의 일부가 되었다.[99]

---

[98] *From Yervada Mandir*, Ahmedabad: Navajivan Publishing House 1957, 41-2.

[99] 간디의 아쉬람에서 아침저녁 암송되던 기도들을 엄선한 것으로는 *Ashram Bhajanavali*
(힌두어), Navajivan Publishing House를 보라.

한번은 간디가 박식한 제자 카카 사헵에게 물었다. "오늘 아쉬람에 참석한 사람들은 대부분 힌두교도들이다. 만약 그리스도인이나 무슬림이 대다수였다면 아쉬람 기도문의 형태가 어떠해야겠는가?" 사헵은 "우리는 다른 종교들에서 시구詩句를 취한 바 있습니다. 그렇듯이 그들의 기도문도 취하면 되지 않겠습니까?"라고 대답했다. 간디는 덧붙였다. "그뿐 아니다. 우리는 『기타』Gītā와 『코란』과 『성서』에서도 취해야 한다. 우리 아쉬람은 하나의 종교를 위한 것이 아니다. 모든 종교의 것이다. 모든 종교에 이바지할 수 있는 아쉬람이 되어야 한다. 이것이 '모든 다르마(진리. 法)를 동등하게 경배한다'(sarva-dharma-sama-bhāva)는 말의 의미다."[100]

6. 영적 성장과 구원

모든 종교는 영혼 해방이 삶의 "최고 선"summum bonum이라 믿는다. 그것은 은총으로, 개인이 신을 찾은 결과로, 혹은 이타적 봉사로 얻을 수 있다. 구원은 죽음에서 해방되는 것을 말한다. 사람은 죽음을 면할 수 없기 때문에, 죽을 수밖에 없는 존재marya로 불린다. 인간의 희망과 욕망과 갈망은 불멸을 얻는 것이다. 물론 그것은 육의 불멸이 아니라 영의 불멸이다. 그것은 개체성과 이기적 편협에서 벗어나는 것을 의미한다. 힌두교에 의하면 개인의 가장 중요한 목표는 과거의 한계로부터 해방되는 것이며, 자신 안에 내재한 신을 깨달아 생사 윤회의 사슬에서 벗어나는 것이다. 라다크리슈난은 "본질적으로 종교는 영적 구원이지 사회 혁명이 아니다. 신성과 거룩함은 봉사와 소통을 포함할 수는 있지만 그것과 동일시될 수는 없다"[101]고 했다. 종교적 삶은 새로운 삶이다. 그것은 신이 인도하는 삶이다. 그것은 사람을 봉사하게 한다. 간디는 이렇게 말한다. "인간의 궁극 목적은 신을 깨닫는 것이다. 그리고 인간의 모든 사회적 · 종교적 활동은 신의 궁극

---

[100] Kaka Saheb Kalelkar, *Ashram Bhajanavali*의 서문을 보라.

[101] S. Radhakrishnan, *An Idealist View of Life*, 73, vide ante.

목적에 따라야 한다. 인류의 직접적 봉사가 그 노력의 필수적인 부분이 되어야 한다. 신에 이르는 유일한 길은 신의 피조물을 통해 신을 보고 그와 하나 되는 것이기 때문이다."[102]

간디는 행위의 요기karmayogi(실천적 방법을 통하여 수행하는 사람)로서, 개인의 구원에 대한 교리를 자기 방식으로 해석했다. 그는 영적 진보를 위해 속세를 등진 은수자들과, 세상 속에서 세상을 초월하여 인간악과 싸우는 사람들을 구분한다. 후자는 이 세상 삶을 구원과 예배의 유용한 기회로 생각하고, 육신이 존재하는 한 이상理想을 위해, 세상 사람들의 고통을 덜기 위해 투쟁한다. 간디는 사랑과 봉사를 통한 진리의 실현을 위해 엄청난 사회적 실험을 감행했다. 대부분 정치·사회 분야에서의 실험들이었지만 종교적 갈망이 밑에 깔려 있었다. 그는 "내가 얻고자 30년 동안 열망하고 추구했던 것은 자아 실현, 신의 대면, 모크샤mokṣa(해탈)였다. 나는 이 목적을 위해 살았고 활동했다. 내 모든 강연과 저술 활동, 정치 분야에서의 모든 시도들은 다 이 목적을 이루기 위해서였다"라고 고백했다.[103]

사회 속에서 살고 활동하면서도 종교적 해탈이 유일한 목적인 성인의 부류에 간디가 속한다. "백성에 대한 봉사는 육체의 속박에서 내 영혼을 해방시키는 일종의 훈련이다. 그러고 보니 내 행동이 이기적으로 보일 수도 있겠다. 나는 어차피 멸망할 지상 왕국을 갈망하지 않는다. 나는 '하늘나라' Kingdom of Heaven인 모크샤를 위해 싸운다. 나의 목적을 달성하는 데 굳이 토굴 같은 은수처를 찾을 필요는 없다. 토굴 속 은수자는 허공에 성을 짓고 자나카Janaka처럼 왕궁에 사는 사람은 지을 성도 없다. 생각의 나래를 달고 세상을 떠도는 은수자에게는 평화가 없다. 자나카는 '화려한 행렬'의 한복판에 있지만 그건 '스쳐 지나가는' 평화일 뿐이다. 나에게 구원에 이르는 길은 조국과 인류를 위해 끊임없이 노력하는 것이다."[104]

---

[102] *Harijan*, 1936.8.29.

[103] M.K. Gandhi, *An Autobiography*, xii, vide ante.

[104] *Young India*, 1924.4.3.

영적 지평은 윤리적 지평과 연결되어 있다. 그것을 힌두교 사상가들은 모크샤라 부른다. 모크샤는 인생 최고 가치의 완성이다. 간디에 의하면 삶의 목표는 모크샤다. "힌두교도로서 나는 모크샤가 육체의 사슬을 끊고 신과 하나 됨으로써 탄생으로부터 자유로워지는 것이라고 믿는다."[105] 신을 자각한 영혼은 신과 교통하면서, 넘치는 신의 사랑 아래서 영적 안식을 얻는다. 영적 체험은 종교의 기초이자 출발점이다. 종교적 자각은 영원한 정신적 평안의 모체다. 또한 더 건강한 인간 본성을 창출한다. 종교적인 사람은 평안하고 영적으로 안정되어 어떤 고난도 견딜 수 있다. 사람은 내적으로 힘을 얻어야 한다. 간디의 말을 들어 보자. "모크샤는 불순한 생각에서 해방되는 것이다. 끊임없는 고행과 참회 없이 불순한 생각은 완전히 사라지지 않는다. 이를 이룰 수 있는 길은 하나뿐이다. 불순한 생각이 들 때마다 순수한 생각으로 맞서라. 그것은 오직 신의 은혜로만 가능하다. 신의 은혜는 끊임없는 신과의 교제와 완전한 자기 순종을 통해서 온다."[106]

모든 종교 의식과 영적 실천의 근본 목적은 자기를 통제하는 것이며, 오롯이 진리 — 신 — 에 헌신하는 것이다. 구원에의 열망은 종교 활동의 견인차다. 구원은 신의 현존 속으로 들어가는 것이며, 의로운 생각과 행동을 통해 가능하다. 그것은 시공의 한계를 초월하는 영의 일치를 깨닫는 것이며 경건한 삶 이상의 의미가 있다. 그것은 신이 인류와 세상을 위해 어떤 계획을 가지든 거기에 능동적으로 참여하는 것이다. 윌리엄 로는 말한다. "인류에게는 오직 한 가지 구원만 있다. 그것은 영혼에 있는 신의 생명이다. … 그것은 모든 그리스도인과 유대인과 이교도에게 주는 신의 선물이다. 유대인을 위한 신이 있고, 그리스도인을 위한 신이 있고, 이교도를 위한 신이 있는 것이 아니다. 신은 한 분이다. 인간성도 하나다. 그리고 신을 향한 인간의 갈망이 있다."[107] 간디에 따르면 "구원받지 못할 만큼 악한 사

---

[105] *Ibid.*, 1924.11.20. 　　　　　　　[106] *Harijan*, 1942.2.22.

[107] William Law, *Report of the University Education Commission*, Delhi: Government of India, vol.I, 296.

람은 없다. 남을 파멸시켜야 한다고 장담할 만큼 완전한 사람도 없다. 그를 아주 나쁜 사람이라고 잘못 판단했을 따름이다."[108]

종교 예언자들은 자신이 악에 점령당하는 것을 허용하지 않는다. 악은 각자의 삶에서 정복될 수 있는 것이라고 다들 가르친다. 그리고 모든 사람에게 열반·모크샤·하느님 나라에 이를 권리가 있으며, 영혼이 악을 제하고 생사로부터 완전한 자유의 광명에 이를 때, 인간 안에 있는 영혼만이 오직 궁극의 승리자가 된다고 가르친다. 예언자와 성인들은 엄하고 금욕적이지만 숭고하고 관대하기도 했다. 그들은 자신의 영적 경험을 인류 발전을 위해 나누었으며 구원에 이르는 길을 가르쳤다.

금욕·공부·의로움·거룩한 사람들의 모임은 인간의 영적 성장을 돕는다. 종파심이 강한 신앙인들은, 구원이 특정한 신이나 화신 — 성육신 — 을 예배하거나, 특정 종교 전통을 받아들이고 실천함으로써 주어지는 것이라고 종종 주장한다. 그러나 진정한 종교인은 종교의 형식을 무시하고 신에게서 위안을 얻는다. 실제로 중요한 것은 세속의 굴레에서 구원받는 것이고, 각 종교는 신도들이 이러한 목적을 이루도록 도와준다.

간디에게 신의 나라는 알려지지 않은 미래를 기다리는 것이 아니다. 그것은 각자 안에 숨은 선의 현재적 가능성이며 평화·사랑·진리·정의를 방출하는 정신과 영혼의 조건이다. 간디는 이렇게 말한다. "나는 나의 이슬람 친구들에게 내가 '람라즈'Rāmrāj — 신의 나라 — 라는 말을 사용하는 것을 오해하지 마라고 경고한다. 나에게 람Rām과 라힘Rahīm은 하나이며 똑같은 신이다. 나는 '진리와 의로움'의 신을 제외한 어떠한 신도 받아들이지 않는다. 내가 상상하는 라마가 이 세상에 살았든 말든, 람라즈의 옛 이상은 가장 미천한 시민들도 곧바로 정의를 확신할 수 있는 진정한 민주주의를 이룩하는 것임에 의심할 여지가 없다."[109]

---

[108] *Young India*, 1931.3.26.

[109] *Ibid.*, 1929.9.19.

모크샤를 실현하는 주체에 관해 두 견해가 뚜렷이 대비된다. 하나는 구원이 전적으로 신에게 달려 있으며, 인간은 신의 은총을 기다리는 수밖에 없다고 보는 견해다. 만일 특정한 사람이 선택된다면 그것은 신의 은총이다. 다른 견해는 구원이 인간 자신의 노력에 달려 있다는 것이다. 예를 들면 남방불교에서는 외부의 도움 없이 인간이 자신의 열반을 얻어야 한다고 주장한다. 인간은 식별력을 가지고 스스로 노력하여 악과 세속성에서 해방되어야 하며 육체가 존속하는 한 열반에 이르기 위해 애써야 한다.

위의 두 견해는 외견상 서로 상충되어 보이지만 실제로는 그렇지 않다. 신에 대한 인간의 갈망과 인간에게 내리는 신의 은총이 만나는 곳에서 신의 나라는 실현된다. 신에 대한 인간의 갈망은 그 자체 신의 은총에서 기인한다. 그러므로 그것은 하나의 지속적인 영적 갈망으로, 매순간 신의 주도와 인간의 응답이 똑같이 마주한다. 구원의 본질은 신의 은총에 대한 영혼의 각성이며 이는 자기 정화와 자기 실현의 과정이다. 이것은 인간에 잠재된 영적 힘들을 발휘하게 하는 신앙과 이해의 정신이다.

$$\cdot\ \text{IV}\ \cdot$$

종교 간의 관계

1. 다르마에 대한 외경

간디는 종교를 비교연구함으로써 각 전통들의 최고 진가를 스스로 바르게 인식했고, 사르바-다르마-사마브하바sarva-dharma-samabhāva라는 하나의 체계를 구상하게 되었다. 이 표현은 모든 종교를 같은 시각으로 파악한다는 것을 암시한다. 다르마는 영혼이 더 높은 단계로 발전하도록 돕는 것이다. 아다르마adharma는 그 진행을 방해하는 것이다. 각 종교는 본질상 다르마다. 왜냐하면 종교는 인간을 더 높은 삶의 단계로 이끄는 것을 목표로 삼기 때문이다. 다르마는 산스크리트어의 드흐리dhṛ라는 어근에서 유래한다. 이것은 "함께 지탱하다"to hold together라는 뜻이다. 그것은 사물 가장 내부의 핵심이며, 그 내부의 존재 법칙을 의미한다. 그것은 도덕규범 및 인간의 의무와 책임의 모든 범위를 포괄하는 윤리적 개념이다. 이 다르마는 리타ṛta의 한 부분으로, 온 우주를 다스리는 근본 도덕 법칙이며, 인간성은 이러한 도덕 질서와 조화롭게 행동하게 되어 있다.

간디는 각자의 종교는 그 사람의 어머니와 같고, 그 사람이 최고로 숭앙할 가치가 있는 것이라고 했다. 또한 모든 위대한 종교의 도덕적·정신적 내용들을 각 추종자에게 동등하게 가치 있는 것으로 인정했다. 그는 세계 종교 예언자들의 종교적 체험을 진실한 것으로 인정했다. "어떤 식으로도 힌두교의 존엄성을 손상시키지 않으면서도 이슬람교·그리스도교·조로아스터교·유대교에 대해 동등하게 최고의 경의를 표할 수 있다"고 선언할 때도, 그는 자기모순에 빠지지 않았다.[1] 간디에 따르면, "다르마에 대한 외경"은 타인의 신앙과 그 추종자에 대한 이상적인 태도를 말하는 것이다.

상이한 종교 전통들은 서로 다른 역사적·문화적 배경에서 비롯되었기 때문에 부당한 비교를 허용하지 않는다. 그러므로, "다르마에 대한 외경"은 모든 종교가 누구에게나 동등한 가치를 지닌다는 뜻이 아니다. 또한 모든 종교 간에 차이가 없다는 뜻도 아니다. 그것은 각 전통에 표현된 종교성을 소중히 여긴다는 뜻이다. 개인차에도 불구하고 만인이 법 앞에서 평등한 것처럼, 모든 위대한 종교는 신 앞에서 동등하다. 간디는 힌두교인·불자·그리스도인·조로아스터교도·무슬림, 모두에게 똑같이 관심을 기울였다. 언젠가 간디는 카이탄Keithan 목사에게 이렇게 대답했다.

모든 사람은 평등하고 자유롭게 태어났습니다. 그러나 어떤 사람은 육체적·정신적으로 다른 사람보다 훨씬 강하거나 약합니다. 그러므로 그 두 사람은 겉으로 볼 때 결코 같지 않습니다. 하지만 본질적으로 똑같은 것이 하나 있습니다. 본디 있는 그대로의 모습대로라면, 신은 나를 간디로 당신을 카이탄으로 생각하지 않을 것입니다. 이 거대한 우주에서 우리의 존재란 무엇입니까? 우리는 원자에 지나지 않습니다. 어느 원자가 더 큰지 작은지 따지는 것은 부질없는 짓입니다. 본질적으로 우리는 다 같습니다. 인종과 피부색, 정신과 육체, 기후와 자연의 차이들은 가변적인 것입니다. 마찬가지로, 모든 종교도 본질적으로는 다 같습니다. 『성서』를 읽는다면 당신은 분명 그리스도인의 시각으로 읽을 것입니다. 『바가바드기타』를 읽는다면 힌두교인의 시각으로 읽을 것이고 … 비록 가지들은 달라도 종교라는 나무 자체

---

[1] *Harijan*, 1947.11.30.

는 같은 것입니다. 가지들은 저마다 자라고 있습니다. 그 가지에 속한 사람
은 은근히 만족하여 "내 것이 최고"라고 말해서는 안 됩니다. 어떤 것도 다
른 것에 대해서 우월하거나 열등하지 않습니다.[2]

누군가의 조국이 그 자신에게는 최고이듯이, 각 종교도 자기 신자들에게는
적당하고 최상이다. 하나의 신이 있어 그의 온 백성 가운데서 역사한다.
우리는 모두 신과 신의 뜻을 알려 애쓴다. 근본적인 의미에서, 모든 종교
는 같은 목표를 향해 모인다. 간디는 "내가 보기에 주요 종교들은 모두 진
리라는 점에서 동일하다. 그들은 인간성의 영적 진보에 절실히 필요한 것
을 제공해 준다"고 썼다.[3]

　"다르마에 대한 외경"은 타종교들과의 공존이나 타종교에 대한 관용만을
의미하지 않는다. 종교적 악성 광신은 세상에서 점차 사라지겠지만, 그것
만으로는 충분하지 않다. 다른 종교들을 내버려 두는 것만으로는 곤란하
다. 다른 종교나 그 추종자들을 대하는 태도에 원한이나 위선적인 기미가
있어서는 안 된다. 간디에 따르면, 관용이란 "자기 신앙에 대한 무관심이
아니라 그것에 대한 더 깊은 이해와 지순한 사랑을 의미한다. 관용은 우리
에게 영적 통찰력을 준다. 관용과 광신은 북극과 남극의 거리만큼이나 멀
다. 종교에 대한 진정한 지식은 신앙과 신앙 사이의 장벽을 허문다. 다른
신앙에 대한 관용은 자신에 대한 진정한 이해를 촉진시킬 것이다".[4] 간디가
구사하는 용어는 단순한 '관용'과는 무관하다. 간디는 "관용"이라는 말에
더 넓고 깊은 의미를 부여했다. 간디의 "관용"은 아힘사, 즉 "비폭력"이라
는 말에서 비롯되었다. 그의 태도는 지적으로 보편적일 뿐 아니라, 대단히
열정적이다. "관용"의 문자적 의미는 그가 부여한 중요성에 미치지 못한
다. 간디에게 관용의 의미는 "묵인"도 "정중함"도 아니다. 그것은 진리에
대한 간디의 관심에 기인한다. 관용은 세상의 모든 위대한 종교에 대한 적

---

[2] *Harijan*, 1937.3.13.　　　　　　　　　[3] *Harijan*, 1939.4.6.

[4] *From Yervada Mandir*, tr. V.G. Desai, Ahmedabad: Navajivan Publishing House 1957, 40.

극적 이해를 드러낸다. 산스크리트어로 사마브하바samabhāva는 "평등한 견해"를 의미하지만, 구자라트어에서는 "동정심"을 뜻한다. 간디가 전자의 의미를 배제하지 않았다 하더라도[5] 자신은 이 단어를 후자의 의미로 사용했음이 분명하다. 그것은 상이한 종교들 공동의 목적을 달성하기 위해 화합과 협력을 북돋우는 것이다. 그것은 사회적으로도 꼭 필요한 미덕이다. 관용은 사상과 예배의 거리낌 없는 자유를 의미하며, 무엇보다도 전 세계와 화해하려는 인류 의지의 표현이다. 간디는 덧붙여 말한다. "나는 늘 종교적 관용의 원리를 신념으로 삼아 왔다. 그러나 나는 관용에서 출발하여 모든 종교를 동등하게 존중하는 방향으로 나아갔다."[6]

간디에게 관용은 견해를 달리하는 사람에게도 귀기울이는 것이다. 관용은 진리와 가치에 대한 창조적 탐구를 의미한다. 예르바다 중앙 감옥에서의 옥중서간에 간디는 이렇게 썼다. "나는 관용이라는 말을 좋아하지 않지만 더 나은 단어를 생각해 낼 수가 없습니다. 관용이란 말은 다른 신앙들이 열등하다는 불필요한 전제를 내포할 수 있습니다. 하지만 아힘사는 다른 신앙들에 대해서도 자기 종교와 동등한 존경심을 갖도록 가르칩니다. 사랑의 법칙을 따르고 진리를 추구하는 사람들은 아힘사를 받아들이기가 어렵지 않을 것입니다. 진리 자체에 대한 충만한 비전을 지니고 있다면 우리는 더 이상 단순한 추구자가 아닐 것이며, 신과 함께하는 사람이 될 것입니다. 왜냐하면 진리가 곧 신이기 때문입니다. 그러나 우리가 그저 추구자이기만 하니까 질문도 제기하고 우리의 불완전함도 의식하는 것입니다. 우리가 불완전하다면, 우리가 믿는 종교 역시 불완전할 것입니다. 우리가 신을 깨닫지 못하듯, 종교 자체도 완전히 깨닫지는 못하고 있습니다. 이런 불완전성 때문에, 종교나 관념은 진화와 재해석의 과정을 겪는 것입니다. 그런 진화만이 진리와 신을 향한 전진을 가능케 합니다. 인간의 모든 신앙

---

[5] Kaka Saheb Kalelkar의 말을 근거로 삼았다. 간디는 예르바다 중앙 감옥(Yervada Central Prison)에서 이 표현에 대해 그와 상의했다.

[6] *Harijan*, 1947.1.12.

이 완벽하지 못할진대 비교 우위를 논할 필요가 있겠습니까. 모든 신앙은 진리를 드러내지만 모두가 불완전하여 자칫 오류를 범할 수도 있습니다. 다른 신앙에 대한 존경심 때문에 그들의 오류에 대해서까지 눈감을 필요는 없습니다. 우리 또한 우리 신앙의 결점에 예민하게 깨어 있어야 합니다. 그러나 거기에 그치지 말고 그 결점들을 극복하려고 노력해야 합니다. 모든 종교를 동등하게 바라보면서, 다른 신앙의 수용할 만한 특징들을 전부 우리 신앙에 받아들이는 데 주저함이 없어야겠습니다." 간디는 이어서 말한다. "그러면 이런 의문이 생깁니다: 왜 그처럼 다양한 신앙이 존재하는가? 영혼은 하나지만 그것이 생기를 주는 육체는 많습니다. 육체의 수를 줄일 수는 없습니다. 그럼에도 우리는 영혼의 일치를 깨닫습니다. 하나의 나무에도 가지와 잎은 무성하듯이, 진정하고 완전한 종교도 그와 같습니다. 그러나 인간이라는 매개를 거치면서 많은 종교가 된 것입니다. 하나의 종교One Religion라는 것을 언어로 다 설명할 수는 없습니다. 불완전한 인간이 다양한 언어로 표현할 때, 다른 사람에게는 역시 불완전하게 이해됩니다. 누구 해석이 맞다 하겠습니까? 다들 자신의 관점에서는 정당하기에, 모두가 틀렸다고 말하기는 어렵습니다. 그래서 관용이 필요합니다. … 관용이 옳고 그름, 선악의 분별을 흐리게 하지는 않습니다. 이런 사안들은 세계의 주요 신앙들에 당연한 것입니다. 이들은 모두 공통된 기반 위에 서 있으며 위대한 성자들을 배출했습니다."[7]

각 종교 전통은 몇몇 국외자들에게 오류나 이단으로 보일지라도 자기 나름대로는 정통적이다. 자기 교리의 진실성이나 예배의 순수성을 잣대로 (다른) 종교를 판단할 수 있는 판관은 세상에 없다. 그런 문제에 관한 한 종교 간의 논쟁은 양측에 동등하다. 유일한 결정은 모든 인간의 최고 판관 the Supreme Judge만 내릴 수 있을 뿐이다. 대체로 간디는 다음과 같은 현대 힌두교 사상을 견지했다. "다양한 종교들은 진리의 다양한 면을 표현한다.

---

[7] M.K. Gandhi, *From Yervada Mandir, op. cit.*, 38-40.

그것은 모두 진리다. 그러나 불완전한 인간이 불완전하게 다루어 오염되었다."[8] 그는 어떤 종교도 다른 종교를 판단하지 말아야 한다고 주장했다. 그렇지 않으면 자신에게도 유사한 판단이 돌아온다. 끝없는 비난과 반박은 종교 자체의 부정은 물론, 신성의 부정까지 초래하고 말 것이다. "자기 종교는 우월하다 여기고 다른 종교는 열등하다 여기는 것은 진정한 종교에 먹칠하는 것이다. 모든 종교는 모든 것에 역사하는 하나의 신을 예배한다. 신은 떨어지는 물방울 하나, 작은 티끌 하나에도 현존한다. 심지어 우상 숭배자들도 우상의 원료인 돌을 예배하지는 않는다. 그들도 그 안에 내재하는 신을 보려고 애쓴다. 다양한 종교들은 한 나무의 잎과 같다. 어느 두 개의 잎도 똑같지 않다. 그러나 그들은 서로 적대하지 않으며 그들이 자라는 가지도 마찬가지다. 그처럼 우리가 피조물에서 보는 다양성의 근저에는 단일성이 내재해 있다."[9]

간디는 다른 종교 전통에 대한 경건한 연구가 자유주의 교육의 필수 요소라고 주장했다. "나는 세상의 경전들을 읽고 공감하는 것이 모든 교양인의 의무라고 생각한다. 남들이 우리 종교를 존중해 주었으면 하듯이 우리도 남의 종교를 존중할 때, 세계 종교에 대한 우호적 연구는 신성한 의무가 된다. 우리 것과 다른 경전들이 자라나는 아이들에게 미칠 영향에 대해서는 두려워할 필요가 없다. 우리는 깨끗한 모든 것을 자유롭게 연구하도록 격려함으로써 그들의 인생관을 열어 주어야 한다. 누군가 비밀리에 혹은 공공연히, 개종시킬 의도로 자신의 경전을 젊은이들에게 읽히는 경우를 경계하라. 그렇다면 그는 분명히 자신의 경전만 선호하는 경향이 있음에 분명하다. 『성서』나 『코란』이나 다른 경전들에 대한 나의 연구와 외경심은, 내가 독실한 사나타니sanātani, 정통 힌두교도라고 주장하는 것과 전혀 모순되지 않는다. 편협하고 고집불통이며, 고대 풍속과 산스크리트어 문헌이 인정하기만 하면 악도 선이 된다고 보는 사람은 결코 사나타니 힌두교도가

---

[8] *Young India*, 1930.2.20.

[9] *Harijan*, 1946.5.26.

아니다. 나는 독실한 사나타니 힌두교도라고 자처한다. 설사 나의 도덕감을 해치는 모든 것을 내가 거부한다 해도, 나는 힌두교 경전이 영혼의 욕구를 충족시킨다고 생각하기 때문이다. 타종교에 대한 나의 존경 어린 연구가 힌두교 경전에 대한 경외심이나 신앙을 약화시키지는 않았다. 오히려 타종교 연구는 나의 힌두교 경전 이해에 실로 깊은 인상을 남겼고 삶에 대한 시야를 넓혀 주었다. 이로써 나는 힌두교 경전의 모호한 문장들을 보다 분명하게 이해할 수 있었다."[10]

"다르마에 대한 외경"은 모든 종교에 구현된 영적 가치와 통찰을 인식한 결과다. 또한 이 "외경"은 모든 종교가 "진리"의 여러 측면들을 각 민족의 특성과 사회적 요구에 따라 강조하고 있다는 사실을 인정하는 것이다. 그것은 모든 종교가 추종자들의 영적 진보를 돕는다는 신념을 표출한다. "다르마에 대한 외경"은 종교들이 서로 적대적이지 않다는 것을 주장한다. 그것은 한 종교를 다른 종교로 대체하는 것을 지지하지 않는다. 오히려 자신이 신봉하는 종교 전통의 진정한 교리를 따름으로써 영적 진보의 단계를 보다 높이 끌어올리도록 설득하는 것을 의미한다. 그래서 보다 나은 힌두교도·무슬림·그리스도인이 되려고 노력하는 것이다. 사실 사람은 자신이 선택하여 살고 행동하는 특정한 틀을 더 선호할 수 있다. 그러나 그것이 그 틀을 따르지 않는 사람들을 경멸해도 좋다는 뜻은 아니다.

자신의 종교를 가장 높고 깊이 이해하면서 다른 종교도 그렇게 이해하려고 노력하지 않고서는 자신과 남의 종교를 깨인 의식으로 존경할 수 없다. 간디는 말한다. "고대 문화의 숨은 보화들을 탐구하려 애쓰는 가운데, 나는 헤아릴 수 없는 은혜를 입었다. 고대 힌두 문화의 영속적 가치들이 예수·붓다·무하마드·조로아스터의 가르침에서도 발견되는 것이었다."[11] 자기 종교에 대한 광신적 무지는 종종 타종교에 대해서도 왜곡된 견해를 가지게 한다. 그러나 자기 종교를 깊이 이해하고 사는 사람은 자기 종교뿐

---

[10] *Young India*, 1926.9.2.

[11] Mahadev Desai, *With Gandhiji in Ceylon*, Madras: S. Ganeshan 1928, 131.

아니라 다른 종교도 겸허히 존중한다.

타종교에 대한 누군가의 관점을 이해하려면 넓은 마음과 동정심, 겸손 그리고 진리를 깨달으려는 의지가 있어야 한다. 그런 사람만이 낯선 전통과 관습, 신앙과 삶의 방식들을 공감할 수 있다. 타종교 전통의 예언자와 현자들은 전 우주에 내재된 동일성을 인류에게 깨닫게 해 주었고, 인류의 형제애와 세계 도덕 정부에 대한 의식도 심어 주었다. 종교 예언자들이 인간성에 기여한 가장 중요한 업적 가운데 하나가 바로 그것이었다. 그중 어느 하나도 거부된다면 인간의 영적 가치는 크게 손상될 수밖에 없다. 유보적 태도나 숨은 동기를 가지고 다른 전통의 경전을 읽는다면, 그 목적 자체가 파괴되고 진리는 고통받게 될 것이다.

간디는 이렇게 썼다. "자기 만족 때문에 다른 종교 경전들을 읽을 때, 나는 가장 효과적으로 그리스도교·이슬람교·조로아스터교·유대교·힌두교에 가까워질 수 있었다. 의식하지는 못해도, 이 경전들을 읽으면서, 나는 이들 신앙에 한결같은 마음이었다고 말할 수 있다. 그날들을 새삼 떠올리건대, 내 종교가 아니라는 이유만으로 타종교들을 비판할 마음이 내겐 추호도 없었으며, 매 경전을 존경하는 마음으로 읽었고, 거기서 근본적으로 동일한 도덕성을 발견하곤 했다. 일부는 그때나 지금이나 이해하기 어렵지만, 이해할 수 없다고 성급하게 틀렸다고 말하는 것이 잘못인 줄은 경험으로 알게 되었다. 처음에는 이해하지 못하던 것들도 나중에는 대낮처럼 분명해진다. 한결같은 마음은 많은 난제를 극복하도록 도와주며, 우리가 무엇을 비판할 때도 빈정대지 않고 겸손과 예의로 표현하게 한다."[12]

"다르마에 대한 외경"은 종교 개혁 과업을 그 종교 추종자들에게 맡기는 편이 더 낫다고 주장한다. 간디는 각자 자신의 신앙을 확고하게 지키며 그 안에서 자기 종교를 개혁할 노력을 기울여야 한다고 믿었다. 그럴 때만 그들의 노력이 열매를 맺게 될 것이다. 그러나 그는 자기 종교 전통의 오류

---

[12] *From Yervada Mandir*, 42-3, vide ante.

를 묵인하지는 않았다. 그는 자신이 힌두교에 남아 힌두교를 개선시킬 수 있다고 생각했다. 그는 타종교의 의례나 대중적 신앙에 대한 외부 비판은 도움이 되지 않는다는 것을 깨달았던 것이다. 외부의 파괴적 비판은 그 실천과 태도를 소멸시키지 못하고 오히려 더 공고화시킬 뿐이다. 그리스도교 선교사들의 힌두교에 대한 잘못된 태도 때문에 그 자신 젊은 한때 그리스도교 신앙에 대해 혐오감을 품기도 했다. 그것은 생각보다 훨씬 해로운 것이어서, 그리스도교에 대한 참된 이해를 방해했다. 그리스도교 선교사들은 그리스도교 신앙을 이해하는 길목을 가로막았다. 선하고 경건한 그리스도인들을 만나고, 신약성서를 공부하고 난 다음에야 그는 비로소 젊은 시절 선교사들 때문에 품었던 혐오감을 지울 수 있었다. 다른 어떤 종교를 폄훼하거나 공격하는 것은 생각조차 할 수 없는 일이었다. 그는 "다른 종교들을 비방하는 어떤 선전도 인정할 수 없다"[13]고 썼다. 특정 종교의 국외자는 타종교의 장점과 탁월성을 지적하여 그 장점들을 자기 것으로 흡수·동화시킬 수 있을 것이고, 경우에 따라서는 유용한 제안들을 내놓을 수도 있을 것이다. 그러나 이웃 종교를 비방해서는 안 된다. 단적으로, 그는 그럴 권리가 없다. 타종교의 친구가 될 때만 비판의 명분을 얻는 법이다. 다른 신앙의 좋은 점들을 존경하고 그들을 우정으로 대할 때 우리는 비로소 비판의 명분을 얻는다. 우리가 취할 최선의 태도는 타종교의 신앙과 실천에 대한 이해를 그 종교의 최고 해석자들에게서 찾는 것이다. 개혁 과업은 그 종교 신봉자 스스로에게 맡겨야 한다.

간디의 무슬림 친구가 이슬람교의 몇몇 부당한 계율과 타락을 지적하면서, 왜 그런 것들을 비난하지 않느냐고 물었을 때, 간디는 이렇게 대답했다. "나는 어디서도 『코란』의 모든 가르침을 문자 그대로 믿는다고 말한 적 없네. 세상 어떤 경전도 마찬가지네. 다른 종교 경전들을 비판하고 그 결점들을 찾아내는 일은 내 소임이 아니라네. 하지만 그 경전에 내재된 진리

---

[13] *Young India*, 1924.5.29.

를 선포하고 실천하는 것은 나의 특권이자 소임일세. 따라서 나는『코란』이나 내가 이해하지 못하는 예언자들의 삶을 비판하거나 단죄할 수 없네. 오히려 나는 내가 이해할 수 있는, 예언자적 삶의 면면들을 존경할 모든 기회를 환영해 마지않네. 해석상의 난제에 부딪치면 저명한 무슬림 해석자들의 도움으로 난제들을 이해하려 할 것이며, 경건한 무슬림 친구들의 눈으로 그것들을 보는 데 만족하겠네. 내 신앙보다 타인의 신앙을 존경할 때만 나는 종교들의 동등한 원리를 깨달을 수 있을 터이네. 힌두교에 내재된 결점들을 지적하여 힌두교를 정화시키고 그 정결함을 유지하는 것은 나의 권리요 의무일세. 그러나 힌두교도가 아닌 사람이 힌두교를 비판하고 오류들을 열거한다면, 그들은 힌두교에 대한 자신의 무지와 힌두교의 관점에서 볼 눈이 없는 무능을 드러내는 셈이지. 이는 그들의 입장을 왜곡시키고 판단력을 손상시키는 행위라네. 비힌두교도의 힌두교 비판에 대한 나의 경험은, 나로 하여금 나 자신을 돌아보게 만들어 내 한계를 깨닫게 해 주었고, 이슬람교나 그리스도교, 그리고 그 창시자들을 비판하는 데 신중을 기하라는 교훈을 주었다네."[14]

"다르마에 대한 외경"은 모든 제도 종교가 인간의 내면 생활을 발전시키고 풍요롭게 해 주는 조력자요 안내자임을 알고 있다. 종교 자체가 최종 목적은 아니다. 지고의 윤리적·영적 발전을 위한 수단일 뿐이다. 다양한 종교들은 기르고 품으며 그 추종자들이 영적인 삶을 가꿀 기회와 지침과 용기를 준다. 제도 종교의 겉모양만 일치시킨다고 인류를 구원할 수는 없다. 세인들의 깊은 외경심과 존경과 본받음의 열의를 불러일으키는 것은 위대한 예언자들의 고귀하고 숭고한 내적 삶이다. 각 제도 종교들은 영적 열망이 큰 사람들을 기르고 품어야 하며, 영적 삶을 증진함에 있어 서로 손잡고 힘 합쳐야 한다. "다르마에 대한 외경"은 종교 간의 그러한 영적 교류를 가능하게 한다.

---

[14] *Harijan*, 1937.3.13.

"다르마에 대한 외경"은 종교와 비종교의 구별을 없애는 것이 아니다. 간디는 말한다. "우리는 비종교에 관용을 베풀라는 제안은 하지 않는다. 무엇이 종교이고 무엇이 종교가 아닌지를 저마다 나름대로 결정한다면, 더 이상 한결같은 마음을 품을 여지가 없을 거라고 혹자는 반대할 것이다. 우리가 '사랑의 법'을 따를 때, 비종교적 형제를 증오하는 것을 참을 수 없을 것이다. 오히려 그를 사랑하여 스스로 잘못을 깨닫게 하거나, 서로 간의 견해차를 너그러이 봐주게 될 것이다. '사랑의 법'을 따르지 않는 상대라면 우리를 폭력으로 대할 것이다. 그러나 그때도 우리가 그를 사랑으로 감싼다면, 그도 결국 참담함을 극복하게 될 것이다. 우리가 잘못한 이를 무례하게 대하지 않고, 스스로 고통받을 준비까지 감수하리라는 황금률을 지키기만 한다면, 우리 앞에 놓인 모든 장애물은 사라질 것이다."[15]

간디는 다른 데서 이를 더욱 분명히 한다. "나는 다른 신앙을 가진 모든 이를 — 인도뿐 아니라, 온 세상의 — 사랑해야 한다. 서로 교류함으로써 더 좋은 사람이 되기 위함이다. 그렇게 된다면 세상은 지금보다 훨씬 살기 좋은 곳이 될 것이다. 나는 너른 관용을 호소하면서 그 목적을 위해 일하고 있다."[16]

2. 개념의 전개

고래로 "다르마에 대한 외경"은 인도 사상과 문화 전반을 관통하고 있다. 간디는 그것을 예전보다 더 완전하고 명쾌하게 체계화시켰을 뿐이다. 인도는 외래 신앙에 관대했으며 그것과 친해지는 데 주저하지 않았다. 그리스도교 수세기 전부터 있었던 『리그베다』*Ṛgveda*는 이렇게 천명한다. "하나인 진리를 현자들은 많은 이름으로 부른다"(ekam sat viprāḥ bahudhā vadanti).[17] 사실

---

[15] M.K. Gandhi, *From Yervada Mandir*, *op. cit.*, 43-4.

[16] *Young India*, 1927.12.22.

[17] *Ṛgveda* 1: 164: 46.

인도 역사 초기부터 사상가들은 신의 다양한 이름과 형태들이, 각기 다른 신을 지칭하는 것이 아님을 알고 있었다. 이름과 형태의 차이가 곧 그 표방하는 실재의 상이를 의미하지는 않는다. 이러한 숭배와 신념 체계의 다양한 형태는 "최상의 실재"가 궁극적으로 하나라는 관념에서 비롯되었다. 다양성 이면의 일치 개념은 일찍이 인도 종교 의식 속에서 근본적 사실로 자리매김했다.

가우다파다Gauḍapāda의 『만두키야 카리카』*Māṇḍūkya Kārikā*에서, 아드바이타 베단타Advaita Vedānta[불이론(不二論)을 주장하는 사상] 학파는 누구와도 다투지 않았다고 한다. 모든 종교와 철학파에는 나름의 고유한 입장이 있었다. 베단타 학파는 다양한 교설과 이론들을 조화시키려고 노력했다. "다양한 이론들은 서로 모순된다. 그러나 아드바이타는 어느 것과도 모순되지 않는다"(parasparam virudhyante tenāyam na virudhyate).[18] 마찬가지로, 시바Śiva[삼신(三神) 중 셋째 신, 파괴와 재생을 주관], 비쉬누Viṣṇu(삼신 중 둘째 신, 창조의 보존을 주관), 사크티Śakti(생식력), 수리아Sūrya(태양) 그리고 가나파티Gaṇapati(시바 신의 아들로, 코끼리 형상의 신)를 숭배하는 판차야타나푸자Pañcāyatanapūja[오존숭배(五尊崇拜)]에서는 그 비전의 너름새와 종합의 정신이 동일하다. 그리하여 브라마Brahmā(창조신), 비쉬누Viṣṇu, 마헤스바라Maheśvara(위대한 신)가 통합되어 신의 삼위일체적 형태인 트리무르티Trimūrti 개념으로 숭배된다. 하나이며 동일한 이쉬바라Īśvara[자재신(自在神), 주(主)]를, 이를테면 창조·보호·소멸이라는 관점에서 본 것이다. 또, 비쉬누와 시바는 하리하라Harihara의 상징으로 숭배되는데, 상호 의존하는 타자를 공경하라는 것이다. 베단타Vedānta(『베다』의 완성 또는 끝이라는 뜻) 철학은 아드바이타Advaita[불이론(不二論)], 비시스타아드바이타Viśiṣṭādvaita[차별적 불이론(不二論)] 그리고 드바이타Dvaita[이원론(二元論)]를 종합한다. "오 주님이시여, 내가 몸으로 있는 한 나는 당신의 종입니다. 내가 자신을 하나의 개별적인 혼이라고 여길 때, 나는 당신의 일부입니다. 그리고 내가 자신을 영혼이라고 여길 때, 나는 당신과

---

[18] *Māṇḍūkya Kārikā*, III, 17.

하나입니다. 이것이 나의 확신입니다."[19]

현대 힌두 사회 역시 힌두이즘의 다양한 학파와 분파들이 조화롭게 지내는 모습을 보여 준다. 사실, 인도에서는 같은 건물이나 지역 내에서 서로 다른 신을 모시고, 한집안 식구들도 서로 다른 신을 숭배하는 일이 다반사다. 힌두 전통은 통상 이러한 이해와 융화의 정신이 대변한다. 그리고 간디도 이론으로만이 아니라 생활 속에서 이러한 정신에 충실했다. 그에게서 힌두 사상과 문화가 풍부하고 극명하게 꽃피었던 것이다. 그는 이 전통을 충분히 체계화시켰고 그것을 새로운 사상과 활동으로 전개했다.

넓게 말해서, 일찍이 인도의 문화와 종교는 광신주의와 배타주의를 피해 왔다. 평화와 자비의 힘에 대한 첫 메시지가 바로 인도의 붓다로부터 세상에 설파되었다. 인간의 갖가지 비탄에 직면해서 그의 위대한 영혼은 자비로 가득 차 외쳤다. "이것은 내가 바라던 세상이 아니다. 모든 사람의 눈에서 눈물을 씻어 주고 싶다." 자이나Jaina 경전은 종교적 관용을 최고의 가치로 꼽는다. 모든 종교 사상을 지칭하는 사르보다야sarvodaya(모든 것을 높인다는 뜻)라는 용어가 자이나 문헌에는 아네칸타바다anekāntavāda(많은 관점의 이론)라는 용어와 함께 나온다. 불교의 각 학파와 자이나교는 힌두교의 산물로, 힌두교에 포함된다. 그들은 서로 많은 공통점이 있다. 모든 종교에 경의를 표하는 것은 단순한 정책상의 문제가 아니라 인도 영적 비전의 근본 원리다.

다양한 종교 전통 추종자들이 박해를 피해 피난처를 찾았을 때 인도는 때때로 놀랄 만한 영적 적응력을 베풀었다. 예루살렘 성전의 두 번째 멸망 후 유대인들은 인도에 정착했다. 그들은 땅과 집을 받았고 그들 방식대로의 종교 생활을 영위하도록 허락받았다. 예수 그리스도가 죽은 지 한 세기 만에 시리아 그리스도 교회는 자유롭게 교회를 세우고 활동할 장소를 남인도에서 찾을 수 있었다. 그리고 무슬림이 페르시아를 침략했을 때, 남은 조로아스터교도들은 고향을 떠나 인도로 왔다. 그들은 모두 받아들여졌고

---

[19] *Dehabuddhyā tu dāso'smi jīvabuddhyā tvadaṁśakaḥ, Ātmabuddhyā tvamevāham iti me niścitā matiḥ.*

고유한 방식으로 예배드릴 수 있는 제반 시설들을 제공받았다. 인도는 무슬림 상인들을 환대했고, 무슬림 통치자들의 정치적 침략이 감행되기 오래 전부터 무슬림 제국들과 우호 관계를 맺고 있었다. 사실 그리스도교와 이슬람교가 처음 인도에 유입될 무렵에는 그들에 대한 적대적 저항이 없었다. "인도사를 전반적으로 개관하건대, 인도는 인종적·종교적 보편주의를 표방하려 했다. 인도의 입장은 편협하기는커녕 오히려 에큐메니칼한 것이었다. 인도는 모든 형태의 전통에 각기 안식처를 제공해 주었으며 신앙을 가지지 않은 자들에게도 배타적이지 않았다."[20] 인도가 최근 달라이 라마와 티베트에서 유입된 그의 추종자들에게 안식처와 환대를 베푼 것은 하나의 좋은 예다.[21]

『바가바드기타』는 종교의 자유를 장려하고 있으며, 삶의 양식과 사상 체계, 그리고 영성 수양의 다양한 방식을 존중하는 태도를 가져야 한다고 가르친다. 다음은 이해와 관용의 자세에 대한 『기타』의 전형적 구절이다.

> 형식이야 어떻든지 신앙과 헌신으로 예배하기 원하기만 하면, 나는 바로 그 형식을 통해 그의 신앙을 굳건하게 할 것이니라(VII.21).

> 다른 신들에게 헌신하는 자들이라도 온전한 신앙으로 경배하기만 하면, 오 카운테야Kaunteya여, 인정된 방식을 따르지 않아도, 바로 나를 경배하는 것이니라(IX.23).

> 사람들이 어떤 식으로든지 내게 의지하기만 하면, 나는 그들에게 은총을 베풀어 주리라. 어떤 식으로든, 오 파르타Pārtha여, 사람들이 따르는 길이 곧 나의 길이니라(IV.23).

---

[20] *The Report of the University Education Commission*, vol.I, 298, vide ante.
[21] Asylum은 1959년 달라이 라마와 티베트 난민들에게 인도 정부가 제공한 것이었다.

『스베타스바타라 우파니샤드』*Śvetāśvatara Upaniṣad*의 기록이다. "한 분이시며 모든 사람과 모든 시대에 모든 필요한 것들을 나누어 주시는 분, 태초부터 계셨고 만물의 궁극이신 바로 그분이 우리를 진리와 공통된 경배와 의로 하나 되게 하시리라"(4:1).

『시바마힘나 스토트라』*Śivamahimna Stotra*는 선포한다. "『베다』, 『상키야』*Sāṅkhya*, 『요가』*Yoga*, 『사이바』*Śaiva* 그리고 『바이쉬나바』*Vaiṣṇava* 경전에는 여러 길이 있습니다. 사람들은 이 가운데 저마다 최선의 길을 택합니다. 신봉자들은 이런 다양한 길을 곧거나 굽었거나 자신의 취향대로 따르고 있습니다. 그러나, 오 주여, 당신은 모든 강이 바다로 흐르듯 홀로 모든 인간의 궁극 목표이십니다."[22]

인도 역사에서, 모든 종교에 대한 아소카 왕의 태도는 인도 문화의 전형이며 특별히 언급할 가치가 있다. 전쟁에서 승리한 후, 그는 평화와 형제애의 복음을 전파하고 남은 삶 동안 이러한 이상을 실천하기 위해, 제국주의를 포기했다. 그의 종교적 포용력은 타종교에 대한 존중으로 나타났다. 그는 유명한 「바위 칙령」*Rock-Edicts*에서 모든 사람이 자신의 종교를 선택할 자유와 자신의 방법대로 예배할 자유가 있다고 선언했다. 그는 비하라*vihāra*(사원)와 수도원들을 설립하여 자이나 수도승들에게 제공했으며, 타종교 추종자들에게도 특혜와 기부금을 하사한 적이 많았다. 그 자신은 불교도였지만 불교의 윤리적인 이상은 힌두교의 본질과 매우 상통했다. 정의와 진정한 관용, 그리고 무엇보다 비폭력 정신을 높이 산 그의 노력은 유사 이래 탁월한 것이었다. 타종교에 대한 그의 태도는 마음에서 우러나는 이해와 존경에 찬 것이었다. 그는 같은 순례자로서 모든 종교의 독실한 추종자들을 존경했으며, 끈기 있게 영적 자유를 향한 길로 매진했다. 「바위 칙령」에 나타난 아소카의 이처럼 숭고한 관용적 태도는 어디에서도 그 유례를 찾아보기 힘들다.

---

[22] *Trayī sāṅkhyam yogaḥ paśupatimatam vaiṣṇavamiti prabhinne.*

1. 신들의 사랑을 받는 프리야다르신Priyadarśin 왕은 모든 종파 사람들과 그 수장들에게 선물과 갖가지 형태로 경의를 표한다.

2. 그러나 신들의 사랑을 받는 사람은 선물이나 헌금보다는 모든 종교 추종자들의 영적 능력sāravṛddhi이 신장되는 것을 더욱 가치롭게 여긴다.

3. 이러한 영적 능력은 다양한 형태로 신장된다.

4. 그러나 근본mūla은, 자기 종교를 찬양하고 타종교를 비방하거나 적절한 이유 없이 언급하지 않기 위해 말을 삼가는 것이다.

5. 적절한 이유가 있을 때 타종교인들은 합당한 존중을 받아야 한다. 그럼으로써 자기 종교를 고양시키고 타종교인들을 도울 수 있다. 그러나 반대로 행동하면 자기 종교뿐 아니라 타종교에도 해를 입히게 된다.

6. 사고방식이 다른 사람들이 나름대로 다르마의 소리를 듣고 그 목적에 봉사하는 것은 모든 종교의 가치로운 일치점samavāya이다.

7. 신들의 사랑을 받은 데바남프리야Devānāmpriya의 소망은, 모든 종교의 추종자들이 여러 종교Bahuśruta에 정통하고 건전하고 의로운 교리Kalyāṇa Āgama를 지키는 것이다. 그리고 의로운 교리들은 도처에서 선포되어야 한다. 데바남프리야는 선물이나 헌금보다는 모든 종교 추종자들이 지닌 영적 능력의 신장에 더 큰 가치를 둔다.[23]

아소카 비문에 새겨진 이 종교적 관용의 철학은 북쪽 페샤와르Peshawar에서 남쪽 칸야쿠마리Kanyākumāri까지 널리 퍼졌다. 아소카는 도덕성·단순성·진실성을 역설했다. 왕과 백성 모두가 철저히 종교적 관용을 실천했다.

남인도 벨루르Belur의 케사바Keśava 사원에서 선포된 「사사나」Śāsana(왕의 칙령)도 종교 이해에 관한 주목할 만한 실례다. 「사사나」의 첫 구절에서 시바Śiva는 케사바와 함께 칭송받는다. 더 나아가 다른 구절에서는 이렇게 기도

---

[23] *Edicts of Asoka*, trans. by G. Srinivasa Murthy and A.N. Krishna Iyengar, 33-4.

한다. "시바 숭배자들이 시바처럼, 『베다』를 믿는 자들은 브라만처럼, 불자들이 붓다처럼, 나이야이카Naiyāyika〔정리론파(正理論派)〕들이 카르타Kartā*를 증거하는 데 익숙한 것처럼, 자이나의 추종자들이 아라핫Arhat처럼, 미맘사카Mīmāṁsaka(미맘사파)들이 카르마Karma처럼 숭배하는 케사바여, … 우리 마음의 소망을 이루어 주소서."[24] 이렇게 신자들은 타종교의 교의들을 소중하고 가치로운 것으로 존중해야 한다.

하르샤Śrī Harsha(7세기)는 북인도 전역을 다스린 불교도 황제였다. 그러나 그는 타종교도 존중했다. 그의 사상은 보편적이어서 모든 종교의 학인들을 존경했다. 그는 매일 수백 명의 힌두교도와 불자들을 먹여 살렸으며 많은 사원을 세웠고 순례자를 위한 쉼터도 마련했다. 하르샤는 당나라 종교 사절을 맞기도 했다. 그의 재위 기간중 당승 현장玄奘은 인도를 방문하여 환대받았다. 시바와 비쉬누가 붓다와 동등하게 숭앙받게 된 것도 그의 영향력 덕분이었다. 하르샤는 종교회의를 열어, 자이나교도·불교도·브라만교도 그리고 각종 철학파의 학인 등 모든 참가자들에게 막대한 선물을 제공했다. 당승 의정義淨은 날란다Nālandā 대학이 각 종파와 모든 "현실적·비현실적" 신조들의 집합소라 했다. 동시대, 바나Bāṇa의 하르샤차리타Harshacarita는 힌두교도·불교도·자이나교도·로카야타Lokāyata 등 다양한 신조의 학인들이 모인 디바카라미트라Divākaramitra의 은수처에 대해 이렇게 말했다. "각 종교의 추종자들이 아크바르Akbar의 뜰에서 사이좋게 토론하곤 했다."[25] 토인비의 눈에 비친 "아크바르의 딘-일라히Din-Ilahi는 넓은 도량을 지닌 인도인의 전형이었다."[26] 그는 힌두교와 이슬람교의 획기적 종합을 시도했다.

---

* 카르타의 본명은 아르주나(Arjuna)로, 하이하야(Haihaya) 왕의 아들이다. 그는 아트리(Atri) 종족에서 유래한 다타트레야(Dattātreya)라는 신명으로 숭배된다. 병장기와 황금마차로 무장하고, 어디든지 가서 정의로 불의를 다스린다 — 역자 주.

[24] *Yam śaivāḥ samupāsate śiva iti brahmeti vedāntino.*

[25] *The Report of the university Education Commission*, vol.1, New Delhi: Government of India Publications에서 인용.

[26] A. Toynbee, *One World and India*, New Delhi: Indian Council for Cultural Relations, 19.

아소카가 불교에서 그랬던 것처럼, 실제로 아크바르는 인도에서 이슬람교의 지위를 격상시켰다. 그들의 깨달음과 통찰은 역사상 수많은 사람들에게 영감을 주었다.

라자고팔라차리는 말한다. "자신의 신앙 행위에 쓰이는 절대자the Supreme Being의 이름이나 정신적 이미지가 무엇이든, 타인이 숭배하는 신의 존재를 부정하지 않는 것이 힌두교의 전통이다. '지고한 존재'를 표현하기 위해 그가 선택한 신의 이름을 드높인다고 해서 타종파의 신성과 진리를 부정해서는 안 된다. 자신만의 경건한 열정은 자신의 예배와 명상에 쓰이는 이름과 형식에만 우월성을 부여할 뿐, 다른 신들의 신성은 거기서 유추된 것으로만 치부해 버린다. 이것은 모든 논의를 '지고한 존재'라는 구체적 상징, 특별한 이름 또는 정신적 형태에 집중하는 예배의 테크닉으로 환원시키는 것이다. 모든 수행자들이 똑같이 따르는 베단타의 내용에는 아무 차이가 없다. … '하늘에서 내린 비가 바다로 흘러들듯, 모든 신에 대한 숭배는 전부 케사바*로 향한다.'"[27]

앤드류스는 말한다. "무슬림의 인도 침략 후에도, 힌두교와 이슬람교 간의 심각한 갈등을 극복하기 위한 양측 인사들의 노력은 참으로 대단했다. 중세기, 북인도 전역의 위대한 힌두교 성자들은 이슬람교를 이해하려는 진지하고도 지속적인 노력을 아끼지 않았다. 그들은 "신의 단일성"Unity of God이라는 근본 교의를 우파니샤드의 가르침에 따라 해석했다. 그들은 우상숭배나 카스트 제도에 대해서도 극도로 무관심했다. 나아가, 이슬람교를 이해하려고 노력하던 힌두교 성자들은 이슬람교를 존경하기까지 했다. 마치 무슬림 성자들 — 특히 수피Sufis라 불리던 이들 — 이 힌두의 종교철학과 그 이상理想을 받아들였던 것처럼."[28]

---

* 케사바는 비쉬누/크리슈나(Krishna)의 다른 이름으로 아름다운 머리숱을 지니고 있다.

[27] C. Rajagopalachari, *Hinduism: Doctrine and Way of Life*, Bombay: Bharatiya Vidya Bhavan 1970.

[28] C.F. Andrews, *Mahatma Gandhi's Ideas*, 55, vide ante.

일시적 긴장은 있었지만 힌두교와 이슬람교의 만남은 양 종교에 좋은 방향으로 유지되었다. 샤르마 교수는 이렇게 본다. "힌두교와 이슬람교가 서로 관계 맺음으로써 서로에게 득이 되었다는 것은 역사가 증명한다. 무슬림은 더 관대해졌고, 힌두교도들은 더 단순해졌다. 그리고 힌두교도도 무슬림도 아닌, 무형無形 숭배자로 자처하는 나낙Nanak 같은 스승도 나타났다. 그는 힌두교도와 무슬림 양측의 영향으로, 힌두교 성자들의 송가나 수피 스승들의 글에 정통했다. … 그리고 샤이크 모하메드 사힙Shaik Mohammed Sahib과 모하메드 카지Mohammed Kazi 같은 무슬림 성자들을 제자로 둔 차이타냐경Lord Caitanya 같은 이도 있었다. 그들은 두 공동체에서 모두 존경받았다. 라마난다Rāmānanda의 제자 카비르는 힌두교와 베단타 철학에서 지대한 영향을 받았지만, 무슬림이었던 수피 신비주의자들의 영향도 무시할 수 없다. 무슬림 직조공이었던 그의 가르침에는 이슬람교의 영향이 묻어난다. 카비르는 카르마와 삼사라 등의 힌두교 교리와, 브라만·마야māyā(환각)·릴라līlā(유희)·모크샤mokṣa(해탈)·바이라기야vairāgya(이욕)·산야사sannyāsa(포기) 등의 힌두교 개념을 받아들이는 한편, 거룩한 이름 라마의 효험을 수용했다. 그러나 아바타라 교리는 거부했고 우상숭배와 제의들은 비난했다. … 그는 사후에 힌두교도와 무슬림 모두로부터 성자로 추앙받았다. 종교가 열렬한 인격적 체험인 사람들에게 그는 진정한 신비주의자였다."[29]

초기에는 힌두교와 이슬람교의 조화가 달성된 듯 보였다. 그러나 광신과 편협에 빠진 양측의 조야한 정통주의자들이 길목을 막아서서 상황을 갈등과 혼란으로 치닫게 했다.

인도는 정치적 격변을 많이 겪었다. 숱한 제왕들이 왕좌에서 물러나야 했다. 왕조와 제국이 흥망성쇠를 거듭했다. 정치적 적대자들은 영토 분할과 재편성을 밥 먹듯 했다. 그러나 인도 문화에는 하나의 일관된 흐름이 유지되었다. 막스 뮐러Max Müller에 의하면, "힌두 사상에는 현대와 고대 사

---

[29] D.S. Sharma, *Hinduism Through the Ages*, Bombay: Bharatiya Vidya Bhavan 1973, 90.

이에 3,000여 년 이상 끊이지 않는 연속성이 있다". 그 과정에 많은 도전이 있었음은 의심할 여지가 없으나 창조적인 방법으로 응전했다. 오랜 역사를 거치며 인도는 수많은 외래문화와 접했다. 그리스·이란·스키타이·훈족·중국, 그리고 마침내 유럽 문화와 만났다. 이 모든 것에도 불구하고 인도 문화는 뿌리에 충실했고 정체성을 잃지 않았다. 인도 문화의 정신은 "완고하고 보수적이 아니라, 적응하고, 수용하고, 친화하는 데 있었다".[30]

위정자와 제왕들은 통상 기존의 문화적·종교적 전통을 존중했고, 그들이 통치하는 백성들의 이상과 관습의 장점을 적절히 활용했다. 그들은 다양한 종교 단체에 푸짐한 선물을 제공했다. 가령, 찰루키아Chalukya와 호이살라Hoysala 왕조는 때로 서로를 공격했지만, 백성들의 문화적·종교적 삶에 간섭하지는 않았다. 오히려 선물을 제공함으로써 서로를 존중해 주었다. 팔라바Pallava 왕들은 불교의 정규 지원자들이었다. 아드바이타Advaita〔불이(不二)〕 베단타 학파의 창시자 상카라는 비자야나가르Vijayanagar 왕들의 도움으로 스링게리Sringeri에 학문의 본거지를 마련했다. 이후의 왕조들은 이렇게 제공된 기관을 안전하게 보호했다. 무슬림인 나왑Nawab도 이런 헌사를 계속했다. 왕이 자신과 다른 신앙을 후원하는 것은 이상한 일이 아니었다. 디와카르R.R. Diwakar가 말했듯이, "모든 종교를 동등하게 대하는 것도 라자다르마rājadharma(왕의 충실한 의무)에 속한다".[31]

공정한 연구를 촉진하고 타종교의 진가를 인정하며, 타종교의 빛에 비추어 자기 종교를 비판하는 것은 타종교에 대한 관용과 존중이 주는 중요한 성과다. 다양한 종교들이 상존하는 한, 종교의 상호 비교는 불가피하다. 비교는 건설적 비판의 지름길이며 건설적 비판은 종교 재건으로 귀결된다. 어느 종교라도 개혁의 열망에 불타는 예민한 신자들은 있게 마련이다. 그들은 타종교의 덕목과 자기 종교의 약점에 늘 촉각을 곤두세우고 있다. 이러한 개혁자들은 권위나 문헌적 지식 혹은 전례보다 내적 신앙의 필요성과

---

[30] R.R. Diwakar, *Paramahamsa Ramakrishna*, Bombay: Bharatiya Vidya Bhavan 1964, 31.

[31] *Ibid.*, 30.

사유의 순수성을 더 강조한다. 아리야 협회Arya Samaj나 브라마 협회Brahma Sa-
maj, 라마크리슈나 선교회Ramakrishna Mission 등은 이러한 내적 개혁 운동들이
다. 인도 밖에서 일어나긴 했지만 신지학 운동Theosophical movement은 고대 인
도의 지혜에서 그 원동력을 흡수했다. 스리 라마크리슈나Sri Ramakrishna는 19
세기의 가장 중요한 종교적 인물 가운데 하나다. 모든 위대한 종교들이 모
두 정당하다고 주장한 것은 그의 가장 중요한 공헌이었다. 그는 타종교 수
행자들의 삶을 스스로 경험함으로써 타종교의 정신에 입문했다. 라마크리
슈나에게 진리의 최종 시험은 '신성'의 체험이었으므로 그의 태도 역시 실
험적이었다. 모든 종교가 신에 이르는 유효한 길이므로, 그는 다른 길을
걷기 위해 어느 한 길을 떠날 필요가 없다고 생각했다. 그러므로 자기를
키운 종교에 충성을 다하는 것이 최상의 선택이다. 그런데 이것이 타종교
로부터 새로운 빛을 얻는 데 방해가 되어서는 안 된다. 가능한 한 자기 종
교의 사드하나sādhanā, 즉 수련을 완성하는 것이어야 한다.

붓다 이후 2,500년 만에 우리는 폭력과 불관용이 진리를 은폐하는 것이
라 믿는, 한 위대한 인물을 인도에서 만난다. 그는 지상에서 가장 강한 것
은 사랑을 행하는 힘이고, 자발적 자기 희생은 적대자들의 마음까지도 변
화시킬 수 있다고 믿었다. 이것이 바로 간디의 가르침이다. 그는 관용과
사랑의 실천이라는 인도의 전통적 가르침을 어느 때보다 높이 고양시킨 사
람이다. 타인의 신앙에 진정으로 경의를 표하고 실천했던 스승들은 마하트
마 간디 이전에도 많았다. 그러나 그 뜻을 그만큼 넓고 깊게 제시해 준 사
람이 간디 말고 어디 있는가? 누가 간디만큼 자신의 삶을 통해서 완벽하게
그것을 보여 주었는가? 토인비는 이렇게 본다. "비폭력 정신은 도덕적 이
상에 고무된 감정이다. 모든 도덕적 이상은 거기에 부합하는 지성적 비전
과 결합되어 있다. 비폭력이라는 인도 정신에 지적으로 상응하는 인도의
비전은, 인간이 진리와 구원으로 나아가는 데는 하나 이상의 길이 있다는
믿음이다. 여기서 내가 말하는 '진리'란 절대적인 영적 실재를 감지하는
것을 의미한다. 내가 말하는 '구원'이란, 우리가 실재에 대한 비전을 가질

때, 그 실재와 어느 정도 조화를 이루는 것을 뜻한다."[32] 다른 곳에서 토인비는 이렇게 썼다. "마하트마와 붓다가 한목소리로 말할 때, 우리는 바로 인도의 음성을 듣는 것이다."[33]

오늘날에도 힌두교는 인도의 국교가 아니다. 인도는 모든 종교의 추종자들이 동등하게 발붙이고 살아가는 다종교 국가다. 간디는 말한다. "인도의 위대한 신앙들은 모두 인도를 만족시킨다. 그리스도교와 유대교는 물론, 힌두교와 그 분파들, 이슬람교, 조로아스터교 모두가 살아 있는 신앙들이다. 완전한 신앙이란 없다. 각 신자들에게는 모든 신앙이 똑같이 소중하다. 그러므로 위대한 종교의 추종자들은 서로 생생한 우호 관계를 맺고, 자기 종교의 우월성을 과시하기 위해 타종교 공동체들과 무익한 충돌을 일으키지 말아야 한다. 이러한 우호 관계를 통해서 각자의 신앙에 존재하는 단점과 군살을 제거할 수 있게 될 것이다."[34] 그래서 힌두교는 오늘날 다행히도 인도에서 특권을 행사하기를 삼가고 있다. 이로써 그들은 인도 정신과 간디의 말에 충실하고 있다. "나는 인도가 하나의 종교, 즉 전적인 힌두교, 전적인 그리스도교, 전적인 이슬람 국가로 발전하기를 꿈꾸지 않는다. 오히려 인도가 온전히 관용적이어서 모든 종교가 공존하기를 바란다."[35]

3. 진리의 양상

간디는 "진리"를 향한 진지한 구도 과정에서 "다르마에 대한 외경"이라는 개념에 도달했다. 그는 진리에 대한 자신의 이해가 유일한 길은 아니라는 생각에, 다른 사람의 견해에도 큰 관심을 기울였다. 이것이 그에게는 자비의 실천적 의미였다. 진리에 대한 관심이 너무 커서, 그는 원천을 달리하

---

[32] Arnold Toynbee, *One World and India*, 55, vide ante.

[33] *Ibid.*, 50.

[34] *Young India*, 1931.4.23.

[35] *Ibid.*, 1927.12.22.

는 다른 유파의 진리에 대해서도 겸손했고 내적으로 수용할 준비가 되어 있었다. 그는 결코 자기의 확신이 최종적인 것이라고 내세우지 않았다. 그렇지 않았더라면 "진리는 신이다"라는 주장은 불가능했을 것이다. 종교 간의 조화와 모든 종교에 대한 외경이라는 그의 생각은 열정적 진리 탐구의 소산이다.

우월감·배타성·상호 의심과 질시는 타종교인들과 관계하는 일부 종교인들의 태도에서 명백히 드러난다. 자기 신앙만 지고지선이며 다른 종교는 불완전하고 틀렸다는 태도는 닫힌 체계를 양산한다. 광신주의는 모든 종교적 질문을 그치게 하고 사람을 맹목의 길로 이끌어, 진리가 충만히 성장하는 것을 이해할 수 없게 만든다. 그러므로 심한 편견과 선입관에 사로잡혀 있는 한, 인간은 결코 진리를 얻을 희망이 없다. 한 독일 철학자는, "배타성을 주장하는 것은 진리 탐구에 대한 도덕적 공격"이라 했다. 이러한 상황에서, "다르마에 대한 외경"은 분위기를 쇄신시켜 다양한 종교가 융화되도록 한다.

이미 살폈듯이, "다르마에 대한 외경"은 모든 종교가 모두에게 동등한 가치를 지니고, 각 종교에서 최선의 것들을 끌어 모으기만 하면 종합이 이루어질 것이라 가정하는 것은 아니다. 오히려, 각 종교가 저마다 독특한 역사적·지리적·문화적 환경에서 기인하는 나름대로의 배경과 특색을 가진다고 주장한다. 사람들은 저마다 특수한 배경, 독특한 사회적·지적 역량과 역사적 요인들의 일회적 조합의 결과로 남과는 다른 그들만의 고유한 특성들을 발전시켜 왔다. 이러한 차이는 한 민족이 가진 에토스에서 기인한다. 각 종교의 신자들에게도 자기들끼리만 공유하는 세계관과 인간관 그리고 남다른 신관이 있다. 종교와 문화 분야에서의 접근 방법과 표현 양식에는 차이점이 많다. 그러므로 특정 종교 체계의 독특성을 유지하는 것이 옳고 바람직하다. 문화와 신조의 차이점들을 억지로 제거하려 해서는 안 된다. 오히려 다른 문화나 신조와의 조화로운 관계를 정립하려고 애써야 한다. 이것은 획일화가 아니라 조화에 의해 성취될 수 있다. "종교적 조화

는 모든 종교가 자신의 역사적 개체성을 버리고 뼈다귀만 모여 회의를 연
다고 얻어지는 것이 아니다. 물론, 살과 피부를 몸에서 벗겨 내면 우리는
모두 똑같아진다. 그러나 우리가 원하는 것은 죽은 통일체가 아니라 살아
있는 통일체다."[36]

　간디는 절충주의eclecticism를 좋게 보지 않았다. 자기 종교와 그 풍부한 유
산을 포기하는 것도 찬성하지 않았다. 오히려 자기 종교에 몰두하라고 강
력히 주장했다. 절충주의자는 어떤 종교 전통에도 몰입하지 못하여 깊이가
없다. 절충주의자의 이러한 접근 방법은 피상적이라, 한 종교의 독특한 메
시지를 파악하는 데 실패하고 말 것이다. 절충주의자는 표면에서만 허우적
거리는 셈이다. 간디는 말한다. "글쎄, 누구에게 절충할 것을 요구하는 것
은 신앙을 가지지 마라는 것과 같다. 나의 신앙은 넉넉하여, 그리스도교 ―
플리머스Plymouth 형제단까지 ― 도, 가장 광신적인 무슬림도 반대하지 않는
다. 그것은 가장 넓은 관용에 터하고 있다. 나는 누군가의 광신 행위를 매
도하고 싶지 않다. 그들의 시각으로 그들을 보기 때문이다. 나를 지탱하는
것은 폭넓은 신앙 바로 그것이다."[37] 간디는 절충주의적 종교를 인정하지
않았지만, 서로 다른 신앙들이 자신의 독특한 향기를 간직한 채, 한데 모
여 서로 존중하고 풍요로운 교류를 가지는 동반자적 관계를 정립하고자 노
력했다. 간디는 말한다. "나는 뒤섞으려 하지 않는다. 모든 종교가 인류의
진보에 나름대로 공헌했다. 나는 세상의 위대한 신앙들이 나무의 무성한
가지처럼 같은 근원을 가졌지만 서로 구별되는 것이라고 믿는다."[38]

　"다르마에 대한 외경"은 개개인이 타종교에 마음을 열고 타종교의 영
적·윤리적 공헌을 이해하고 인정할 것을 요구한다. 그것은 진리가 어디로
인도하든지 진리에 귀기울여 따를 것을 요구한다. 간디에 의하면 "그때 필
요한 것은 하나의 종교가 아니라, 타종교 신자들 간의 상호 존중과 관용이

<hr>

[36] D.S. Sharma, *Hinduism Through the Ages*, 76, vide ante.

[37] *Young India*, 1927.12.22.

[38] *Harijan*, 1938.1.28.

다. 우리는 죽은 평등이 아니라 다양성 속의 일치를 원한다. 전통과 관습, 기후, 환경을 배제하려는 시도는 반드시 실패할 뿐 아니라, 신성모독이다. 종교의 혼은 하나지만 다양한 형식으로 표출된다. 이 현상은 끝까지 지속될 것이다. 현명한 사람은 외양보다는 외양의 다양성 이면에 살아 있는 하나의 혼을 볼 것이다."[39]

마지막으로, 각자는 예배의 형식과 자신의 정신적·도덕적 적성에 맞는 신념을 가져야 한다. 어른 음식은 유아의 발육에 도움 되지 않는다. 우리 모두는 자기에게 맞는 예배 형식을 찾아야 한다. 인간 욕구의 다양성이라는 맥락에서 보면 모든 종교가 다 중요하다. "종교의 기질적 근원은 매우 이해하기 어렵다."[40] 가령 알포트는 적당한 신 이름을 구루guru한테서 부여받는 힌두교 의식을 예로 든다. "특별히 애정에 민감한 성격의 젊은이는 신을 통해 그의 사랑을 보상받으려 할 것이다. 그래서 그는 '사랑하는' Beloved이라는 이름을 부여받는다. 이론에 밝은 젊은이에게는 모든 존재의 통일을 긍정하는 이름 '소함' So'ham을 택하라 권할 것이다."[41] 나아가, "힌두교 전례는 기질적 차이를 분명히 인식한다. 늘 고통스럽고 우울하게 사는 사람들은 그들이 대하는 사물이 무엇이든 어두운 면을 강조하는 경향이 있다. 그래서 의지가지없는 마음으로 그들의 종교적 정서를 더럽힌다. 어떤 이들은 삶을 생기있는 종소리와 더불어 시작했다. 그들은 절망의 순간에도 섭리를 매우 낙천적인 시각으로 보는 경향이 있다. 우울한 자나 명랑한 자 모두가 삶의 오류에 관심 가져 그것을 교정할 만한 종교 양태를 찾겠지만, 그 길은 달라질 수밖에 없다. 정서의 출발점과 주도적 분위기의 성격, 그리고 감정의 표현과 억제 경향에 따라 그들의 신학적·전례적 선호가 달라지게 될 것이다. 더구나 이러한 선호도에 따라 그들은 편견을 가지기 쉽다. 따라서 그들의 필요에 더 적합한 다른 종교를 찾는 타인들에 대해 비

---

[39] *Young India*, 1925.9.25.

[40] G.W. Allport, *The Individual and His Religion*, New York: Macmillan 1960, 12.

[41] *Ibid.*, 11.

판적이기 쉽다".[42]

어떤 종교는 신앙bhakti이 강점이다. 어떤 종교는 지식jñāna이, 어떤 종교는 헌신karma이 강점이다. 스타일이 다른 사람들은 각기 다른 스타일의 종교적 가르침을 필요로 한다. 모든 위대한 종교들의 근본 가르침이 '하나의 신'이라 할지라도, 진리는 기질과 소양adhikāra bheda에 따라 제각기 다른 방법으로 제시되어야 한다. 간디에 따르면, "'하나의 신'에 대한 신앙이 모든 종교의 초석이다. 그러나 나는 지구상에 실제로 하나의 종교만 존재하는 경우를 예견할 수 없다. 이론상으로는 '하나의 신'이 존재하므로 하나의 종교가 존재할 수가 있다. 그러나 실제로는 어떤 두 사람이 온전히 일치된 신 개념을 가진 경우를 나는 본 적이 없다. 그러므로 상이한 기질과 기후 조건에 상응하는 다른 종교들은 늘 존재할 수밖에 없을 것이다".[43] 그러니 다양한 종교들이 존재한다고 한탄할 것이 없다. 삶을 신에게 맡기고 고양시킬 모든 진실한 가치들은 존중되어야 하며 진지하게 다뤄져야 한다. 그들 중 어느 하나라도 무시하는 것은 신의 무한한 풍요로움을 무시하고 인간의 영성을 메마르게 하는 것이다.

모든 종교의 목적은 인간의 영적 구원이다. 각 종교는 신성에 대해 여러 형태로 물음을 던진다. 신자들에게 봉사하고 그들을 더 높이 고양시키는 한 모든 종교는 가치롭다. 소로킨에 따르면, "그리스도교·이슬람교·자이나교 등, 기존의 주요 종교들을 새로운 종교로 대치시키거나 전면적으로 변형시킬 필요도 없다. 실재 가치(신·브라만·도 등, 다양성은 무한하다)에 대한 그들의 직관 체계와 '신의 아들', '신적 영혼', '절대자의 담지자' 등과 같은 궁극 가치로서의 인간 개념들 — 이러한 직관과 개념들은 본질적으로 타당하며 (타종교에 대한 평가를 다양화하는 데) 매우 유익하다. 마찬가지로, 인간을 절대자와 하나 되게 하고, 이웃과 모든 피조물들을 조건 없이 사랑하게 하는 그들의 윤리적 계명은 어떤 급진적 변화도 요구하지 않는다. 이

---

[42] *Ibid.*, 12.

[43] R.K. Prabhu (ed.), *The Mind of Mahatma Gandhi*, 84.

런 규범들 중 이를테면 「산상설교」 같은 것은 더 이상 개선의 여지가 없다".[44] 그러므로 오늘날 가장 필요한 것은 상이한 종교 체계와 그 삶의 양상에 내포된 진리의 다양한 국면들을 깊이 공감하며 이해하는 것이다. 간디는 이렇게 말했다. "종교는 삶 이상이다. 철학적으로 비교하면 수준 낮은 것일지 몰라도, 각 개인에게는 자기 종교가 가장 참된 것임을 잊지 마라."[45] 종파를 만들지 않고 자비를 베풀 때만 우리는 다른 관점들을 이해할 수 있고, 과거 어느 때보다 더 위대한 조화와 협력을 향해 매진할 수 있다. 사실, 인종과 문화 간의 차이는 바람직한 것이다. 갈등과 미움과 분노로 나아가지만 않는다면 인간 정신은 무한히 다양한 방식으로 표현되어야 한다. 라다크리슈난 박사의 말대로, "신은 색깔 없는 획일화보다는 풍요로운 조화를 원한다".[46]

"다르마에 대한 외경"을 "자유"와 비교하여 설명해 보자. 모든 사람은 자신의 인격을 계발할 자유가 있어야 한다. 언행과 예배의 자유가 있어야 한다. 이 모든 자유는 항상 타인의 자유와 일관성을 지닌다. 빅토르 위고 Victor Hugo는 "한 개인의 자유는 또 다른 개인의 자유가 시작되는 곳에서 끝나야 한다"고 썼다. 그러므로 자유는 사회적 속성을 지닌다. 그것은 상대적이다. 종교적 측면에서 이 자유의 핵심은 "다르마에 대한 외경"이다. 간디는 모든 종교가 특정 환경에서 생장한 것임을 일깨워 주었다. 모든 종교는 특정 제의와 예배 형식을 가지며 신자들의 영신 수련에 가장 적합한 외적 형식을 보존할 필요가 있다. 위대한 예언자들은 받아들이는 사람의 필요와 조건, 능력과 시대적 요청에 걸맞은 진리를 전파했다. 더욱이, 한 사람의 모태 신앙은 그가 속한 사회에 전적으로 의존한다. 그는 사회가 이미 생성한 도덕과 종교를 모태에서부터 물려받는다. 밀은 말한다. "믿음의 대상이 수많은 신앙 가운데서 그저 우연히 결정되었다는 사실과, 런던에서

---

[44] Sorokin Pitirim., *Reconstruction of Humanity*, Boston: Beacon Press 1948, 115.

[45] *Young India*, 1924.8.28.

[46] S. Radhakrishnan, *The Hindu View of Life*, 59, vide ante.

태어나 그리스도교인이 된 사람이 베이징에서 태어났다면 불교도나 유교도가 되었으리라는 사실은 그리 혼란스런 문제가 아니다."[47] 각 사회에 속한 개인은 자유롭게 자기 종교의 신조를 따를 수 있어야 한다. 종교는 자유로울 때만 융성할 수가 있다. 아니라면 상황은 돌변한다. 모두들 자기 신앙에 성실하라, 그러나 타인의 신앙을 경멸하지 마라. "행위의 황금률은 상호 관용이다. 그것은 우리 모두가 똑같다는 생각을 하지 않는 것이고, 각기 다른 각도에서는 진리의 일면만을 볼 뿐임을 아는 것이다. 양심도 모든 사람에게 같은 것이 아니다. 그러므로, 양심은 개인의 행동 양식에 좋은 안내자가 되기도 하지만, 그러한 행동 양식을 모든 사람에게 똑같이 부과하는 것은 양심의 자유에 대한 참을 수 없는 간섭이 될 것이다."[48]

세계의 위대한 종교들은 오랜 세월 각각 자기 영역에서 수많은 사람의 마음과 정신을 붙들어 주었다. 다들 개성과 메시지를 가지고 그 특성에 따라 저마다의 방법으로 삶의 문제를 해결하려 했다. 모두가 존재의 신비에 대한 끝없는 물음에 답을 제공해 왔으며 올바른 행동 양식을 밝혀 주었고 고통과 죽음에 직면한 인간들에게 위안을 주었다. 모두가 경외심을 가지고 연구하면서 이해할 만한 가치가 있다. 물질주의와 회의주의의 현대에 각 종교는 서로를 강화시킬 수 있다. 그러지 못한다면, 종교 자체가 위험에 빠지게 될 것이다. 불행히도 이 방향으로는 노력이 부족했다. 모든 종교가 타종교 말살을 목표로 삼는다면, 종교는 전부 멸망할 것이며 반종교주의와 물질주의만 득세할 것이다. 그 가능성의 증거가 오늘날 점점 더 분명해지고 있다. 이제 모든 종교는 이러한 재앙을 막기 위해 협력해야 한다.

간디가 말했듯이, "주위를 둘러보면 자연에는 다양성을 관통하는 근원적 통일성이 있음을 알 수 있다. 종교 역시 이러한 자연법칙에서 예외가 아니다. 종교는 근원적 일치의 실현을 촉진시키도록 인류에게 주어졌다".[49] 이를 위한 필수 조건은 다양한 종교 신자들의 신앙 체험을 솔직히 받아들이

---

[47] J.S. Mill, "Essay on Liberty." [48] *Young India*, 1926.9.23.

[49] *Ibid.*, 1925.8.20.

고, 타종교 진리를 기꺼이 인정하는 것이다. 참된 협력은 서로를 존경하는 사람들 사이에서만 가능하다. 종교인들은 종종 사소한 일로 논쟁한다. 인간의 삶을 형성해 왔고 지금도 형성하고 있는 모든 종교의 영적 진리에 비하면 그런 것들은 지극히 하찮은 것이다. 신의 아버지 되심과 인간의 형제애, 그리고 신적 법칙을 채우는 사랑의 보편 원리들은 경계가 없다. 이러한 필수 원리에 믿음을 기울이는 대신, 우리는 때로 사소한 문제들만 앞세운다. 세계의 종교들이 함께 그 위대성을 주장하여 급속도로 팽배하는 물질주의의 도전에 효과적으로 대처해야 할 때가 바로 지금이다.

종교적 협력에 기초한 인류의 광범위한 결속과는 별도로, 종교는 또한 삶과 실재에 대한 개인적인 태도이기도 하다. 신성에 대한 개인적 추구가 종교를 통해 이루어질 수 있다. 종교가 인간의 "고독"solitariness에서 비롯된다는 화이트헤드의 말은 종교의 이런 측면을 지적한 것이다. 현존 제도 종교에서는 보기 드물지만, 매우 깊이 있는 종교인들이 있다. 그들은 경전의 공인된 해석을 받아들일 수 없다고 생각한다. 이를테면, 그리스도교나 힌두교 신자들 각각의 세계관이나 "지고의 실재"에 대한 개념이 다 똑같은 것은 아니다. 알포트에 따르면, "개인은 충분히 명상적이지도 않고, 일부 주도적 신학자의 설명을 충분히 모방하지도 못한다. 그들은 신학 사상 체계의 일부만 파악할 뿐이며, 그 체계의 방향을 전체적으로 감지할 따름이다. 그러나 점증되는 혼돈과 삶의 소요 앞에서, 그들은 나름대로의 고유한 해석이 필요함을 깨닫는다. 이러한 고통의 순간에 그들을 만족시키는 것은 완벽한 전 체계가 아니라, 순간의 필요를 충족시키고 이해시켜 줄 체계의 한 측면이다".[50] 개인은 그가 속한 체계의 각기 상이한 측면을 강조한다. 그러므로 그들에게 종교는 마음의 문제이지 외형의 문제가 아니다. 모든 사람은 자신의 확신에 따라 마음에 평안을 얻고, 따라서 당연히, 다른 사람의 확신도 존중한다고 말할 수 있어야 한다.

---

[50] G.W. Allport, *The Individual and His Religion*, 17, vide ante.

간디는 도덕의 최고 수준에서 행동한 사람이다. 그는 자신의 비폭력 체험을 통해 "다르마에 대한 외경"을 실현했다. 그에게 이것은 비폭력 운동의 필연적 귀결이었다. 남아프리카 인도인 공동체에 대한 비인간적이고 불평등한 대우 때문에 그는 남아프리카 공화국 정부에 대한 투쟁에 참여하게 되었다. 사티야그라하satyāgraha〔진리의 힘, 진리파지(眞理把持)〕, 즉 비폭력 저항이 무기였다. 그의 비폭력 군대에는 힌두교도·무슬림·그리스도인·파르시교도Parsi가 다 포함되었다. 간디가 종교를 기준으로 그들을 구분했다면, 그 운동은 원활히 전개되지 못했을 것이다. 사티야그라하 투쟁의 성공은 전 인도 공동체가 — 무슬림·힌두교도·그리스도인 등 — 그의 뒤를 견고하게 받치고 마치 하나처럼 행동했기 때문에 가능한 것이다. 그때 그는 실천의 중요성과 모든 종교를 동등하게 존중할 필요성을 깨달았다.

라다크리슈난 박사는 말한다. "상이한 종교 체계 두엇이, 자신들이야말로 진리의 핵심 계시를 가졌으며, 그것만이 천국에 이르는 유일한 길이라 주장한다면, 논쟁은 불가피하다. 그런 논쟁에서는 타종교가 자기 종교를 짓밟는 사태를 용납하지 않는다. 그러나 누구도 세상 끝날까지 주도권을 장악할 수는 없다. 자기 종교 빼고 다른 모든 종교를 제거해 버린다는 것은 우리 모두가 적극 저지해야 할 일종의 종교적 볼셰비즘이다."[51] 실패하면 사회·정치적 반동으로 도덕적·영적 무정부 상태가 초래될 것이다. 인도 현대사는 이러한 불행한 사실을 충분히 입증하고 있다. 간디에 의하면, "종교의 상호 존중은 사회 평화의 본령이다. 종교는 우리의 잔혹한 본성을 다스림을 의미한다. 수많은 이름을 가졌어도 신은 오직 한 분이다. 내가 그대의 신앙을 존중하지 않으리라 생각하는가? 그렇다면, 나도 그대가 나의 신앙을 존중할 것을 기대하지 말아야겠는가? … 인류가 한 덩어리를 이루어 보편적 형제애를 지향하는 것이 세계적 동향이다. 그대도 나도 우리 공통의 목적을 향한 이 행진을 멈출 수 없다".[52]

---

[51] S. Radhakrishnan, *The Hindu View of Life*, 58, vide ante.

[52] *Harijan*, 1940.2.10.

모든 종교가 의무·의로움·자기 절제·자비, 무엇보다도 진리와 사랑 같은 인간적·영적 가치에 헌신하라고 가르친다. 모든 종교는 이런 가치들을 사회 안에 확산시키기를 원한다. 이런 점에서 특정 종교의 성공은 모든 종교의 성공과 직결된다. 육체와 영혼의 영원한 투쟁 속에서, 종교는 항상 영혼의 편에서 영적·도덕적 가치들을 배양할 것을 인간성에 호소한다. 간디는 개인이 영적 세계를 이해하는 데 각 종교가 기여해야 한다고 주장했다. 그는 "지고한 존재"Supreme와 인간의 관계를 표현하려고 애쓰는 다양한 종교적 신조들을 기꺼이 받아들였다. "나는 그 모두가 신이 주신 것이고, 이들 종교가 계시된 사람들에게는 필수적인 것이라 믿는다."[53]

종교적 질문의 지평은 꾸준히 확장되어 왔다. 우리에게 진리의 다른 국면들을 제시하기 위해 예언자들이 나타났고, 지금도 나타나고 있다. 다양한 시대, 다양한 언어로 신은 인간에게 말해 왔다. 역사적·지리적 환경을 달리하는 다양한 사람들이 무한한 진리를 찾기 위한 영원한 대열에 참여하고 있다. 사상과 예배 형식의 다양성은 나쁜 것이 아니다. 하나의 같은 "영"Spirit이 그들 모두를 일깨우고 있다. 우리의 영성이 성장·발전하면, 우리를 묶어 주는 보편적 영을 통해 우리 모두가 한가족임을 깨닫게 된다.

종교적 진리는 두 방식으로 이해된다: 1) 종교적 진리는 한 종교의 교의가 진리면 다른 모든 것들은 이 교의의 언어로 해석되어야 한다는 것이다. 이것이 신학자들의 입장이다. 여기서는 참된 관용이 불가능하다. 그런 정통적 교의 구조는 종교의 다양성에 악영향을 끼치고 상호 논박을 조장한다. 2) 종교적 진리는 "신", "실재"의 비전 혹은 그와의 만남을 의미한다. 이것은 공통적으로 경험되는 "실재"를 가리킨다. 종교적 인격은 신성과 관계한다. 그러나 한 사람의 경험이 유일하게 참된 경험은 아니다. 여기서 자기 종교 아닌 다른 종교들에 반대할 이유는 없다. 모든 종교는 상징이며 "지고한 존재"와 관계 맺음으로써 모두 그 나름대로 충족을 얻는다. "다르

---

[53] *Ibid.*, 1934.2.16.

마에 대한 외경"은 진리를 이런 의미에서 이해하면서, 개인은 자신의 종교적 기반에서 출발할 것을 주장한다. 그러나 그것은 신에게 가는 다른 방법들이 틀렸다는 것을 의미하지는 않는다. 간디에 따르면, "그대가 다른 신앙을 틀렸다고 여기거나, 틀렸다고 여길 만큼 불순하다면, 다른 신앙 안에서 빛을 발하며 신자들에게 같은 평화와 기쁨을 주는 진리에는 눈감아 버리는 셈이다".[54] 신에 이르는 다른 길도 있다는 것을 사람들은 알아야 한다. 그 신은 다른 사람들에게도 마찬가지로 봉사하고 있다. 종교들이 세상에 드러내는 상이한 특징들은 시·공간적 환경에 따라 상대적이다. 어느 길이 "신의 도성"에 드는 길인지 물을 필요는 없다. 중요한 것은 신성의 근본적 경험과 신과의 살아 있는 교제다. 이것이 없으면 모든 형식과 절차가 다 무익하다.

앞서 지적했듯이, 모든 종교에는 신자들에게 자양분과 영감을 주는 근본적이고 영원한 진리가 있다. 그 진리는 인간 본성의 절절한 내적 욕구들을 충족시키는바, 인간은 대개 그것 없이는 살 수 없다. 그러나 우연적이고 피상적인 요인들도 있다. 가라지로부터 곡식을 가려내기가 어렵다. 그렇게만 된다면 보편적이고 영원한 진리를 더 잘 이해할 수 있을 것이다. 간디는 말한다. "나는 건전한 이성이나 양심과 충돌하는 모든 권위를 거부한다. 권위는 그것이 이성의 소산일 때는 약자를 지지하고 품위있게 하지만, 내면의 '세미한 음성'에 의해 성화된 이성을 대신하는 것이라면 그들을 격하시킨다."[55]

모든 종교의 영적 진리는 인류의 공동 유산이다. 동서양의 영적 가치에 배타적인 것은 없다. 영적 가치는 보편적이라 지리적 경계가 있을 수 없고, 특정인에게 한정되어 있지도 않다. 모든 사람은 이 영적 보화를 받을 권리를 가진다. 공부하고 존중하면서 용맹정진할 일인바, 이것은 인간의 생득권生得權이다. 모든 종교에 대한 외경은 마마브하바mamabhāva, 즉 인간의

---

[54] *Ibid.*, 1940.1.13.

[55] *Young India*, 1920.12.18.

모든 종교 유산을 의식적으로 자기 것으로 받아들이는 데서 정점을 이룬다. 예언자와 성인들은 생애를 바쳐 인류의 유익을 위해 분투·노력·희생한 끝에 영적 진리를 깨달았다. 이 진리는 보편적 호소력이 있어 누구라도 거기서 영감을 얻을 수 있다. 특정인과 특정 종교의 전매품이 아니다.

위대한 종교의 신자들은 자기 전통의 핵심을 잘 모른다. 그들은 의식과 전례에 대개 만족한다. 이것이 바로 인류가 진정한 종교인들에게 친절하지 않았던 이유다. 어떤 예언자들은 자기 백성의 손에 죽었다. 세상은 단순한 신앙고백이 아니라 참된 종교의 실천을 요구한다. 세상이 괴로운 것은 도덕적 지식이 부족해서가 아니라 바른 실천이 없기 때문이다. 변화는 자기 정화와 자기 성찰을 통해서만 가능하다.

모든 종교가 서로 협력하면 인간성 회복과 세계 평화에 크게 기여할 수 있고, 삶에 의미와 목적과 가치를 부여할 수 있다. 협력하고 서로의 가치와 잠재능력을 인식한다면 정치가가 실패하는 곳에서도 종교는 성공할 것이다. 방대한 종교 자원들을 두루 제공하여 세계 평화로의 통로를 열어 줄 수 있다. 세계의 주요 종교가 서로 협력하면 각 종교 속에 감추어진 보물들을 줄 수 있으며, 사상 최대의 영적 위기에 직면한 인류를 도울 수 있다.

인류사의 물질주의적 사고를 직시하는 것은 모든 종교의 의무다. 인간의 역사는 동물의 역사가 아니다. 단순히 기아를 해결하거나 경제적인 목적을 달성하기 위한 투쟁만은 아니다. 그것은 위대한 인간 영혼의 역사다. 본질적으로 영성의 역사다. 상이한 종교 전통을 따르는 사람들은 다음과 같은 사실에 주목해야 한다. "모든 종교가 영혼을 구원했다. 하지만 어떤 종교도 인류를 영성화시키지는 못했다. 따라서 꼭 필요한 것은 제의나 신조가 아니라, 영적 자기 개발을 지원하고 모든 것을 이해하려는 노력이다."[56] 위대한 종교들은 시대적 요구를 제기하고 감각주의와 물질주의로 상실한 인간 영혼을 새로이 각성시켜야 한다. 한마디로, "인간은 '진리' 추구에 필요

---

[56] Sri Aurobindo, *Thoughts and Glimpses*, Calcutta: Arya Publishing House 1944, 40.

한 관용이 '진리' 자체 못지않게 중요하다는 사실을 깨달아야 한다. 종교가 야기한 분열보다 더 첨예한 분열은 없다는 것이 사실이라면, 인생의 최고 목적인 종교적 목적의 동일성을 깨닫는 것만큼 강한 연합이 없다는 것 또한 사실이다".[57]

<hr>

[57] M. Hiriyanna, *Mission of Philosophy*, 45.

· V ·

몇 가지 통상적인 문제들

1. 개종과 회심

다양한 시대 · 풍토 · 지역에서 인류는 신에 대한 갈망을 충족시키고자 몸부림쳐 왔고, 이를 충족시킬 다양한 고유의 방법들을 발견했다. 독특한 문화적 · 심리적 · 사회적 환경에서 발견되는 궁극에의 영적 노정은, 인류에게 나름대로 최선의 매개 수단을 제공해 주었다. 모든 사람을 만족시키는 하나의 종교는 없다. 반론에도 불구하고, 역사적으로 어떤 종교도 완벽에 이르지 못했고, 더 풍성하고, 충만하고, 만족스러워지기 위해 모든 전통은 다른 종교 전통의 여러 요소들로부터 도움을 받아야 했다. 그러나 한 인간의 영적 갈망은 대개 자신의 종교 전통을 통해 충족된다. 모든 주요 종교는 인간의 최고 목표를 달성하게 하는 그 무엇을 담고 있다. 그러므로 영적 해방을 위해, 그리스도인이나 무슬림을 힌두교나 불교로 공식적으로 개종시킬 필요도 없고 또 그 반대 경우도 마찬가지다. 왜냐하면 어떤 종교에 속해 있든 누구든지 다른 종교의 유산을 자유롭게 자신의 종교에 가미시킬 수 있기 때문이다.

간디는, 모두가 각자의 전통에 확고하게 뿌리내려야 하며, 필요하다면 그 전통을 정화해야 한다고 생각했다. 그는 개종을 단연코 반대했다. 간디는 이렇게 썼다. "종교는 삶과 죽음의 문제다. 종교를 옷 갈아입듯 바꾸는 사람은 없다. 종교는 무덤까지 가지고 간다. 자기 종교를 남에게 강요해서도 안 된다. 굳이 한 종교에 귀의하는 것은 달리 방도가 없기 때문이다."[1] 간디는 모든 종교가 같은 나무 ― 진리의 나무 ― 의 다른 가지들이라고 믿었다. 그 가지의 모양과 크기는 다양할 수 있지만, 같은 생명의 즙이 그들 모두를 관통한다. 그는 모든 종교가 불완전한 이유는 진리가 인간적 경로를 통해 인간에게 도달하기 때문이라고 주장했다. 간디는 개인을 각자의 종교적 환경에서 떼내어 외래 종교로 밀어 넣는 것은 무의미하다고 생각했다. 그는 사람의 마음에서, 특히 죄 없고 단순한 사람들의 마음에서 각자의 신앙을 뿌리째 뽑는 것을 반대했다. 그는 선교사들이 개인과 문화적 환경의 상호작용에 대한 실상을 파악하지도 못한 채 사람들의 종교를 갑자기 바꾸려 하는 것을 못마땅하게 여겼다. 가령, 그리스도교로 개종한 많은 하리잔Harijan(불가촉천민)이 그들의 "신들"을 잃어버린 후 무감각해졌고 도덕적 · 영적 토대도 잃어버렸다. 간디는 그러한 개종을 심각하게 고민했다.

그 주제에 대한 간디의 접근은 매우 달랐다. 간디는 그리스도인이나 무슬림에게 그 자신을 변화시키기보다 그의 종교를 바꾸라고 요청할 수는 더욱 없다고 했다. 그는 다음과 같이 설명한다. "미라벤Miraben이라는 여자가 있다.[2] 나는 그녀가 바라는 모든 영적 위안을 그리스도교에서 찾게 해 주고 싶다. 설사 그녀가 원한다 해도 나는 그녀가 힌두교로 개종하기를 꿈꾸지 않을 것이다. 지금은 그녀처럼 장성한 어른의 경우에 해당되겠지만 장래에는 내게 위탁된 유럽 아이들의 경우에도 그러할 것이다. 칸 사헤브Khan Saheb의 딸이 그런 경우다. 그 아이의 아버지는 내게 딸의 교육을 부탁했다. 나는 엄격히 그 아이의 신앙으로 교육해야 마땅하고, 그 아이가 자기 신앙에서 벗어나고 싶어해도 그 유혹을 막는 데 최선을 다해야 할 것이다. 나는 나와 다른 신앙을 가진 아이들과 어른들이 나와 함께 생활하는 특권을

---

[1] *Harijan*, 1937.1.17.

[2] 간디의 제자였으며 한때 힌두교도가 되고자 했던 영국 여성.

누려 왔다. 그들이 나와 만나 더 나은 그리스도인·무슬림·파르시교도·유대교인이 되는 걸 보니 고마울 따름이다. … 나는 선교사 친구들에게 가장 그리스도 닮은 그리스도인은 바로 알버트 슈바이처였음을 일깨워 주고 싶다. 그는 유럽이 아프리카에 진 빚을 다소라도 갚겠다는 일념으로, '더 이상 설교도 강의도 하지 말고' 오직 자신을 적도 아프리카에 묻기로 결심한 사람이다. 그것은 그리스도교에 대한 독특한 해석이었다."[3]

우리 모두가 각자의 종교에 잠재한 영적·도덕적 삶이 고양되도록 서로 돕는 것이 필요하다. 우리는 누구도 그의 종교에서 "떼어 놓지" 않는다. 개종에 관한 간디의 의견은 이렇다. "나는 한 신앙에서 다른 신앙으로의 개종 같은 것은 없다고 믿는다. 그것은 개인과 그의 신에 대해 극도로 사적인 문제다. 내 이웃의 신앙을 침해하려 들면 안 된다. 나 자신의 신앙을 존중하듯 그저 존중해야 한다. 왜냐하면 내게 나의 종교가 참이듯, 모든 위대한 종교들도, 적어도 거기 귀의한 사람들에게는, 참이라 여겨지기 때문이다. … 그리고 나의 실천을 신앙 차원에 이르도록 애쓰고, 동료 신앙인들에게도 그렇게 역설하는 데 내 모든 노력이 동원되는 것을 보면서, 나는 타종교 신자들에게까지 설교할 생각은 꿈에도 없다. '비판받지 않으려면 비판하지 마라'는 말은 적절한 행동 강령이다. 힘 있고 부유한 그리스도교 선교사들이 인도를, 적어도 인도의 소박한 서민들을 은근히 그리스도교로 개종시키려 하지 않고, 그리고 많은 결점에도 불구하고 아득한 옛날부터 안팎의 공격을 견디며 지탱해 온 그들의 사회적 상부구조를 암암리에 파괴하려 하지 않고, 선교 활동을 인간에 대한 봉사에 국한시키기만 한다면, 인도에 진정으로 봉사해 줄 것이라는 확신이 내게 날로 강해진다."[4]

간디는 돈·교육 시설·의료 봉사 같은 물질적 이익이 개종을 담보로 제공되는 것을 비난했다. 간디에게 개종을 담보로 하는 세속적 지원은 천박한 것이었다. 그는 그러한 것이 특정 종교에 경의를 표하도록 강요하는 것

---

[3] *Harijan*, 1935.1.25.

[4] *Ibid.*, 1935.9.28.

은 아닌지 의심했다. 간디는 주장했다. "나는 인도주의적 활동의 가면을 쓴 개종은, 아무리 좋게 말해도 불건전하다고 생각한다. 인도인들에게 그것은 아주 불쾌하다. 종교는 결국 매우 사적인 문제다. 그것은 마음을 어루만진다. 크리스천 의사가 날 치료해 주었다고 왜 나의 종교를 바꾸어야 하며, 어째서 그 의사는 그의 영향력 아래 있는 내게 그런 변화를 기대하거나 제안해도 된단 말인가? 무슨 근거로 선교사 교육 기관은 내게 그리스도교 가르침을 강요할 수 있단 말인가? 이런 태도는 고상하지 못하며, 비밀스런 적대감까지는 아니더라도 의구심을 불러일으킨다."[5] 또한 간디는, "개종과 봉사는 양립하기 어렵다"[6]고 주장했다.

간디는 그러나, 자기 정화와 자기 실현이라는 의미에서의 회심은 우리 시대의 절박한 요구라고 했다. 그런 회심은 인류의 도덕적 발전에 당연한 요구다. 인간이 현세적 삶보다 더 높은 진리나 보편적 가치를 깨닫고, 그 가치야말로 인간이 도달해야 할 목표라는 것을 알 때 그런 현상이 나타난다. 그때 도덕적 삶은 위기를 맞고, 삶은 새로운 국면을 맞는다. 지난 생을 비판적으로 보게 되는 것이다. 내면의 삶이 가장 중요해지는 순간이다. 그러나 회심의 현대적 방법은 내면적 삶의 질에 거의 초점을 맞추지 않는다. 간디는 말한다. "개종은 요즈음 일종의 비지니스가 되어 버렸다. 나는, 일인당 개종 비용을 산출하여 '다음 결실'을 위한 예산을 책정하는 어느 선교 보고서를 읽은 적이 있다."[7] 하여, 간디는 이렇게 제안했다. "회심은 구악을 완전히 청산하고 새로운 선을 택하며, 그 새로움 속에서 모든 악을 철저히 피하는 것을 의미한다. 따라서 회심은 나라에 대한 더 큰 헌신, 신에 대한 더 큰 복종 그리고 더욱 위대한 자기 정화의 삶이어야 한다."[8]

간디는 신자들의 숭고한 삶이야말로 최선의 선교 방법이라 여겼다. 어떤 선교도 그만 못하다. "복음에 따라 사는 것이 가장 효과적인 방법이다. … 시종일관 가장 효과적이다. 설교는 귀에 거슬릴 뿐, 내게 아무런 감동도

---

5 *Young India*, 1931.4.23.

6 *Ibid.*, 1928.1.19.

7 *Ibid.*, 1931.4.23.

8 *Ibid.*, 1925.8.20.

주지 못한다. 나는 선교사들의 설교가 미심쩍다. 설교하지 않아도 신앙의 빛을 따르는 사람들을 나는 사랑한다. 그들의 삶은 조용하지만 가장 효과적인 증언이다. 나는 어떻게 설교해야 할지는 잘 모르지만, 봉사하는 삶과 지고의 단순성이 최선의 설교라고는 말할 수 있다. 장미는 설교할 필요가 없다. 향기를 발할 뿐이다. 그 향기가 설교다. 장미가 인간의 이해력을 가지고 있어서 설교자들을 많이 고용한다 해도, 그 설교자들은 장미향 자체가 파는 것보다 더 많은 장미를 팔지는 못할 것이다. 종교적·영적 삶의 향기는 장미향보다 훨씬 더 아름답고 묘하다.”[9]

삶을 개혁할 때 인간은 가능한 모든 소재에서 영감을 얻는다. 다른 위대한 종교의 가르침을 얻기 위해 자기 종교를 버릴 필요는 없다. “누군가 성서를 믿기 원한다면 그렇게 하도록 두라. 왜 자신의 종교를 버려야 하는가? 이런 개종은 세상에 어떤 평화도 주지 못할 것이다. 종교는 매우 개인적인 사안이다. 우리는 우리의 빛에 따라 살면서 서로 최선의 것을 나누고, 그리하여 신에 도달하고자 하는 인간의 노력에 총력을 기울여야 한다.”[10] “종교가 조야한 물질주의의 저급한 단계로 추락하고 수많은 사람들의 가장 소중한 감정이 짓밟히도록 유혹하는 것을 보니 슬프다.”[11]

심리학적 의미에서, 진정한 회심 혹은 마음의 내적 변화는 그에 상응하는 외적 생활 방식의 차이와 함께 인간 내면에 참된 종교가 발흥하는 것으로 인정된다. 그러나 삶에서 진정한 회심 혹은 영혼의 새로 남을 경험하는 사람은 드물다. 놀라운 회심의 은총 없이 신 중심의 삶은 불가능하다. 새로운 삶이 시작될 때, 영혼도 새로 나고 신에 대한 애착도 더 강해지고 삶을 단련하는 새로운 수양도 가능하다. 그것은 순수의 유입이며 새로운 탄생이다. 진정으로 회심하여 새로 난 사람은 이제 신에게 향한다. 그런 사람만 신을 인식한다. “누구든지 위로부터 새로 나지 않으면 하느님 나라를 볼 수 없습니다.”[12] 그러한 회심을 통해 그 사람의 윤리적·영적 삶은 더

---

[9] *Harijan*, 1935.3.29.　　[10] *Young India*, 1926.9.23.

[11] *Harijan*, 1936.8.8.　　[12] 요한 3,3.

높은 단계로 향상되고 정신은 고양된다. 그 사람은 새 삶을 시작한다. 마음에 신의 나라가 서고 영적으로 충만해지는 기쁨을 만끽한다. 영혼의 탄생이야말로 진정한 회심이다. 간디는 말한다. "진정한 회심은 마음으로부터 나오며 어떤 다른 사람에게서가 아니라 신의 독려에서 비롯된다. 신의 음성은 인간의 음성과 늘 구별된다."[13]

머레이J.A.H. Murray의 『새 영어사전』*A New English Dictionary*은 회심의 의미 중 하나를 이렇게 설명한다. "중세 교회에서: 세속적 삶에서 종교적 삶으로의 변화; 수도승 생활로의 진입." 회심은 "돌아섬" 혹은 "변화"를 의미하는 라틴어 동사 convertere에서 유래한다. 따라서 회심이란 돌아서고 변화시킨다는 뜻이다. 진정한 회심은 내적 삶의 실천적 전복이다. 그것은 도덕성과 영성에 대한 새로운 전망을 열어 준다. 에블린 언더힐에 의하면, "회심은 개인 의식에 압박을 가하는 더 큰 세계 의식이다. 그것은 돌연히 엄습하여 위대한 새 계시가 된다. 이것이 회심의 첫째 국면이다. 회심자는 작고 한정된 존재계에서 더 큰 존재계로 나아가게 된다. 그의 삶은 더 큰 전체 안에 포섭된다".[14] 자기 종교라는 테두리 속에서, 이런 의미에서 회심이야말로 우리 시대의 최우선 요구다. 사실, "전 인류가 힌두교, 그리스도교, 불교 혹은 이슬람교 또는 어떤 다른 종교로 개종한다 해도 세상엔 별 놀랄 일이 벌어지지 않을 것이다. 그러나 한 무리가 교회나 절이나 시나고그의 두꺼운 장막을 뚫고 '진리'를 깨닫는다면, 뭔가 놀라운 일이 일어날 것이 분명하다".[15] 창조적 종교의 열정을 가진 사람은 그의 동료 종교인들에게 영성의 불을 지피기 위해 무엇보다 자기 종교 공동체와 함께 노력해야 한다. 그러나 자신이 믿는 예언자가 유일한 구원자라면서 모든 사람에게 믿으라고 강요하는 것은 받아들일 수 없다.

---

[13] *Harijan*, 1937.9.25.

[14] E. Underhill, *Mysticism*, New York: Meridian Books 1960, 214.

[15] Swami Nikhilananda, *The Māṇḍūkya Upanishad with Gauḍapāda's Kārikā*, Sri Ramakrishna Math, Mysore, xxxv.

『코란』은 진보적 종교관을 가지고 모든 종교와 나라의 장구한 예언자 계보를 인정한다. 『코란』은 누구에게도 자기 종교를 포기하라고 요구하지 않으며, 예언자들의 원 메시지의 본래적 순수성을 재인식하고 거기로 회귀하라 권한다. 『코란』은 인류 제諸 종교의 통일성이라는 핵심을 인식하고, 어떤 종교적 강제도 찬성하지 않는다. 예언자 무하마드는 모든 사람에게 양심의 자유를 최대한 허용했다. 무슬림은 『코란』의 가르침과 성인들의 영향력으로, 회심을 믿는다. 그러나 참되고 자발적인 영혼의 회심만 찬성할 뿐, 두려움이나 탐욕으로 인한 회심은 찬성하지 않는다. 그러나 우리는 역사가 보여 주는 이슬람교의 실제와 『코란』의 숭고한 가르침 사이의 엄청난 차이를 지적하지 않을 수 없다. 그럼에도 불구하고 몇몇 광신도들의 과잉 행위를 종교 창시자들의 책임으로 돌릴 수는 없다.

현대의 회심 프로그램들은 종교적 조화와 직접 관련된다. 그런 프로그램들에 따라 범세계적으로 많은 사색인들이 마음을 닦고 있다. 그 이면의 욕구를 이해하고 상이한 종교 간의 화합을 도모하는 방법을 제시해야 한다. 어떤 종교 전통에서라도 높고 숭고한 것이면 다 수용해야 하고, 인간과 인간을 분리시키는 것이면 전부 거부되어야 한다는 것이 간디의 주장이다.

간디에 따르면, 종교의 이름표를 바꿀 필요는 없다. 모든 종교가 한 가족이라는 유대감을 깨달으면 된다. 모든 종교는 신을 지향한다. 세계가 하나 되었을 때 종교에 요구되는 것은, 신앙 안에서의 모험, 거기서 가장 깊고 좋은 것을 충분히 나눔, 다른 분야에서처럼 종교에서도 정의롭고 평화로운 세계 질서를 달성하려는 공동의 열망이다. 이것은 인류의 복지뿐 아니라 인류의 생존을 위해서도 필요한 조건이다.

2. 경전 해석

간디는 단순한 이론적 지식이나 책에서 얻는 지식이 아무리 중요해도 사람을 구원과 영적 충만으로 이끌기에는 불충분하다고 했다. 많은 학자들의

어려움은 지혜를 고유한 **삶에서** 찾지 않고 삶에 대한 **지식에서** 찾으려 하
는 것이다. 삶의 지혜를 찾는 일은 단순한 경전 연구가 아니라, 꼭 필요한
것으로 경전에 기록된 경험을 체득하는 것이다. 간디는 말한다. "우리는
종종 영적 지식과 영적 성취를 혼동한다. 영성은 경전에 정통하고 철학적
토론에 참여해서 얻어지는 것이 아니라, 마음의 수양, 측량할 수 없는 힘
의 문제다. 두려움 없는 상태가 영성의 첫째 필요 조건이다. 겁쟁이들은
결코 도덕적일 수 없다."[16] 다른 곳에서 간디는, "신적 지식은 책에서 얻지
못한다. 스스로 깨달아야 한다. 책은 기껏해야 도우미요, 때로는 훼방꾼"
이라고 했다.[17]

  어리석고 이기적인 사람들은 경전을 다양하게 해석하여 종파와 당파를
형성한다. 그들은 각기 반대 진영으로 갈라서서 저마다 진리의 유일한 담
지자라며 전체주의적 주장을 늘어놓는다. 가끔 경전의 참뜻을 받드는 개혁
자와 성인들이 나타나 그릇된 개념과 해석을 물리치니 다행이다. 그들은
우리를 근본으로 되돌린다. 그들은 경전의 바다로 깊이 들어가 진리와 지
혜의 진주들을 건져 올린다. 사실, 깨달은 사람만 진리를 전파할 수 있고,
경전의 의미와 정신을 전달할 수 있다. 간디는 경전을 옳게 이해하고 해석
하는 데는 훈련이 필요하다고 주장했다. 그는 이렇게 말한다. "현인들Rishis
은 오직 우리가 아힘사와 진리를 **실천하면서** 진보할 때 그에 비례해서만
경전이 진리를 베풀어 준다는 놀라운 발견을 했다.(나는 그 말의 옳음을
나날이 확신한다.) 진리와 아힘사가 많이 실현될수록 깨달음은 커진다."[18]

  경전적 지식의 목적은 어느 전통에서나 같다. 경전은 종교적 계시의 통
로다. 그것은 종교적 체험을 전달하고 재생하기 위해 보존되고 암송된다.
그러나 언어 자체는 매우 불완전한 전달 수단이라, 잦은 오해와 왜곡을 낳
는다. 자만심이나 학식도 신을 인식하는 데는 장애가 될 수 있다. 간디는
경전에 문자 그대로 집착하는 것을 거부했다. 그는 다양한 경전의 정수精髓

---

[16] *Young India*, 1921.10.13.　　　[17] *Ibid.*, 1924.2.17.
[18] *Ibid.*, 1925.1.29.

와 핵심적 추진력을 받아들였고, 모든 종교의 장점만 보았다. 그는 이렇게 썼다. "나는 문자주의자가 아니다. 그러기에 나는 세계 여러 경전의 정신을 이해하려고 노력한다. 나는 해석을 위해 그 경전들에 스며 있는 진리와 아힘사를 시험해 본 후, 그 시험에 어긋나는 것은 거절하고 들어맞는 것은 모두 인정한다."[19]

누군가 악을 변호할 목적으로 어떤 경전을 끌어들인다 해도, 간디는 제반 사회악들을 신성불가침한 것으로 인정할 준비가 되어 있지 않았다. 이렇게 간디는 하리잔의 지위 향상을 위해 투쟁할 수 있었다. 간디는 말했다. "나의 경우, 『성서』·『코란』 그리고 다른 경전들에 대한 내 연구와 외경심이, 독실한 사나타니sanātani(정통) 힌두교인이 되고 싶은 소망과 완전히 일치하는 것 같다. 편협하고 고집불통이고 악을 선이라 여기는 사람은, 어떤 권위나 산스크리트 경전의 지지를 얻는다 해도 사나타니 힌두교인이라 할 수 없다. 나는 사나타니 힌두교인이라 자부한다. 왜냐하면 나의 도덕감에 위배되는 힌두교 경전의 모든 요소를 거부할지라도, 내 영혼의 요구를 만족시키는 힌두교 경전들을 알고 있기 때문이다. 내가 존중하는 다른 경전들에 대한 연구가 힌두교 경전에 대한 나의 외경심이나 믿음을 둔화시키지는 않았다. 타종교 경전 연구는 힌두교 경전에 대한 나의 이해에 실로 깊은 인상을 남겼다. 그것은 내게 힌두교 경전의 많은 모호한 구절들을 명료하게 이해시켜 주었다."[20]

선행은 경전 인용만으로 결정되는 것이 아니다. 간디에게는 나름대로의 시금석이 있었다. "진리에서 멀어진 것은 근원이 어디에 있든 일절 거부되어야 한다. 진리와 부합되지 않는 행위를 하는 사람은 부담이 크다. 가령 누구라도 불가촉천민 제도를 옹호하고 싶다면, 그것이 진리와 부합된다는 것을 보여야 한다. 그러지 못한다면, 그 제도를 옹호하기 위해 끌어들이는 모든 권위는 부적절하다."[21]

---

[19] *Ibid.*, 1925.8.27.

[20] *Ibid.*, 1926.9.2.

[21] *Ibid.*, 1927.9.29.

선대先代의 사상들은 그 모습대로는 모든 시대의 문제에 답할 수 없다. 우리의 사유는 환경과 시대의 변화에 발맞추어 나아가야 한다. 모든 종교의 위대한 지도자들은 엄청난 역동성과 중단 없는 모험을 마다하지 않았다. 그들은 독창적이었고 전통으로부터 자유로웠다. 우리는 그들에게서 단서를 찾아내야 한다. 경전 문구의 컨텍스트를 이해해야 한다. 그래야 그 말의 의미를 이해할 수 있다. 나아가, 영적 지도자의 천재성은 그의 시대 및 환경과 밀접한 관련을 맺고 있다. 살아 있는 영적 힘은 그의 내면에 있지만, 그 발전의 조건은 내면이 아니라 외부에 있다. 그러므로 경전의 참신한 해석은 새 시대와 조건에 어울려야 한다. 낡은 규범들을 끊임없는 역동과 변화의 세계에 거듭 적용하고 있다면 우리는 위대한 종교적 스승들의 정신에 불충한 것이다.

어떤 정통 브라만이 수드라Śūdra에게 『베다』를 전하기를 경전의 권위를 빌려 반대했을 때, 간디는 이렇게 대답했다. "수드라가 감히 『베다』를 배우려다가 라마찬드라Rāmachandra에게 벌받았다는 이야기를, 나는 경전에 첨가된 것으로 여겨 부정한다. 어쨌든, 새로운 사실史實적 발견과 탐구가 진척되어 라마Rāma에 대한 사실성이 달라진다 할지라도, 나는 라마를 역사적 인물로서가 아니라, 나의 관념 속의 완벽한 존재로서 숭배한다. 툴시다Tulsida는 역사적 라마와 상관없다. 그의 책 『라마야나』는 사료史料로서는 자료 더미에 불과하지만 영적 체험으로서 (적어도 내게는) 비할 바 없이 소중하다. 나는 또 툴시다 『라마야나』의 무수한 판본에 담긴 모든 말들이 전부 툴시다의 것이라고 말할 수도 없다. 나를 매료시킨 것은 그 책에 면면히 흐르는 정신이다. 수드라는 『베다』를 배우지 못한다는 금령에 나는 승복할 수 없다. 지금 내 생각에는, 농노農奴처럼 고생하는 한 우리는 분명 수드라다. 지식은 어떤 계급이나 종파의 특권이 아니다. 예비 수련 없이 더 높고 미묘한 진리를 자기 것으로 만들 수 없다는 것도 안다. 이는 적절한 준비 없이는 희박한 대기 중에서 숨쉬기 어렵고, 간단한 수학적 기초도 없는 사람이 고등 기하학이나 대수학을 이해하기 어려운 것과 같은 이치다."[22]

열린 마음을 가진 사람은 필연적으로 이성을 충분히 활용하며, 근원이 어디든 진리를 환영한다. 간디는 힌두교·이슬람교·그리스도교 혹은 다른 어떤 종교도 고대 경전을 의심 없이 수용해야 한다는 주장을 거부했다. 그는 말했다. "나는 특정 종교를 편애하지 않으며, 그 종교의 거룩한 이름 안에 숨은 어떤 악도 정당화할 수 없다. 내가 이성에 호소하여 확신시키지 못한다면, 나는 누구도 나와 함께하도록 할 생각이 없다." 그는 나아가, 진리 추구자는 물질적 소유뿐만 아니라, 자신의 편견과 지론도 버려야 한다고 주장했다. 누구든지 편견을 일소하지 않으면, 진리를 얻을 희망은 없다. 진리를 얻으려면 자기분석과 판별력이 필요하다. 이 문제에 대해 간디는 이렇게 말했다. "종교적 권위는 내면에 자리한다. 나는 『바가바드기타』를 비롯한 모든 경전을 판단해 보려 한다. 어떤 경전도 나의 이성을 대체할 수 없다. 나는 주요 경전들이 영감을 받아 씌어졌다고 믿지만, 그것들은 이중의 여과 과정을 거친다. 우선은 인간 예언자로부터 나오며, 그러고 나서 해석자의 주석을 거친다. 신에게서 직접 나온 것은 아무것도 없다. 하나의 복음을 마태오는 마태오 판으로, 요한은 요한 판으로 낼 수 있다. 나는 신의 계시에 동의하지만 나의 이성을 포기할 수는 없다. 그리고 무엇보다도, '문자는 사람을 죽이지만, 영은 사람을 살린다'(2고린 3,6 참조)."[23]

3. 알곡과 쭉정이

제도 종교는 신자들의 영적·도덕적 발전을 돕는다. 그것은 영원하고 보편적인 진리를 현실 속의 특정 사회에 해석해 줄 필요 때문에 존재한다. 이러한 본질적·보편적 진리가 모든 시대와 조건에 타당하다 해도, 그것은 특정 공동체가 받아들일 수 있도록 정립되어야 한다. 각 공동체마다 언어와 사회적·문화적 환경이 서로 다르고, 모든 사회는 나름의 특수한 지

---

[22] *Ibid.*, 1925.8.27.

[23] *Harijan*, 1936.12.5.

적·문화적 발전 단계를 겪는다. 이 모든 요소들은 영원하고 보편적인 진리가 표현되는 조건이다. 토인비에 의하면, "이런 우연적 부수 요소들은, 고등 종교의 항구적이고 보편타당한 본질이 특정 사회의 구성원들에게 메시지를 전하기 위해서 치러야 할 대가다. 구속救贖의 대가는 강생이다".[24]

종교 창시자들의 가르침은 대중의 요구에 적절히 순응하는 과정에서 확연히 희석된다는 것을 알아야 한다. 한 종교의 본질적 진리를 지역적·한시적 진리와 구별하는 것이 무엇보다 중요하다. 그러지 못한다면, 우연적·한시적 요소에 집착하여 본질을 간과할 위험이 있다. 신약성서의 가르침을 예로 들자. 우리는 예수가 특정 시대의 특정인들에게 말하고 있었음을 기억해야 한다. 그는 인류 전체를 상대로 말하지 않았다. 매우 심각한 갈등의 한복판에서 그는, 자신과 자신의 "위험한" 가르침을 제거하려고 마음먹은 사람들에게 수난당했다. 이것은 예수 말씀이 영원한 진리가 아니라는 뜻이 아니다. 물론, 그 말씀들은 영원한 진리로 충만하다. 그러나 진리가 신약성서의 문구 자체에만 국한된다고 생각한다면, 우리는 그 진리를 놓칠지 모른다. 신약성서는 지혜 말씀 모음집이 아니다. 그것은 본질적으로 무엇이 행해졌는지에 대한 기록이다. 이를테면 사람들이 예수를 공격할 때나 예수의 도움을 구할 때 예수가 무엇을 했는지에 대한 것이다. 그것은 예수가 어떻게 반응했는지를 보여 준다. 그의 전 인격과 상황 전반에 대한 인식이 그 말씀 배후에 있으며, 그러한 상황들이 말씀을 조건짓는다. 그 가르침의 의미가 무엇인지 알려면 우리 스스로 상상을 통해 그 상황을 재창조해 봐야 한다. 토인비는 이렇게 말한다. "고등 종교의 진정한 목적은 그 종교의 본질인 영적 권고와 진리를 가급적 많은 사람에게 전파하여, 그것으로 인해 그들이 인간의 궁극 목적을 성취하도록 하는 것이다. 인간의 진정한 목표는 신께 영원한 영광과 기쁨을 드리는 데 있다. 교회 당국이 종교의 이러한 참된 목적을 정책 결정 과정에서 최우선적으로 고려한다면,

---

[24] Arnold Toynbee, *An Historian's Approach to Religion*, New York: Oxford University Press 1956, 264.

그들은 메시지의 불변적 핵심을 다양한 사람들이 알아들을 수 있도록 다양한 사고방식으로 끊임없이 전환해야 할 것이다."[25]

불행히도 일부 종교는 그런 시도를 하지 않았다. 그래서 가끔 사소하고 (영적 관점에서 볼 때) 그리 중요하지 않은 문제로 충돌하곤 했다. 자기 보존이 그들의 주된 관심이었던 것 같다. 종교의 원죄는 신성을 대상화하고 몇몇 특정 교의·성사聖事·전례 등을 궁극적인 것으로 받아들이는 데 있는 것 같다. 강요된 획일화는 불원간 바뀐 환경에 어울리는 뜻밖의 새로운 해석을 야기할 것이다. 우리가 영적 진리의 허용치 내에 있는지, 신조나 교의에 대한 맹목적 집착으로 진리에서 멀어지지나 않았는지는, 오직 신실하고 꾸준한 자기 반성만이 가르쳐 줄 수 있을 뿐이다. 토인비는 말한다. "신자들은 교회의 보존을 지상 목표로 삼으려는 경향이 있다. 이러한 사고방식은, 그들의 종교 전통을 불가분의 전체로 다루어야 하고 우연적 부가 사항들(전례 등 — 역자 주)도 본질 자체만큼 신성한 것으로 받아들여야 한다는 주장을 부추긴다. 두 가지 두려움 때문이다. 그들은 나약한 신자들이 지쳐 떠날 것을 두려워한다. 그리고 종교 전통 속의 어떤 요소가 지역적·한시적이어서 버릴 수 있다고 인정해 버리면, 어느 선까지 그래야 할지 기준을 정할 수 없어서 자칫 종교의 본질까지 포기하게 될까봐 두려운 것이다. … 그러나 그런 정책은 틀렸다. 그것은 나쁜 심리학이며 나쁜 정략이다."[26]

종교사가 지하드·십자군·종교재판·박해 등과 같은 슬픈 이야기로 점철된 것은 그러한 쇄신 과정이 없었기 때문이다. 영원한 하나의 진리를 이해하려 애쓰는 다양한 종교들이 우리 안팎의 거대한 신비를 해명하는 데 힘을 모으지 않고, 전쟁을 필연적이라 여기는 것은 비극이다.

자신들만 절대 완벽한 체계라고 확신하는 종교들은 조만간 지성적인 신자들을 만족시킬 수 없을 것이다. 종교의 본질이라 여겨진 많은 세목들은 그 종교의 창시자한테서 비롯된 것이 아니라, 후대 여러 세기를 거치면서

---

[25] *Ibid.*, 266.

[26] *Ibid.*, 266.

형성된 것이다. 방대한 교의 체계는 항구적 중요성을 내포할 수 있으나, 그 또한 역사적·시대적 요구와 특수한 관습을 반영한 것임에 틀림없다. 이러한 필요와 관습은 시대에 따라 변한다. 이를테면, 붓다와 그리스도 이후 몇 세기 동안 의미 있었던 전례와 교리들이 금세기인의 삶에 전혀 어울리지 않을 수 있다. 우리의 종교가 현재의 요구에 적합하다는 것을 입증하기 위해, 우리는 내적 가치와 중요성을 저해하는 모든 불필요한 첨가물을 제거해야 한다. 이러한 불필요한 것들을 제거하고 옛 지혜의 핵심을 새로이 기억해야 한다. 낡은 사고와 생활 방식에서 벗어나야 한다. 우리의 관심을 종교의 지고한 가르침에 집중하고 비본질적인 것을 개혁해야 한다.

이것이 간디가 힌두교를 위해 한 일이다. 간디 이후의 힌두교는 간디 이전의 그것과 같지 않다. 힌두교는 개혁되었고 젊어졌다. 그는 낡고 무의미하고 유해한 의례들을 단호히 거부했으며, 힌두교의 고대 지혜를 존중하면서, 그것이 우리 시대의 요구와 환경에 적절히 봉사하도록 했다. 이러한 재해석은 모든 종교에 필요하다. 그 결과 모든 종교의 지혜와 진리가 빛을 발할 것이며, 종교에 유입된 불필요한 첨가물들은 부차적 차원으로 격하될 것이다.

· VI ·

결 론

자기의 신앙을 북돋우기 위해 교리적으로만 접근하는 방식은 타종교를 진정으로 이해하는 데도, 종교 간의 선린 관계에도 불충분하다는 것을 간디는 비교종교학적 연구를 통해 분명히 알았다. 사실 다들 전체주의적 주장을 하고 있기 때문에 교리에 매인 종교 간에는 어떤 창조적 대화도 불가능하다. 이들 종교의 교리는 타종교 교리에 대해 경멸까지는 아니더라도 직·간접적 무관심으로 일관한다. "종교가 특정 역사적 사건에 관계된다면, 다른 역사적 사건들을 그들의 종교적 근거로 채택하는 타종교 신자들과 만날 여지는 그리 많지 않다."[1] 한 종교의 광신자들은 다른 종교의 신자들이 틀렸고, 그들의 유일한 구원 기회는 참된 하나의 종교를 받아들이는 데 있다고 주장한다. 타종교의 부정할 수 없이 소중한 가치에 직면하고서도, 그 가치들은 그저 자기 종교가 성스럽다고 여기는 것에 접근할 뿐이라는 미묘한 주장을 하며, 이런 주장을 통해 그들은 하나의 완벽한 종교를 충분하고 최종적으로 승인할 방도를 마련한다. 그들은 물론 자신의 신앙이 부족하다는 것을 인정하기를 거부한다. 이 경우, 그들은 타종교 신자들과 소통할 기회를 거의 얻지 못한다. 결과는 편견의 영속화다. 따라서 종교가

---

[1] *The Report of the University Education Commission*, vol.1, 298, vide ante.

정하는 형식보다는 인간 내면 생활의 견지에서 종교에 다가갈 필요성이 대두된다. 이것이 종교 간 이해와 친교의 실천 가능한 방법이다.

종교가 바르게 이해되면 인류의 내적 삶을 생기 있게 하고 고양시킨다. 제도 종교는 신자 내면의 영적 생활을 활성화시킬 수 있어야 한다. 그래야 자신을 보편적 차원에서 표현할 수 있다. 이러한 관점에서 볼 때, 개인의 종교성은 신앙고백이나 교리의 수용이 아니라, 자신의 믿음을 일상적 삶에 적용하는 데 달려 있다. 제도 종교가 어떤 매개체에 의해서 내적 삶의 성장에 방해가 된다면, 종교의 목적은 바로 훼손되고 만다. 교회·모스크·사찰 그리고 종교의 모든 의례와 상징은 각 신자들의 내면적·영적 삶에 자양분을 주어 풍요롭게 할 때만 보탬이 된다.

간디는, 세상은 오직 영원한 도덕적·종교적 가치의 부활을 통해서만 구원될 수 있다고 지적했다. 숭고한 목적에 대해서도 그 방법의 순수성과 중요성을 강조함으로써, 간디는 인류에 크게 기여했다. 그는 다양한 종교 구성원들이 사회적·도덕적 재건을 위해 각 분야에서 서로 협력하도록 동기를 부여했다. 간디는 선 의지·상호 존중·종교 간 화합을 창출하기 위한 활동 프로그램을 기획했다. 그에게 일은 곧 예배였다. 이기심 없이, 억압받고 학대받는 자들을 일으켜 세우기 위해 행해진 모든 일이 신의 영광을 웅변해 주는 작업이었다. 하리잔 복지사업, 마을 재건, 기초 교육 등, 간디가 시작한 일련의 사회 봉사 프로그램이 이런 유형의 것이었다. 간디는 정의롭고 평화로운 세계 질서를 이룩하기 위한 공동의 노력을 통해 가장 심오하고 좋은 종교 전통을 남들과 충분히 나누기를, 그러한 신앙적 모험을 세계 종교 지도자들에게 촉구했다. 아마 이것은 인간 생존의 유일한 조건일 것이다. 붓다와 조로아스터와 그리스도와 무하마드의 삶, 그리고 베단타의 가르침은, 차안에서든 피안에서든 인류가 더 나은 삶을 추구하는 데 필요한 영적 배경을 풍요롭게 할 것이다.

모든 종교의 주임무는 인류의 영적 의식을 일깨우는 것이며, 사랑·희생·봉사·자제력, 특히 진리와 의에 헌신하게 하는 것이다. 훌륭한 종교는 만인의 선한 삶을 증진·전파하는 일에 협력할 수 있어야 한다. 사회적·도덕적 악은 어느 사회에나 있다. 종교는 손에 손을 맞잡고 이러한 악을 척결해야 한다. 인류 사회의 악을 근절하는 데는 종교의 모든 자원이 동원되어야 하기 때문이다. 다르다고 분열되지 말고, 신의 더 큰 영광과 인류의 더 큰 행복을 위해 힘 모아 일하는 것은 모든 종교인들의 의무다. 우리는 종교들을 서로 떼어 생각할 수 없다. 더욱 높은 견지에서 모든 종교는 만인의 평화와 형제애를 요구하기 때문이다. 그러므로 종교는 혼자든 함께든, 인간의 모든 행위를 영성화해야 한다.

타종교 이해를 돕는 데는 신선하고 창의적인 종교 교육이 필수적이다. 종교들은 어느 특정 종교에 대한 일체의 편견도 없이 최선의 상태로 제시되어야 한다. 인류 종교사에 나타난 가치로운 통찰에 대한 인식과 이해를 계발하는 데 역점을 두어야 한다. 자기 종교도 제대로 모르면서, 남의 종교 지식에 돌을 던지려는 것은 슬픈 일이다. 언젠가 간디는 이런 불만을 토로했다. "예닐곱에서 열여섯이 될 때까지, 나는 학교에서 종교 빼고 다 배웠다. 나는 선생님들이 자기 분야에서 손쉽게 가르쳐 줄 법한 것들도 제대로 배우지 못했다. 지금도 나는 이런저런 일들을 내 주변 여기저기서 배우고 있다."[2] 다양한 종교의 학생들이 다니는 학교에서는 비종파적 종교 교육이 이루어져야 한다. 교육기관이 종교 교육을 실시하면, 학생들은 교단 소속 학교에서보다 더 자유로운 유형의 종교를 받아들이기 쉬울 것이다. 사실 인생의 종교적 측면을 인식하도록 어린 시절에 지도받지 못하면, 아이는 온전한 성장의 기회를 빼앗긴다. 가정이나 공동체가 이러한 교육을 떠맡을 때, 공동체의 편협함·비관용·이기심이 개입될 기회가 증가된다.

힌두교인이든 불교인이든 유대인이든 그리스도인이든 무슬림이든, 젊은 이들은 자신의 종교를 각성된 태도로 배워야 한다. 그러면 그들은 서로 사랑할 것이고, 신은 만인에게 하나임을 알 것이며, 모두 인류라는 대가족의

---

[2] M.K. Gandhi, *An Autobiography*, 31.

일원이라고 느낄 것이다. 이때 개인이 다양한 예배 형식을 통해 어떻게 접근하든, 각자는 초월적이고 자비로운 힘에 대한 외경심을 지니게 될 것이다. 이러한 태도는 예배의 다양한 형식을 진정으로 수용할 수 있는 감각을 개발시킬 것이다. 요약하면, 젊은이들로 하여금 모든 진실한 종교인들이 진리와 사랑의 영적 실현을 향해 나아가는 동료 순례자임을 깨닫도록 젊은이들을 도와주어야 한다.

이따금 종교 간의 관계를 특징짓는 숱한 반목들은 서로의 신앙이 낯설고 이질적이라는 느낌에서 비롯된다. 사람은 낯선 것을 좋아하지 않는 경향이 있다. 가령, 이교도·우상·미신·카피르Kaffir(아프리카 흑인 혹은 카피르 사람)·"믈레차"mlechha(야만인)와 같은 말들은 종종 타종교들을 조롱할 때 사용하지, 자기 종교나 전례에는 결코 쓰지 않는다. 다른 종교 공동체와 문화 전통에 속한 사람들이 이웃해 살아도, 그들은 대개 각자 고립된 세상 속에 산다. 종교적·문화적 삶의 더 깊은 단계에도 접촉점이 없다. 진정한 우정을 가지고 서로를 알려고 하지 않아도, 다투지 않고 가까운 이웃으로 그럭저럭 일상을 영위하는 것은 가능하다. 육체적으로는 이웃이라도 마음으로는 언제나 이방인인 것은, 누구도 타인의 문화적 삶과 종교적 신앙을 공감하려 애쓰지 않기 때문이다.

간디는 상이한 종교·문화·인종들이 공동 목표를 위해 함께 일하며 사는 '공동체 생활'을 스스로 실천함으로써 이러한 문화적 거리감을 해소하려 했다. 목적 의식의 공유는 편견·관습·신념·문화의 간격을 해소하는 데 도움이 된다. 그는 아쉬람 형태의 공동체 생활, 아니면 단기간의 캠프 공동체 생활이라도 해 보라고 권했다. 그것은 생각을 나누고 마음과 마음이 소통할 기회를 제공한다. 구성원들은 문제를 공유하고 그것을 해결하기 위해 서로 협력하며, 어려움을 무릅쓰고 서로를 이해하는 가운데 모든 것이 달라도 그들이 모두 인간 존재임을 인식하게 된다. 이러한 인간의 보편적 상황 속에서 그들은 일치를 인식하고, 인간성을 분열시키는 모든 것을 초월할 기회를 얻는다. 이러한 이상에 접근할 때 계급·신념·인종의 차이에도 불구하고 그들은 모두 신 아래에서 하나의 가족임을 입증한다. 기쁨과 슬픔을 함께 나누면 공동체 구성원들이 다정히 공감하고 서로를 이해하며 하나로 합쳐진다.

상이한 종교에서 많은 유사점을 찾고 근본적인 의미에서 그 속에 내재된 통일성을 발견하는 사람들이 있다. 그들이 힘을 모아 설득력 있는 공동 연구·기도·봉사 프로그램을 개발해야 한다. 다른 견해를 이해하려는 관점에서의 자유·개방 토론이 장려되어야 한다. 이런 것들은 개인에게 다양한 경전들의 풍부한 함의를 음미할 최선의 기회를 제공한다. 간디는 말한다. "우리가 이 근본적 일치를 깨닫지 못한다면, 혹은 깨달을 때까지, 종교의 이름으로 행해지는 전쟁이 그치지 않을 것이다. 이 전쟁들은 힌두교도와 무슬림 간에만 국한되지 않는다. 세계사의 페이지들은 종교 전쟁의 피비린내로 얼룩졌다. 종교는 순수한 신자들과 그들의 선행만이 지킬 수 있을 뿐, 타종교 신자들과의 싸움으로는 절대 지킬 수 없다."[3]

다양한 종교의 신자들이 이런 정신으로 만날 때, 처음에는 다소 우려되겠지만, 결국 모두에게 선한 결과가 따를 것이다. 간디의 삶은 종교 간의 상호 작용이 낳은 건강한 결과를 보여 주는 가장 좋은 예다. 간디의 인품과 우주적 시야는 다양한 종교와 문화적 영향의 결실이다. 그의 철학적 견해는, 그 뿌리는 힌두교에 있지만, 그리스도교·이슬람교·불교·조로아스터교 그리고 다른 신앙의 가르침에 의하여 형성되었다. 사실, 간디의 인격 형성에 독보적인 공적을 내세울 수 있는 종교는 하나도 없다.

모든 민족과 문화에 영성이 깃들어 있기에, 종교 간의 만남은 그들에게 오직 축복일 따름이다. 잊혀지고 무시되었던 자신들의 전통을 그 만남이 상기시켜 줄 것이기 때문이다. 나아가 그 만남은 모든 종교가 자신의 미성숙한 요소들을 회생시켜 새로운 영적 지평을 발견하도록 변화시킬 것이다. 예를 들어, 18~9세기 그리스도교의 출현은 인도와 동남아시아에서 종교적

---

[3] *Harijan*, 1940.7.13.

탐구를 자극하는 데 탁월한 효과가 있었다. 그것은 힌두교와 불교 사회의 개혁 요구를 더욱 분명히 했다. 종교 지도자들은 가난하고 억압받는 이들에 대한 그들의 의무를 인식했다. 한편, 인도의 그리스도교와 이슬람교는 힌두교의 영향으로 덜 광신적이고 더 내성內省적이 되었다. 종교들이 관용적이고 자비롭고 신실한 것일 때, 차이점조차 가끔 도움이 된다. 간디는 인류에 대한 봉사를 무시하는 종교가 개인의 구원은 지나치게 강조하는 것을 주위에서 보았다. 영적 삶이 실제적 삶과 분리되어, 그 둘은 서로 모순되는 것처럼 보였다. 영성이란 세상의 가난과 무지와 비참을 외면하지 않고 그것과 용감히 맞서 싸우는 것임을 동포들에게 알리는 데 간디는 지칠 줄 몰랐다. 그 가르침의 결과, 인도인들의 영적 삶이 회복되었다. 그는 자신의 종교를 타종교의 가르침과 지식의 진보에 비추어 해석함으로써 힌두교의 존속과 발전을 가능케 했다.

이상적인 종교적 삶이란 과학과 영성, 지식과 신앙이 만인을 위한 선한 삶의 실현을 지향하면서 올바르게 종합되는 것을 의미한다. 온 세계가 과학에 의하여 물리적으로 통합되어 있다. 이러한 사실은 결국 서로 간의 지식과 인류의 공감을 필연적으로 증폭시킬 것이다. 올바른 인식이 이해를 낳는다. 나아가서 합당한 지식은 물리적 세계뿐 아니라 사랑·성스러움·애정·완전을 향한 갈망 등의 보편적 정서까지 고려해야 한다. 이 모든 것이 인간 정신을 규정하고 인간 진보의 추진력을 제공한다.

영성 없는 과학은 도덕과 무관하다. 할데인J.B.S. Haldane은 말한다. "자연과학에 헌신했던 삶의 여정에서 내게 강요된 결론은, 물리과학이 가정하는 세계는 관념적 세계일 뿐이며, 실재적 세계는 만유의 영적 가치를 소중히 여기는 영적 세계라는 것이다."[4] 참 과학과 참 종교 사이에 적대감이란 있을 수 없다. 신이 자기 모순을 범할 수 없는 것처럼 과학적 진리와 종교적 진리도 서로 모순될 수 없다. 동일한 원천에서 흘러나오는 모든 진리는,

---

[4] J.B.S. Haldane, *Science and Philosophy*, 273.

바르게 이해되기만 하면, 서로 조화될 수밖에 없다. 다시 할데인에 따르면, "과학적 지식의 발전이 세계와 내적 삶의 신비를 위축시키는 것 같지는 않다".[5]

그러나 이제껏 단 하나의 종교도 인류를 통합시킬 수 없었고 지금도 여전히 그러하다. 모든 종교에 내재된 영성만이 전 인류를 통합시킬 수 있다. 이 목표는 과학이 영성과 손잡고 종교가 교의주의를 제거할 때 실현될 것이다. 사람들이 과학과 종교가 살아 생동하는 동일한 실재를 다룬다는 것을 깨닫지 못한다면, 둘 다 헛된 일이다. 그러므로 과학적 견해는 종교적 영역에 적용되어야 하고, 과학은 종교로 인해 부드러워져야 한다. 그러면 본질만 남고 피상적인 것들은 저절로 떨어져 나갈 것이다. 진리보다 더 지고한 종교가 어디 있으며 사랑보다 더 숭고한 행위가 어디 있는가? 이것이 모든 종교에서 발견되는, 상호 협력의 충분한 토대가 아닐까?

보편적 확신을 관철시키려면 우리가 전하려는 생각이 인류애의 정신과 일치해야 한다. 인류애를 분열시키는 것은 무엇이나 악이다. 종교는 교의와 교리로만이 아니라 삶과 정신으로 영향을 미쳐야 한다. 참된 종교는 도처에 상존하는 인간의 비탄에 끌리는 온정을 지니고 있다. 이 정신이 모든 종교에 스며들 때, 종파주의적 교만과 광신주의는 반드시 사라질 것이다. 영적인 것만큼 인류애를 결속시켜 그 목표에 이르게 할 능력을 가진 유대는 없다. 과학적·영적 견해의 종합과 더불어 종교 간의 만남에는 더 큰 이점이 있다. 결과적으로, 각 전통은 유해한 역사적 첨가물을 제거하고 다른 모든 전통으로부터 배워야 할 것이다.

종교적 관용에 대하여 **이야기하는 것**과 다른 신앙의 이웃에게 형제애를 **실천하는 것**은 전혀 별개의 문제다. 후자가 더 좋다. 간디에 의하면, 누가 무엇을 **가르쳤느냐**가 아니라, 무엇을 **행했느냐**가 중요하다. 종교 분야에서는 실제로 **참여**한 만큼만 **알** 수 있다. 소로킨Sorokin 교수는 이렇게 썼다.

---

[5] *Ibid.*, 165.

"그리스도교와 「산상설교」에 선포된 그 행동 규범들을 그리스도인들이 실천했다면, 그리고 유교와 도교, 힌두교와 불교, 유대교와 자이나교, 이슬람교와 기타 다른 종교의 도덕 계명을 신자들이 '확연히' 실천했다면, 그 종교들은 전쟁 억제에 결정적인 영향을 주었을 것이다. 사랑의 보편적 실천으로 모든 증오·적개심·불의가 제거되고, 항구적인 조화가 온 인간세에 넘쳤을 것이다. … 불행히도 이 모든 종교의 추종자들이 가르쳤던 것과 실천했던 것 사이에는 큰 차이가 있었다."[6] 소로킨은 덧붙여 말한다. "종교는 아낌없이 베풀고 용서하는 사랑으로 생명을 얻어야 한다. 이웃과 신과 전 우주에 대한 인간의 사랑, 말과 염원에서뿐 아니라 실천에서도 드러나는 사랑으로 생명을 얻어야 한다. … 그리고 종교는 영원한 진·선·미의 초의식적 영역을 탐구하면서, 인격의 잠재의식적·의식적 국면들을 초월하려는 거역할 수 없는 열망으로 인간을 고무시켜야 한다."[7]

진리는 하나이며 나눌 수 없고, 모든 인간 존재와 종교와 철학에 공통된 것이다. 종교적 진리가 영속적임은 의심할 여지가 없다. 그러나 이러한 진리는 그 추종자들의 세속적 희망이나 열망과 얽히고 혼동된다. 모든 종교는 그것이 역동적인 힘인 한 성장과 진보의 과정을 겪는다. 그리고 영원한 진리는 당대의 발전하는 과학·사회 사상과 관련되고 재해석되어 새로운 철학 체계가 되어야 한다. 그것이 붓다가 힌두교에, 예수가 유대교에 한 일이며, 간디가 20세기에 힌두교를 위하여 한 일이다. 각 종교는 진리의 여러 다양한 측면을 부각시킨다. 그러므로 진리는 종교 분쟁에 연루될 필요가 없다. 소로킨의 주장대로, "유력한 종교와 종파들은 우위를 점하기 위한 '제국주의적' 투쟁과 경쟁자를 물리치려는 '기득권'을 중단해야 하며, 그들에 공통된 근본 진리와 도덕적 명령에 역점을 두어야 한다".[8] 나아가, "상이한 언어들이 같은 대상을 각각 나름의 어법으로 지칭하듯이, 인

---

[6] P. Sorokin, *Reconstruction of Humanity*, Boston: The Beacon Press 1948, 41.

[7] *Ibid.*, 115.

[8] *Ibid.*, 115.

류도 '거룩한 영'the Holy의 체험을 각각 나름의 방식대로 전하는 상이한 '종교 언어'를 가질 수 있다. 그 언어는 사람들을 '무한한 다양성'the Infinite Manifold과 접촉하게 하고, 그들의 문화와 평화롭고 이타적인 사회 체제에 꼭 필요한 창조성을 구비하게 한다".[9]

세계는 새로운 종교를 원하지 않는다. 정작 필요한 것은, 더 많은 사람들이 보편적 진리를 자기 전통 안에서 발견하여 그 진리에 부합되게 사는 것이다. 그러할 때, 오늘날 인간을 분열시키는 각 종교 체계의 삭막한 외형들은, 역사상 아직 정복된 적 없는 새로워진 인간 정신의 광채 앞에서 필연적으로 힘없이 무너질 것이다. 인간 영혼보다 더 잠재력 있고 더 위대한 힘으로 충전된 것이 아무것도 없다. 종교가 이러한 인간 영혼을 움직이는 수단이라면, 인간 영혼이 신적 존재의 삶에 동참함에 따라 그 수단도 거듭 변형될 것이다.

---

[9] *Ibid.*, 117.

· VII ·

간디의 종교 간 대화 경험

역사의 흥망성쇠를 반영하는 인간 문명은 지금껏 때로는 정신적·도덕적 가치들을 발전시키기도 하고, 때로는 경시하고 백안시하면서 무심히 흘러왔다. 대부분의 인간의 진보는 고작 단편적일 뿐, 예정된 변증법적 필연성을 띠지는 않는다. 도덕적·정신적 가치의 진보는 대개 포괄적이고 통합된 삶의 방식을 체현한 종교적 인물의 추진력이 낳은 결과였다.

과거에는 종교가 결코 순수한 은총으로 여겨지지 않았다. "종교는 병원과 자선 단체를 세우고 예술과 문학을 장려하고 인류에게 많은 은덕을 베풀면서 평화와 진보에 크게 공헌했지만, 한편으로는 종교의 이름으로 전쟁을 일으켰고 인간을 박해했으며, 인류 문화 유산들을 파괴했다."[1] 사랑과 인류애와 평화를 가르치는 종교들이, 어떻게 다른 공동체들과의 관계에서 증오의 분쟁을 일으킬 수 있었던가? 그런 분쟁들이 있었던 것은 부정할 수가 없다. 그러나 저 증오와 잔인성에 대해서는 종교가 아니라 인간의 경직성과 편협성이 책임져야 한다.

예측건대, 인류 공동체는 종교적으로 계속 다원화될 것이다. 종교적 고립 속에서 발전한 전통 신학들은, 폐기되지는 않았더라도 이미 부적절하

---

[1] Swami Nikhilananda, *Hinduism: Its Meaning for the Liberation of the Spirit*, Harper, 185.

다. 그것들은 다른 종교 전통의 구성원들이 상호 협력하고 공존하는 것을 허락하지 않으며, 종파 간에 분리의 담을 쌓아 인류의 화합을 거스른다. 날로 좁아지는 세상에서 우리는 이러한 사실을 바르게 직시하여, 무익한 비극적 분쟁을 피하려는 종교적 대도를 건지해야 할 것이다.

20세기 중엽, 아널드 토인비는 천 년 후 역사가들이 20세기를 회고할 때 공산주의와 자본주의의 분쟁에는 별 관심을 보이지 않을 것이며, 오히려 20세기를 동서양 종교들이 서로 흡수되면서 진정한 세계 문명으로 첫발을 내디딘 시대로 볼 것이라고 예언했다. (다른 건 무시하고라도) 몇몇 가치 로운 통찰들이 풍요로워진 만큼, 모든 종교 전통은 저마다 세계 문명의 출현에 의미 있는 공헌을 할 것으로 보인다.

1. 간디

간디는 유물론·편협성·폭력의 힘에 맞설 도덕적·영적 가치들을 옹호하는 데 삶을 바쳤다. 그는 사람이 평화와 이해를 통해 성숙한다면, 종교적·민족적 입장을 초월하여 두려움 없고 친하게 타인과 만날 것이라 믿었다. 간디가 지적했듯이, 대화는 발전의 필수 조건이다. 다양한 공동체와 그 지도자들은 세상을 더 살기 좋은 곳으로 만들기 위해 소통하고 협력해야 한다. 그들에게는 진리를 추구할 열린 환경이 필요하다. 또 간디는, 영적 삶의 성장이 인류애·자비·관용의 능력을 계발시키고, 정의와 도덕적 쇄신에 근거한 새로운 문명을 일으킬 수 있게 할 것이라 보았다.

간디는 일찍부터 종교적 대화에 익숙했다. 아버지 친구 중에는 힌두교도는 물론, 무슬림·파르시교도·자이나교도도 많았다. 그들은 종종 그의 집에 모여 종교에 관해 토론했다. 어린 간디는 그 토론에 귀기울였다. 이 경험은 그에게 종교 다양성 문제와 종교 화합의 필요성을 깊이 각인시켰다.

영국과 남아프리카의 그리스도인 친구들도 간디의 종교 연구에 큰 자극을 주었다. 런던에서는 종교적 토론으로 보낸 시간이 많았다. 신지학자

Theosophist들의 문헌은 그를 종교 일치 운동으로 인도했다. 에드윈 아널드 경의 『바가바드기타』 영문판 『천상의 노래』*The Song of Celestial*는 간디의 삶에 깊은 영향을 주어, 평생 동반자가 되었다. 『아시아의 빛』*The Light of Asia*과 『차라투스트라는 이렇게 말했다』*Also Sprach Zarathustra*도 관심 깊게 읽었다. 그는 신약성서의 가르침, 특히 「산상설교」에 크게 감화받았다. "나는 말합니다. 악한 사람에게 맞서지 마시오. 누가 오른편 뺨을 때리거든 다른편 뺨마저 돌려대시오"(마태 5.39)라는 구절은 그의 마음을 사로잡았다. 예수의 인격은 일생 동안 그를 매혹시켰다.

간디는 칼라일의 『영웅과 영웅 숭배』*Heroes and Hero Worship*를 읽고, 그 책에서 무하마드의 "위대함, 용기, 금욕적 삶"을 배웠다. 간디는 워싱턴 어빙의 『무하마드의 생애와 그 계승자들』*Life of Mohamet and His Successors*을 통해 무하마드를 존경하게 되었다. 예언자 무하마드의 금욕적 삶과 심오한 가르침은 그에게 엄청난 영향을 끼쳤다. 앤드류스는 주장한다. "신앙과 행동의 예언자 무하마드의 인격과, 그의 사위 알리의 자애와 수난에 대한 깊은 존경심은 간디에게 큰 영향을 끼쳤다. 그는 초기 칼리프의 숭고함과 무하마드 첫 제자들의 뜨거운 신앙에 깊은 인상을 받았다. 그들이 실천한 순수한 단순성, 빈자에 대한 헌신, 신의 권능에 대한 강한 믿음, 이 모든 것들이 그에게 엄청난 영향을 끼쳤다."[2]

2. 이론적 대화

간디의 종교적 대화는 이론과 실천, 두 차원에서 이루어진다. 이론적 차원에서의 목적은 살아 있는 세계 종교들에 대한 공감과 이해였다. 남의 신앙에 대한 무지는 편견과 오해를 낳고 다른 전통 추종자들의 참모습을 받아들이지 못하게 만든다. 모든 종교의 인간적 차원을 제대로 이해하지 못할

---

[2] C.F. Andrews, *Mahatma Gandhi's Ideas*, London: George Allen and Unwin, 62.

때만 사람들은 종교를 놓고 싸운다. 종교인들이 서로 비난하고 피 흘리는 것은 다른 신앙에 대한 감성적 이해가 부족하기 때문이다.

대개 신앙인들은 다양한 세계 종교의 가치와 통찰을 접할 충분한 기회도 관심도 없다. 실로 자기 종교를 포함한 모든 신앙의 창조적 원리에 대한 무지가 팽배해 있다. 과거의 이유야 어찌되었든, 간디는 그런 일이 계속되어서는 안 된다고 생각했다. 현대인은 다른 종교에 계시된 영적 진리를 깊이 이해함으로써 자신의 종교적 의식意識을 확장할 필요가 있다.

간디는 종교를 공부하지 않는 교육은 불완전하다고 믿었다. 종교 연구는 진정한 지적 탐구일 뿐 아니라 인류 문화와 문명의 생생한 국면이기도 하다. 그것은 개인적·사회적 삶의 원천과 관계하며, 삶과 운명의 핵심 질문들을 다룬다. 혹자는 인간과 역사를 이해하지 못할 위험을 무릅쓰면서까지 종교 교육을 경시한다. 간디는 젊은 날을 추억하면서, 학교의 종교 교육 제도가 미비했다고 매우 아쉬워했다. 그는 『자서전』에서 이러한 난점을 토로했다. "나는 힌두교인이지만 힌두교를 잘 모른다. 다른 종교는 말할 것도 없다. 사실, 나는 내 믿음이 어떠하며 또 어떠해야 하는지 모른다. 나는 나의 종교를 사려 깊이 연구하고 싶고, 다른 종교도 내가 할 수 있는 한 연구하고 싶다." 훗날 간디는 많은 시간을 비교 종교 연구에 바쳤고, 이는 그의 삶에 깊은 영향을 끼쳤다. 그는 타종교 연구가 건전한 종교다원주의에 기여할 것이라 믿어 의심치 않았다.

간디는 종교들을 질적으로 비교하려 하지는 않았다. 그것이 헛된 노력인 줄 그는 알고 있었다. 한 종교가 타종교 신자들의 기분에 영합하는지는 그의 관심사가 아니었다. 오히려 종교가 자기 신자들에게 어떤 영향을 끼치는지에 주목했다. "타종교 신자들이 우리를 이해하기 바라듯이, 우리도 온 마음으로 그들을 이해하자. 분명, 이것이 '황금률'이다."[3] 간디는 겸손하고 열정적으로 다른 전통과 그 신자들에게 배웠다. 그는 모든 전통에 장점이

---

[3] K.L. Seshagiri Rao, *Mahatma Gandhi and C.F. Andrews*, Patiala: Punjabi University Press 43.

있다고 믿고, 여러 전통의 가장 좋고 순수하고 숭고한 요소들을 찾아 삶에서 그 유익을 취했던 것이다.

종교 연구를 통해서 간디는, 모든 종교 전통에 영고성쇠가 있었고 역사상 어떤 종교도 완전하지 못했다는 것을 깨달았다. 각 종교 전통은 때로 구악을 청산해야 했고, 각 종교는 개혁자 및 성인들과 결속했다. 따라서 간디는 자타의 전통에서 구악을 고착시키려는 어떤 행태도 잘못이라 여겼다. 위대한 종교마다 수많은 요소·경향·운동들이 내포되어 있음을 보면서, 간디는 종교를 특정 교파나 운동에 근거하여 규정하는 것을 거부했다.

간디는 대체종교를 찾기보다 종교의 순수성을 도모하는 방식으로 접근했다. 그는, 다른 종교에 대한 지식이 힌두교도를 더 힌두교도답게, 무슬림을 더 무슬림답게, 그리스도인을 더 그리스도인답게 그리고 모든 인간을 더 나은 세상의 구성원으로 만든다고 믿었다. 간디는 종교 간의 대화가 각 종교 전통의 간과된 차원들을 재발견하고 개발하는 데 도움이 된다고 보았다. 다양한 종교의 통찰들은 모든 민족에 속한다. 그리스도인에게 드러난 진리는 다른 신앙의 신자들에게도 소중하고 그 반대도 마찬가지다. 종교적 대화는 서로 다른 배경을 가진 사람들을 서로 민감하게 만든다. 그러므로 어떤 종교도 신자들이 타종교를 연구하거나 자신의 영적 지식과 훈련을 보충하는 것을 금하지 말아야 한다.

간디는 그가 다른 신앙들에 깊이 빚지고 있다는 사실을 기꺼이 인정했다. 그러나 그는, 신선한 바람을 맞으려면 사방 창문을 열어 두어야겠지만, 그렇다고 우리의 중심을 잃어서는 안 된다고 역설했다. 그는 다른 전통의 통찰을 흡수하는 능력을 계발하여 자신의 전통을 풍요롭게 했다. 간디가 남아프리카의 헨리 폴락 여사와 나눈 대화는 의미심장하다. "나는 한때 그리스도교 신앙을 받아들일 것을 진지하게 생각했습니다. 그리스도의 온화한 인격은, 폭력에 보복하지 말고 다른 뺨을 돌려대라고 제자들에게 가르칠 만큼 인내심 많고 친절하고 사랑스럽고 용서로 넘치는 것이었습니다. 나는 그것이 완전한 인간의 아름다운 전형이라고 생각했습니다." 그녀

가 물었다. "하지만 그리스도교를 받아들이지 않았잖아요, 아닌가요?" 간
디는 신중하게 대답했다. "예. 나는 한동안 성서를 연구하면서 그것들에
대하여 진지하게 생각했습니다. … 그러나 예수의 아름다운 가르침을 믿고
그의 모범을 따르는 데 굳이 당신들의 교의에 동참할 필요는 없다는 결론
에 도달했습니다." 덧붙여 말하길: "자기 종교의 핵심에 이른 사람이라면
누구나 다른 종교의 핵심에도 이를 것입니다. 신은 오직 하나지만 그에게
이르는 길은 많습니다."[4]

3. 실천적 대화

간디에게 종교적 대화는 이론과 학술적 사안 이상이었다. 거기에는 실존적
차원이 있다. 그는 신심이나 교의보다 종교의 실천적 측면과 내적 삶을 더
강조했다. 삶의 높은 이상을 실현하는 데 타종교 신자들과 협력할 수 있었
던 것도 그런 이유에서였다. 그 결과, 남아프리카와 인도의 피압박 계층을
위한 간디의 자유·정의 운동에 다양한 인종과 신앙의 사람들이 동참했다.
간디의 지도하에 비폭력 자유 투쟁의 선봉에 섰던 인도 국민회의Indian Natio-
nal Congress는 파르시교·힌두교·이슬람교·그리스도교·불교 그리고 기타
모든 종교 신자들을 망라했다. 그는 인류의 정의와 자유를 위해 함께 일하
는 데 신학적 일치가 전제되어야 한다고는 생각하지 않았다. 그러나 그 운
동에 동참한 사람들에게 모든 종교가 타인에 대한 책임을 강조한다는 것을
상기시키면서, 자기 신앙의 가장 높은 비전을 따르라고 촉구했다.

　남아프리카와 인도의 간디 아쉬람은 이러한 조화로운 협력의 멋진 예였
다. 간디의 아쉬람은 진리와 비폭력이 일상화된 "도덕의 실험실"이었다.
계급·국적·신념의 차별은 여기에 없었다. 아쉬람 사람들의 종교와 인종
은 다양했고, 자발적 가난과 단순함, 순수함 그리고 봉사의 삶을 살았다.

---

[4] Krishna Kripalani, *Gandhi: A Life*, Calcutta Press, 25 참조.

아쉬람 공동체에서는 정신 수양과 영혼의 도야가 우선이었다. 간디는, "영혼의 계발이 인격의 계발이며 이는 신에 대한 지식과 자아실현을 가능케 한다"고 말했다.

간디는 아쉬람 공동체 구성원들이 각자의 종교적 계율을 지킬 수 있도록 보장해 주었다. 무슬림 젊은이들은 나마즈namaz(기도)를 드리고 라마단ramadan 금식을 지킬 수 있게 배려했다. 힌두교도는 프라도사pradosha(저녁까지의 금식)를, 그리스도인은 사순절을 지킬 수 있도록 격려했다. 그리하니 모든 구성원들이 금식과 자기부정의 실천적 가치를 확신하게 되었다. 각자의 종교적 관습과 축일을 지키는 것을 보면서 서로 정을 느끼고 버팀목이 되어 주었다. 믿음과 실천은 제각각이었지만 구성원들은 아쉬람 공동체의 일치를 과시했다. 남아프리카 법정이 종교 차별 정책의 일환으로 비그리스도교적 혼례를 인정하지 않자, 전 아쉬람 공동체 — 힌두교도·그리스도인·파르시교도 등이 망라된 — 는 이를 인도식 결혼 생활의 존엄성에 대한 심각한 모욕으로 받아들였고, 남아프리카 정부가 종교 차별 정책을 철회할 때까지 간디의 지도하에 비폭력 투쟁을 전개했다.

간디는 한 "불가촉천민" 가족을 아메다바드Ahmedabad의 아쉬람으로 받아들였다. 반대가 심했고 많은 추종자들의 불만을 샀다. 그들은 "불가촉천민"들과 함께 살기 싫어했다. 일부는 공동체를 떠났다. 심지어 간디의 아내도 처음에는 반대했다. 공적 재정 지원도 끊겼다. 간디는 굴복하지 않았다. 그것은 그의 종교적 원칙이었다. 그는 불가촉천민 거주 지역으로 이사하여, 손노동을 하며 불가촉천민의 한 사람으로 살아갈 준비가 되어 있었다. 익명의 도움이 있었고, 반대는 단시간에 진정되었다. 정통 종교인들도 마음을 바꾸었다. 간디는 불가촉천민의 딸 락쉬미를 입양했다.

간디는 종교심이 강한 힌두교도였고, 사나타니Sanatani, 즉 정통 힌두교도였지만, 오랜 기간 힌두교에 축적된 군더더기들을 가차없이 비판했다. 그는 힌두교의 사회적·종교적 구조가 지닌 폐악들을 드러내어, 그의 도덕감에 위배되는 것은 무엇이든 제거했다. 이를 위해 적극적으로 사회 운동을 전개했다. 그는 힌두 사회의 변화와 새로운 도덕 기준의 정립에 진력했으며, 그것은 결국 수많은 사람들의 삶을 변화시켰다. 그는 불가촉천민의 구제, 여성 해방, 기초 교육, 가내 공업, 금주법 등과 같은 운동에 힘썼다.

간디의 종교 간 대회의 성과는 이렇다: 1) 상호 배움, 2) 다른 종교에 대한 민감한 자각, 3) 이러한 자각을 존경심으로 심화, 4) 자신의 삶과 전통의 진보적 재해석, 5) 진리와 정의라는 공동 목표를 위한 상호 협력.

4. 진리 탐구

간디의 삶과 활동에서 가장 중요한 측면은 진리 탐구에 헌신한 것이다. "진리는 나의 유일한 목표가 되었다"고 말했다. "진리는 나날이 창대해졌고 진리에 대한 나의 정의定義는 갈수록 폭넓어졌다."[5] 간디가 사회 개혁과 정의와 관련하여 운동의 성격상 순수하게 종교적이지는 않은 투쟁에 참여하는 것처럼 보일 때조차도, 그의 주된 동기는 여전히 종교적이었다. "인간의 궁극 목적은 신을 깨닫는 것이다. 사회적이든 종교적이든 인간의 모든 활동은 그 궁극 목적에 따라야 한다. 인간이 하는 봉사도 신을 깨닫기 위한 노력의 일환으로 필요한 것이다. 피조물 안에서 신을 보고 그것과 하나 되는 것이 신을 깨닫는 유일한 길이기 때문이다. 이는 모든 이가 봉사할 때만 이루어질 수 있다. 나는 전체의 부분이라, 나머지 인류를 떠나서는 신을 발견할 수 없다. … 히말라야 동굴 속에서 신을 찾을 수 있다는 확신이 들면 나는 즉시 그리 갈 것이다. 그러나 나는 인류와 떨어져서는 신을 발견할 수 없다는 것을 알고 있다."[6]

간디는 신은 진리라는 확신에서 시작했고, 후에 진리가 곧 신이라고 천명했다. 그에게 진리는 진실함truthfulness 이상을 의미한다. 진리는 영원한 존재다. 진리란 지식에 있어서는 참이고, 행동에 있어서는 옳고, 인간관계

---

[5] M.K. Gandhi, *Autobiograpry*, Boston: Beacon Press, 34.

[6] *Harijan*, 1936.8.29.

에 있어서는 정의롭고 광명정대한 것을 포괄한다. 삶은 인간이 더 포괄적인 진리를 발견해야 할 시험장이다. 인간은 관심에 따라 다양한 방식으로 진리를 추구해 왔다. 간디는 진리를 추구하고 발견하는 일을 멈추지 않았다. 그는 만인을 위한 정의와 광명정대라는 견지에서 진리를 구축해 갔다. 하여, 삶에서 진리를 얻는 유일한 수단은 아힘사(비폭력)임을 강조했고, 그것은 "가장 열등한 피조물조차 자신처럼 사랑할 책임"과 다름없었다. 간디는 난해한 신학 용어 대신 일상적이되 신실한 삶의 언어로 만인에게 종교 정신을 일깨워 주었던 것이다.

간디에게 대화의 목적은 종교적 차이점들을 제거하는 것이 아니라, 타인의 신앙과 실천을 이해하고, 도덕적·사회적 환경 속에서 협력을 이끌어 내는 것이었다. 그는 유사점과 차이점 모두를 이해하려고 노력했다. 모든 종교가 도덕적·영적 가치를 역설하고 있음은 그에게 실로 감동적이었다. 이런저런 형식의 "황금률"과 자기 초월 명령은 어느 종교에나 다 있다. 모든 종교는 사람과 사람 사이의 관계가 사람과 물질 사이의 관계보다 더 중요하다는 것을 역설한다. 또한 가난하고 병든 이들, 도움을 구하는 이들, 억압받는 이들에 대한 봉사가 곧 신에 대한 봉사임을 가르친다. 선악의 영원한 투쟁 속에서, 모든 종교는 선의 편에서 인류를 더 높은 도덕적 차원으로 고양시키라는 소명을 받았다. 이런 의미에서 한 종교의 성공이 곧 모든 종교의 성공이다. 따라서, 이 문제들을 다룸에 다양한 종교들의 상호협력을 기대하는 것은 실로 자연스러운 일이다.

역사적·문화적 배경을 지니고 발생한 위대한 종교들 간의 특징적 차이들을 간디가 모르는 바 아니었다. 종교마다 신앙과 교의, 전례와 기도가 각기 다르고, 신화도 같지 않다. 간디는 이러한 차이를 없애려는 어떤 시도도 실패할뿐더러 신성모독의 한 형태라 믿었다. 차이점은 중요하며, 때로는 서로 관련지을 수도 없겠기에, 그는 각종 무비판적 혼합주의에 반대했다. 실제로, 그는 종교 다양성이 주는 풍요로움을 반겼다. 그는 모든 종교가 자기정체성을 드러내는 특별한 상징들을 보존하기를 원했다. 필요한

것은 새로운 종교가 아니라, 다양한 종교 계승자들이 서로를 존중하면서
이끌어 가는 대화였다.

간디는 절충주의도 좋게 보지 않았다. 그는 자기 종교와 그 유산을 포기
하는 데 찬성할 수 없었다. 오히려 간디는 자기 종교를 확고히 계승하라고
주장했다. 절충주의자들은 어떤 종교 전통에도 깊이 들어가지 못하기 때문
에 심도가 부족하다. 그러한 접근은 피상적이라, 자기 종교 전통에 고유한
메시지조차 제대로 파악하지 못한다. 간디는, 누군가가 "절충주의적"이라
면, 그것은 그에게 신앙이 없다는 뜻이라고 했다. 간디는 종교의 화합을
원했지 모든 종교를 하나의 신앙과 의례로 묶기를 원하지는 않았다.

따라서 간디는 신화가 아니라, 다양한 종교 전통들의 도덕적·영적 원천
에 종교적 대화의 초점을 맞춘다. 그는 종교 의례들이 흔히 종파주의적 경
향과 충성을 강조하고 발전시켰음을 알고 있었다. 그는 편협성의 지나친
강조가 오늘날에는 인류에게 위험하다고 경고했다. 그는 더 넓은 맥락과
인간적 관점에서 사물을 보기를 만인에게 촉구했다. 보편적 요소들이 편협
성에서 자유로워질 때, 종교는 이 세상에서 진보적이고 통합하는 힘이 될
것이기 때문이다.

5. 간디의 위대성

인도에서 종교 간의 관계 문제는 삼천 년이 넘도록 사상가들의 관심거리가
되어 왔다. 간디는 당대에 힌두교도와 무슬림 간의 긴장 관계와 대면했다.
증오와 의심이 분위기를 망쳤다. 종교적 유혈 폭동이 빈발했다. 두 공동체
간 긴장의 증폭은 간디를 크게 괴롭혔다. 그는 이러한 유혈 사태를 개탄했
고, 힌두교도와 무슬림 모두가 공동선을 위해 공존공영해야 한다고 믿었
다. 그는 종교 간 조화를 염원하고 기도하고 단식했다. 사실, 생애 마지막
몇십 년 동안, 그의 주 관심사는 힌두교도와 무슬림 간의 조화에 쏠렸다.
그는 무슬림의 권리를 옹호하는 힌두교도였다. 그는 소수 약자들을 정의롭

고 공정하게 대하라고 다수의 힌두교도들에게 간청했다. 그는 두루 다니며 힌두교도와 무슬림을 만나고 신의 아버지 되심과 인간의 형제 됨을 선포했다. 그는 말했다. "신은 하나다. 알라Allah와 라마Rama는 그의 이름이다."

어둠이 짙어질 때 간디는 횃불이 되어 봉사했다. 그는 종교적 광신으로 상처 입은 사람들을 치유하려고 애썼다. 그는 '기적'을 행했다. 인도의 마지막 총독 마운트배튼 경은 그 상황을 이렇게 전한다. "편잡 지방에서 오만 오천 명의 국경 수비대가 폭도에 몰릴 때, 한 명의 '병사'가 벵골에 평화를 가져왔다."[7] 간디가 힌두교를 배신했다며 한 광신적 힌두교도가 그를 암살했다. 간디는 죽음을 통해서조차 놀라운 성취를 이룩했다. 그의 순교는 백성들이 증오와 동족상잔의 히스테리에서 벗어나 부끄러운 줄 알게 했고, 건설적인 민주 세력들로 국가를 통합하는 데 도움을 주었다.

간디는 인도의 힌두교도와 무슬림뿐만 아니라, 세계의 모든 위대한 종교들의 계승자들 간에도 화합과 우정이 정착되기를 원했다. "힌두-무슬림의 화합은 힌두교도와 무슬림의 일치만을 의미하는 것이 아니라, 그들이 어떤 신앙을 갖든 인도를 고향으로 여기는 모든 이의 화합을 의미한다." 종교 상호 간의 관계는 오늘날 범세계적인 문제다. 종교의 이름으로 아일랜드, 중동, 키프로스, 인도 그리고 기타 지역에서 일어나는 일련의 사태는 대단히 고통스럽고 억압적이다. 종교의 이름으로 자행되는 테러리즘은 비극이다. 간디에 의하면, "다른 사람의 종교를 헐뜯고, 막말하고, 비진리를 퍼뜨리고, 무고한 사람들의 목숨을 빼앗고, 사원과 모스크를 더럽히는 것은 신을 부정하는 짓"[8]이다.

간디가 말하는 종교 간 대화는 모든 종교를 존중하는 인도인의 태도를 확연히 보여 준다. "진리는 하나다. 현자들은 그것을 다른 이름으로 불렀다"는 생각은 『리그베다』 이래 힌두교에 면면히 전해지고 있다. 진리에 대

---

[7] Krishna Kripalani, *op. cit.*, 185.

[8] C.F. Andrews, *Mahatma Gandhi's Ideas*, London: George Allen & Unwin, 308.

한 그의 위대한 관심 때문에, 간디는 타종교 진리의 흐름을 내적으로 수용했다. 이를 경시하는 것은 신의 무한한 풍요로움을 경시하는 것이며, 인류를 영적으로 가난하게 만드는 것이다. 그는 모든 종교가 순수했던 과거를 회복하고 그 전통을 계발하기를 원했다. "나는 힌두교도나 무슬림에게 그 종교적 원리의 작은 일부라도 포기하라고 요구하지 않는다. 종교란 그런 것이라고 확신시키기만 하자. 그러나 나는 세속적 욕망 때문에 싸우지 말 것을 모든 힌두교도와 무슬림에게 진심으로 요구한다."[9]

간디는 세계 종교들이 서로의 어떤 중요한 요소들을 펌훼하지 말고 화합하라고 주장했다. 자연과학은 "자신의 고유한 연구 분야를 지키려고 지식의 독점을 요구하거나 다른 과학에 대한 특정 과학의 우월성을 확보하려고 분쟁하지 않는다".[10] 마찬가지로, 각 종교는 인류가 영적 세계를 이해하는 데 각자 공헌해야 하며, 다른 종교에 대한 상대적 우월성을 논하지 말아야 한다고 간디는 주장했다. 신의 사랑은 온 누리를 포용하기 때문이다. 그는 모든 세계 종교들은 신이 내린 것이며, 각 종교는 그것을 신봉하는 사람들에게 봉사하는 것이라고 믿었다. 이러한 종교들은 모두 인류의 도덕적·영적 고양이라는 공동 목표에 근거한 동맹체다. 세계 공동체가 점차 부상하는 판국에, 한 "진리"의 다른 측면을 보여 주는 각각의 위대한 종교들은 유용하고 필요하며 상호 보완적이다.

세계 공동체를 위협하는 문제들은 단순히 정치·경제적 사안에만 국한되지는 않는다. 그 문제들은 종교적·영적 근본 태도에서 기인한다. 타인의 신앙과 정직성이 존중되지 않는다면, 진정한 의사소통의 귀결인 세계 공동체는 기껏해야 꿈에 불과할 것이다. 아널드 토인비는 전 인류 문명사를 연구한 후, 다음과 같은 중요한 진술을 했다. "인류사를 통틀어 가장 위험한 이 시점에, 인류 구원의 유일한 방법은 인도식 방법이다. 그것은 아소카

---

[9] *Ibid.*, 308.

[10] R.B. Lal, *The Gita in the Light of Modern Science*, Bombay: Somaiya Publications, 9.

황제와 마하트마 간디의 비폭력 원리와 종교 화합에 대한 쉬리 라마크리슈
나Shri Ramakrishna의 증언이다. 여기서 우리는 인류가 한 가족으로 성장할 수
있는 태도와 정신을 배운다. 원자력 시대에, 우리의 이기심을 몰아낼 수
있는 유일한 대안이 바로 비폭력과 종교 간 화합이다."[11]

---

[11] *Bhavan's Journal*, Bombay, vol.28. No.2, 27 참조.

참고 문헌

ANDREWS, C.F., *Mahatma Gandhi's Ideas*, New York: Macmillan 1930.

—, *Mahatma Gandhi at Work*, New York: Macmillan 1931.

BONDURANT, Joan, *Conquest of Violence*, Princeton University 1958.

DATTA, D.M., *Philosophy of Mahatma Gandhi*, The University of Wisconsin Press.

DESAI, V.G. (tr.), *From Yeravda Mandir*, Ahmedabad: Navajivan 1932.

DHAVAN, Gopinath, *The Political Philosophy of Mahatma Gandhi*, Ahmedabad: Navajivan 1952.

DIWAKAR, R.R., *Satyagraha, the Power of Truth*, Hinsdale/Illinois: Henry Regnery Co. 1948.

ERIKSON, Erik H., *Gandhi's Truth*, New York: Norton & Co. 1969.

FISCHER, Louis, *The Life of Mahatma Gandhi*, New York: Harper & Brothers 1950.

GANDHI, M.K., *An Autobiography*, Boston: Beacon Press 1957.

—, *Communal Unity*, Ahmedabad: Navajivan 1949.

—, *Hindu Dharma*, Ahmedabad: Navajivan 1949.

—, *My Religion*, Ahmedabad: Navajivan.

—, *The Collected Works of Mahatma Gandhi*, Ministry of Information and Broadcasting, Government of India: Navajivan 1958.

—, *The Removal of Untouchability*, Ahmedabad: Navajivan 1954.

GREG, Richard, *The Power of Non-Violence*, New York: Schocken Books 1970.

HOLMES, J.H., *My Gandhi*, New York: Harper & Brothers 1953.

HOYLAND, J.S., *The Cross Moves East*, London: Allen and Unwin 1931.

HUSSAIN, S. Abid, *The Way of Gandhi and Nehru*, London: Asia Publishing House 1959.

ISSACS, Harold, *India's Ex-Untouchables*, New York: John Day and Co. 1960.

JACK, Homer A., *Gandhi Reader*, Indiana University Press 1962.

KUMARAPPA, B. (ed.), *Christian Missions, Their Place in India*, Ahmedabad: Navajivan 1957.

MAJUMDAR, H.T., *Mahatma Gandhi: Peaceful Revolutionary*, Ahmedabad: Navajivan 1952.

MANSHARDT, Clifford (ed.), *Mahatma and the Missionary*, Chicago: Henry Regnery 1949.

MASHRUWALA, *Gandhi and Marx*, Ahmedabad: Navajivan.

NAERA, Anne, *Gandhi and the Nuclear Age*, The Westminster Press 1965.

NANDA, B.R., *Mahatma Gandhi*, New York: Harper 1950.

NEHRU, Jawaharlal, *Nehru on Gandhi*, New York: John Day and Co. 1948.

POLAK, H.S.L., *Mahatma Gandhi*, H.N. Brailsford & Lord Pethick-Lawrence, London: Odhams Press 1949.

PRABHU, R.K. (ed.), *Truth is God*, Ahmedabad: Navajivan 1957.

PYARELAL, *Mahatma Gandhi – The Last Phase*, 2 vols., Ahmedabad: Navajivan 1958.

RAMAIYER, A., *Ethical Religion*, M.K. Gandhi, Madras: Ganesan & Co. 1921.

ROLLAND, Romain, *Mahatma Gandhi*, London: Allen and Unwin 1924.

SHEEAN, Vincent, *Lead, Kindly Light*, New York: Random House 1949.

TENDULKAR, D.G., *Mahatma: Life of Mohandas Karaumchand Gandhi*, 8 vols., V. K. Jhaveri and D. G. Tendulkar 1951-54.

Journals

Indian Opinion, Natal, South Africa (1903~1914).

Young India, Ahmedabad, India (1919~1932).

Harijan, Ahmedabad, India (1933~1948).

색 인